WESTEND

Abschreckend oder erschreckend?

Europa ohne Sicherheit

ERICH VAD

WESTEND

Mehr über unsere Autoren und Bücher:
www.westendverlag.de

Die Deutsche Nationalbibliothek verzeichnet diese Publikation in der Deutschen Nationalbibliografie; detaillierte bibliografische Daten sind im Internet über http://dnb.d-nb.de abrufbar.

FSC
www.fsc.org
MIX
Papier | Fördert gute Waldnutzung
FSC® C014889

ISBN: 978-3-86489-470-1

Autorenfoto: © Westend Verlag
Umschlaggestaltung: Buchgut, Berlin
Umschlagfotos: © Westend Verlag
Redaktion: Andrea Schlitzer, Bergen
Satz: Publikations Atelier, Weiterstadt
Druck und Bindung: Friedrich Pustet GmbH & Co. KG, Regensburg
Printed in Germany

Die globale Sicherheitslage ändert sich. Insbesondere kleinere Entwicklungen geschehen tagtäglich in einem Tempo, mit dem das gedruckte Wort zwangsläufig nicht mithalten kann. Wenn ich mich in diesem Buch auf aktuelle Ereignisse beziehe, dann mit Stand vom 8. Mai 2024. Einzelne Details können sich verändert haben, bis Sie das Buch in den Händen halten. An dem Gesamtbild ändert das wenig, auch nicht an der Aufgabe, vor der wir stehen: Mehr Sicherheit für Europa.

Erich Vad

Das Kriegshandwerk, wie es früher genannt wurde, ist historisch nicht nur, doch überwiegend von männlichen Kriegern und bis heute überwiegend patriarchalisch geprägt. Wenn ich im Text nicht konsequent gendere, so weiß ich doch: Alle Geschlechter, ob weiblich, männlich, divers, besitzen die besten menschlichen Eigenschaften für Frieden und Krieg, sie alle können durch Krieg an die Grenzen der res humana gebracht werden. Frieden ist aber das Ziel eines jeden und einer jeden; sie alle möchte ich mit meinen Gedanken ansprechen und mit einbezogen wissen.

»Hiernach kann der Krieg niemals von dem politischen Verkehr
getrennt werden, und wenn dies in der Betrachtung
irgendwo geschieht, werden gewissermaßen alle Fäden des
Verhältnisses zerrissen, und es entsteht
ein sinn- und zweckloses Ding.«

Carl von Clausewitz[1]

Inhalt

Einleitung

Im März 2024 fand ich mich in einem festlich geschmückten Saal eines eleganten Golfclubs im Münchner Süden wieder. Ein guter Freund – ich nenne ihn hier Leopold – hatte anlässlich seines achtzigsten Geburtstags eingeladen. Rund hundert Menschen waren zusammengekommen, um mit ihm zu feiern.

Vorspeise und Suppe waren serviert worden, vor dem Hauptgang stand eine kleine Pause an. Ich erhob mich und klopfte mit dem Dessertlöffel an mein Glas. Nicht um Leopold mit einer launigen Rede zu ehren, sondern um über schwierige Zeiten zu sprechen. Der Jubilar selbst hatte mich ein paar Tage zuvor angerufen und, auch wenn ich als Gast geladen war, um einen kurzen Vortrag zur internationalen Sicherheitslage gebeten. »Aber nicht zu deprimierend, wenn es geht«, hatte er auf Anraten seiner Frau am Abend vor dem Fest noch hinterhergeschoben. »Es soll ja trotz allem eine Feier werden, die Freude bereitet und niemandem die Laune verdirbt.«

Leopold und seine Frau hatten natürlich recht. Ein Lagebericht zu der Zeitenwende, die wir erleben, im dritten Jahr des russischen Angriffskrieges gegen die Ukraine und mit dem laufenden Krieg in Gaza kann kaum optimistisch ausfallen. Die Weltlage ist besorgniserregend, stimmt pessimistisch und könnte einem, in Leopolds Worten, die Laune verderben.

Wie man anderen die Laune nicht verdirbt

Ich begann meine Rede. Nach wenigen Minuten hatte sich die Stimmung im Saal getrübt. Die Gäste hörten zwar konzentriert zu, aber mehr aus Entsetzen als aus Begeisterung. Mit wenigen Bemerkungen zur Sicherheitslage hatte ich die komplette Gesellschaft deprimiert, obwohl ich kaum über erste Sätze zur Ukraine hinausgekommen war. Erich Vad, die Stimmungskanone? Leopold würde sich bedanken.

Ich sah ein, dass ich so nicht weitermachen konnte. Kurzerhand warf ich meinen geplanten Vortrag über Bord und ging stattdessen auf die Entwicklung der Welt in den vergangenen achtzig Jahren ein. Eine Rückschau mit Bezug auf Leopolds Leben würde weniger betrüblich ausfallen. Zwar war Leopold noch in das Ende der größten von Menschen gemachten Katastrophe überhaupt hineingeboren worden. Doch die sicherheitspolitischen Geschehnisse (ich versuchte, das Wort »Krisen« zu vermeiden) der Nachkriegszeit und in den Jahrzehnten des Kalten Krieges waren zumindest vorbei und nicht mehr akut lebensbedrohend.

Ich begann also mit Leopolds erstem Lebensjahr. Schließlich hatte zeitgleich eine der dramatischsten Zeitenwenden der Weltgeschichte stattgefunden: 1945, als Leopold ein Jahr alt war, endete der Zweite Weltkrieg. Deutschland und ein Großteil Europas lagen in Schutt und Asche, Hunger und Leid waren größer, als wir es uns vorstellen können. Die Bevölkerung Europas war dezimiert: im Kampf verheizt, in den Lagern der Nazis vergast, gefoltert, abgeschlachtet. Millionen Menschen waren verhungert, vergewaltigt, verstümmelt, verloren.

Was mögen die Eltern des kleinen Leopold empfunden haben angesichts der gewaltigen Zerstörungen und des Zusammenbruchs eines furchtbaren Regimes? Was macht man, wenn sich alles als falsch herausstellt, was einmal von vielen als gut und richtig angesehen wurde? Diese Eltern hatten Angst um ihren kleinen

Sohn gehabt, da war ich mir, der ich auch Vater bin, sicher. Und dieser Sohn: Was hatte er mitbekommen? Was war – unterbewusst – hängengeblieben, was hatte ihn geprägt, vielleicht für den Rest seines Lebens?

Ich will die Herausforderungen, vor denen wir heute stehen, in eine historische Perspektive mit Bezug zum Jetzt setzen: Waren die vielen Menschen, die nach 1945 aus Ostpreußen, Schlesien, Pommern und dem Sudetenland vertrieben wurden, nicht eine unvergleichlich größere und gewaltigere Herausforderung als die heute drängenden Fragen der Migration? Damals waren fünfzehn Millionen Menschen auf der Flucht in ein Deutschland, in dem es nichts gab. Kaum Wohnungen, kaum Lebensmittel, kaum Hilfe, kaum Struktur, von einem Sicherheitsnetz ganz zu schweigen. Welche Ängste und Nöte hatten die Menschen im damaligen Deutschland? Lassen sie sich überhaupt mit unseren Sorgen heute vergleichen, die wir in einem Land leben dürfen, das inzwischen zu den wohlhabendsten der Welt gehört und derzeit die drittgrößte Volkswirtschaft auf der Erde ist?

Nach Kriegsende und Integration der Vertriebenen war keineswegs Schluss mit den Problemen. Nein, die tiefgreifenden Veränderungen der Zeitenwende, die 1945 eingeläutet wurde, hielten an und mit ihnen die Ängste und Sorgen. Zum Beispiel 1949: Als Leopold fünf Jahre alt war, wurde die NATO gegründet. Rückblickend ist das positiv, aber zu Beginn standen sich NATO und die Staaten des späteren Warschauer Paktes bis an die Zähne bewaffnet gegenüber, und das mitten in Deutschland, durch das die neue Grenze zwischen West und Ost verlief. In der NATO hatte sich »der Westen« zusammengeschlossen (zunächst ohne die Bundesrepublik Deutschland, die es noch gar nicht gab und erst anderthalb Monate später gegründet wurde und sechs Jahre später der Organisation beitrat). Der Warschauer Pakt war ein vergleichbares Militärbündnis zwischen den Ostblockstaaten unter Führung der damaligen Sowjetunion. Hier, wo West und Ost direkt aufeinandertrafen, herrschte die weltweit größte Dichte an Waffen. Das dürfte der deutschen Bevölkerung nicht gerade ein Gefühl von Sicherheit gegeben haben – weder in West noch in Ost.

Die beinahe ein Jahr dauernde Blockade Westberlins durch die Sowjetunion 1948/1949 und kurz darauf der Koreakrieg brachten direkt harte Konflikte: Beide Krisen hatten das Potenzial, zu einem Dritten Weltkrieg zu werden, damals weitaus gefährlicher als der – historisch betrachtet – vergleichsweise kleine Konflikt um die Ukraine. Ähnliches gilt für Israel: Nachdem David Ben-Gurion am 14. Mai 1948 die Unabhängigkeit Israels erklärt hatte, wurde der junge Staat schon am folgenden Tag von den Nachbarländern Ägypten, Jordanien, Syrien und Libanon angegriffen, die von Irak und Saudi-Arabien unterstützt wurden. Der heutige Gazakrieg, in dem die Hamas militärtechnisch chancenlos ist, steht in keinem Vergleich zu den Kämpfen, die Israel damals ausfechten musste.

Auch die 50er-Jahre, als Leopold ein Teenager war, hatten es in sich. In der DDR kam es am 17. Juni 1953 zum Aufstand gegen die kommunistischen Machthaber, der Ungarnaufstand folgte 1956. Beide Male wurde die Volksbewegung von der Roten Armee brutal niedergeschlagen, was die Angst des Westens befeuerte. Man fühlte sich wie heute von den vorrückenden russischen Truppen bedroht. Der Unterschied: Damals akzeptierten West und Ost die gegenseitigen »Reviergrenzen«, auf die man sich nach 1945 geeinigt hatte. Die jeweiligen Regierungen beließen es bei Protesten und kamen nicht auf die Idee, zum Beispiel Waffen in Länder zu liefern, die zur strategischen Interessensphäre ihres Gegners gehörten. Man war entsetzt über das, was geschah, aber man war auch realistisch: Hätten sich ein NATO-Mitgliedsstaat oder die NATO selbst militärisch eingemischt, wäre die Situation eskaliert. Die neue internationale Ordnung, die nach dem Zweiten Weltkrieg entstanden war, wurde respektiert – nicht, weil sie besonders gut, besonders fair oder richtig gewesen wäre, sondern, um den Frieden zu wahren und einen erneuten Weltkrieg zu verhindern, in dem es bei einem Einsatz der nun vorhandenen Nuklearwaffen keinen Sieger gegeben hätte, sondern ausschließlich Vernichtung auf allen Seiten.

Natürlich blieb es nicht so. Die Spielregeln wurden aufgeweicht, ihre Belastbarkeit getestet. Als Leopold achtzehn Jahre alt war, führte die Kubakrise 1962 fast zu dem befürchteten neuen Weltkrieg. Die USA unter Präsident John F. Kennedy konnten es im Interesse ihrer nationalen Sicherheit nicht zulassen, dass die Sowjets auf dem amerikanischen Kontinent militärisch Fuß fassten und auf Kuba Truppen und Raketen stationierten. Kuba war und ist Teil der US-amerikanischen Interessensphäre. Sprich: Es liegt in unmittelbarer Nähe der USA und ist damit ein ideales Einfallstor für alle, die den Vereinigten Staaten drohen oder sie angreifen wollen. Seine geografische Lage macht Kuba strategisch wertvoll, sowohl für Washington als auch für eventuelle Feinde. Schlicht aus strategischer Notwendigkeit, das heißt, um die sowjetischen Pläne für Kuba zu verhindern, war Präsident Kennedy damals bereit, es auf einen Welt- und Nuklearkrieg ankommen zu lassen. Kennedys Gegenspieler war Nikita Chruschtschow, Regierungschef der Sowjetunion, der außenpolitisch zwar eine friedliche Koexistenz mit dem Westen propagierte, seinem Land aber gleichzeitig Macht und Einfluss verschaffen wollte.

Sowohl Kennedy als auch Chruschtschow setzten auf Waffen und demonstrierten militärische Stärke, suchten aber gleichzeitig in geheimen diplomatischen Verhandlungen nach einer friedlichen Lösung. Ein Teil dieser Lösung blieb wie die Verhandlungen Verschlusssache. Zu dem geheimen Teil des Abkommens gehörte, dass die USA der Sowjetunion zusagten, atomar bestückbare Jupiter-Raketen aus der Türkei abzuziehen, mit deren Stationierung die Amerikaner 1959 begonnen hatten. Gleichzeitig wurde die Sowjetunion dazu verpflichtet, Stillschweigen über diesen Teil des Abkommens zu bewahren.

So wurde diese Krise zum Glück abgewendet.

Viel Zeit zum Durchatmen blieb nicht. 1968, als Leopold vierundzwanzig Jahre alt war – er studierte damals in München –, wurde der Prager Frühling von Panzern niedergewalzt. Vierhunderttausend hauptsächlich sowjetische Soldaten waren beteiligt. Mitten in Europa. Ein Vergleich, um diese immense Zahl einordnen zu können: Das sind rund doppelt so viele Soldaten, wie Russland zu Beginn des Überfalls auf die Ukraine einsetzte. Kein Wunder, dass die Niederschlagung des Prager Frühlings den Westen in Schrecken versetzte.

Die NATO war alarmiert und marschierte auf. Viele damals wehrpflichtige Deutsche werden sich an diese Tage im Spätsommer 1968 erinnern. Anders als im derzeit laufenden russischen Angriffskrieg gegen die Ukraine dachte der Westen jedoch auch dieses Mal nicht daran, die Tschechen und Slowaken, die für ihre Freiheit kämpften, mit Waffenlieferungen zu unterstützen. Viel zu riskant angesichts des Kalten Krieges. Der Westen drohte auch nicht an, selbst mit Kampftruppen militärisch einzuschreiten – ganz anders als der französische Präsident Emmanuel Macron, der im Frühjahr 2024 genau darüber laut nachdachte, um die Ukraine im Kampf gegen Putin zu stärken.

Dennoch war die Lage auch 1968 kritisch, wieder hätte sich ein Weltkrieg entwickeln können. Wie in der Kubakrise heizten die beteiligten Politiker den Konflikt jedoch nicht an – auch nicht mit entsprechender Rhetorik. Im Gegenteil: Ab 1967 agierte die NATO nach der Harmel- oder Zwei-Pfeiler-Doktrin. Es handelt sich dabei um eine Doppelstrategie: Auf der einen Seite setzt die NATO auf eine glaubwürdige militärische Abschreckung. Das heißt, sie hat Muskeln und versteckt sie nicht, sodass es sich ein potenzieller Aggressor sehr genau überlegt, ob er sich tatsächlich mit dem Bündnis anlegen will. Auf der anderen Seite zeigt sich die NATO dialogbereit, sie spricht und verhandelt mit potenziellen Gegnern, sucht nach Interessenausgleichen und baut Vertrauen auf. Diese Kombination aus militärischer Stärke und Entspannungspolitik galt sehr lange als eine Einheit, wurde anders als heute nicht als Widerspruch oder Gegensatz angesehen und ermöglichte aller Wahrscheinlichkeit nach auch die deutsche Einheit.

Die Politik kriegt die Kurve

Die Generation, der Leopold angehört, verbrachte im Westen wie im Osten Deutschlands den ersten Teil ihres Lebens im Schatten politischer und militärischer Konflikte. Während des Kalten Krieges konnten er und seine Mitbürgerinnen und Mitbürger nie entspannt die Schultern senken. Eine Grundgefahr, Angst und Anspannung waren immer da.

1989 wurde jedoch eine weitere bedeutsame Zeitenwende eingeläutet: Der Eiserne Vorhang fiel. Leopold war inzwischen Mitte vierzig. Die DDR ging in der neuen Bundesrepublik Deutschland auf; Deutschland feierte seine Wiedervereinigung. Dass diese friedlich und ohne Blutvergießen ablief, war nur möglich, weil Deutschland unter anderem die sowjetische Zustimmung durch Michail Gorbatschow hatte, während Margaret Thatcher in London und François Mitterrand in Paris dem anfänglich zögernd gegenüberstanden. Die Zeichen standen auf Annäherung statt Anspannung, Westen und Osten gingen aufeinander zu, die geopolitische Lage in Europa änderte sich fundamental.

Die NATO und Russland begannen, auf Zusammenarbeit zu setzen. Mit der NATO-Russland-Grundakte, die am 27. Mai 1997 unterzeichnet wurde, verpflichteten sich die beiden Partner zu Kooperation, freier Bündniswahl von Staaten und der Unverletzlichkeit von Grenzen. Polen, Ungarn und Tschechien wurde mit Zustimmung von Russland der NATO-Beitritt angeboten. Bis 2004 dehnte sich das Bündnis weiter aus. Bulgarien, Rumänien, die Slowakei, Slowenien und mit den baltischen Staaten frühere Sowjetrepubliken wurden Mitglieder des westlichen Bündnisses.

Russland hat in dieser Zeit mehrere NATO-Erweiterungen akzeptiert. Sie wurden allerdings vorausschauend politisch-diplomatisch abgefedert und waren dadurch trotz der geopolitischen Verschiebungen (»Der Westen kommt Russland geografisch zu nah«) für Moskau annehmbar. Zu diesen Abfederungen gehörten zum Beispiel die Aufnahme Russlands 1998 in die G7-Gruppe, die dadurch zur G8-Gruppe wurde, und der Beginn der Verhandlungen 1993 über Russlands Beitritt zur World Trade Organization (WTO). Auch der KSE-Vertrag (1990), kurz für »Vertrag über Konventionelle Streitkräfte in Europa«, der festlegte, wie viele schwere Waffensysteme es in den westlichen und östlichen Staaten geben durfte, zählte zu diesen Abfederungen. Oder auch der Zwei-plus-Vier-Vertrag zwischen den beiden deutschen Staaten und den Siegermächten des Zweiten Weltkrieges, der die Souveränität des vereinten Deutschlands herstellte. Dieser Vertrag garantiert Russland, dass auf dem Gebiet der ehemaligen DDR keine alliierten Truppen, keine NATO-Infrastruktur und keine Atomwaffen stationiert werden. Russland wurde sogar Mitglied im NATO-Programm »Partnerschaft für den Frieden«, der NATO-Russland-Rat wurde eingeführt (nun eingefroren) und der »Petersburger Dialog« ins Leben gerufen. Auch die Einrichtung einer russischen Militärmission bei der NATO in Brüssel war Zeichen der Annäherung und federte die NATO-Ost-Erweiterungen ab. Ein zunächst vielversprechender Weg, von dem die Beteiligten jedoch später Schritt für Schritt abkamen.

Sicherheit wirkt abschreckend

Als ich am Festtag meines Freundes meine Rede schließe, bin ich beruhigt. Mit dem zweiten Anlauf habe ich es richtig gemacht. Die Gäste sind gebannt, jetzt aus Begeisterung. Der Blick auf Leopolds Leben hat ihnen und mir gezeigt: Ja, auch heute stehen wir in einer besorgniserregenden Zeitenwende. Doch sie ist nichts Einzigartiges, nichts Ungewöhnliches. In der Rückschau fällt sie nicht so sehr aus dem Rahmen, wie es zunächst den Anschein hat. Das, was sicherheitspolitisch gerade geschieht, ist gar nicht so neu.

Verstehen Sie mich richtig: Es *ist* lebensgefährlich. Die aktuelle Sicherheitslage ist schlimm. Wir befinden uns an einem Scheidepunkt, an dem es entweder noch sehr viel schlimmer wird oder besser kommen kann.

Die für mich zentrale Erkenntnis aus der politischen und der militärpolitischen Geschichte nach dem Zweiten Weltkrieg ist, dass wir Einfluss nehmen können. Wir können die Zeitenwende steuern. Wir können den Weg ebnen, wir können Hindernisse beseitigen, wir können aus der Geschichte lernen. Wir können dafür sorgen, dass es besser wird anstatt schlimmer.

Dafür brauchen wir Engagement und Initiative. Mehr Mut, weniger Angst. Mehr Analyse, weniger Emotion. Wir dürfen die Welt nicht einfach in Schwarz und Weiß, Gut und Böse unterteilen, sondern wir müssen die Interessen verstehen, die hinter nationalen Entscheidungen und globalen Entwicklungen stehen. Wir müssen unsere eigenen – deutsche wie europäische – Interessen kennen und danach handeln. Das macht uns zu einem Staat und Kontinent, der die Stärke und den Einfluss besitzt, Lösungen zu finden und durchzusetzen.

Wir haben etwas zu bewahren, nämlich das Leben, wie wir es kennen, und mit der Demokratie eine Freiheit, wie sie sonst keine Gesellschaftsordnung ermöglicht.

Deshalb müssen wir auf nachhaltige Sicherheit für Europa setzen. Denn Sicherheit wirkt, für viele ein verblüffender Gedanke, tatsächlich abschreckend. Zumindest könnte sie es, wenn der aktuelle (Sicherheits-)Zustand Europas nicht eher *er*schreckend wäre.

Europa muss sich entscheiden: Wollen wir uns mit einer Sicherheit zufriedengeben, deren derzeitige Verfasstheit uns nur erschrecken kann, oder wollen wir zu unserer eigenen Verteidigung abschreckend sein?

Was man wissen muss

Was hat das Südchinesische Meer mit der Krim-Halbinsel in der Ukraine zu tun? Oder der Rote Platz in Moskau mit Schrobenhausen in Bayern? Sind die USA noch unser Freund und Helfer? Und leben in Russland Monster? Wie konnten in Deutschland aus friedliebenden Tauben kriegerische Falken werden? Und das, obwohl das Soldatsein in Deutschland wahrlich kein Grund ist, stolz zu sein. Oder etwa doch?

Bis zum Jahr 2049 will China erklärtermaßen die Führungsrolle in der Welt übernehmen, während Europa es sich auf die Fahnen geschrieben hat, bis dahin klimaneutral zu sein. Apropos Fahnen: Unter welcher Flagge kämpft eigentlich Europa? Oder sollten wir anderes tun, nämlich das Kämpfen vermeiden? In Zeiten, in denen Künstliche Intelligenz Kriege für uns zu führen beginnt, Waffen aus dem All Ziele auf der Erde treffen und Drohnen Bomben abwerfen, schlagen wir Menschen uns schließlich grausamer denn je die Köpfe ein. Ich hoffe dennoch, dass die meisten von uns Letzteres gerne vermeiden würden, und zwar mit mehr als mit leeren Worten.

Ich habe dieses Buch geschrieben als einen Beitrag zum Verstehen. Wie hängen Fragen der Freiheit, der Sicherheit, Fragen von Macht, Moral, von politischem und militärischem Denken miteinander zusammen? Ich möchte einen Beitrag leisten zum Verständnis dessen, was in der Welt geschieht, warum es geschieht, welche Bedeutung es für die Sicherheit in Europa hat und welche Rolle Deutschland übernehmen kann und in meinen Augen sogar übernehmen muss, um unsere Freiheit zu sichern, unsere Werte zu verteidigen und den Frieden langfristig zu wahren.

Wir stehen an der Schwelle einer neuen Zeit. Wenn wir jetzt den richtigen Weg einschlagen, kann diese Zeitenwende Deutschland und Europa das verleihen, was Momentum genannt wird, und neue Möglichkeiten eröffnen. Es kann gut werden.

Kapitel 1

Verlust der Unwahrscheinlichkeit

Krieg ist (zu) schnell erklärt

Es ist nicht lange her, dass Kinder auf Schulhöfen und in Straßen »Ich erkläre den Krieg« gespielt haben: Mit Kreide wurde ein großer Kreis auf den Asphalt gezeichnet und in gleich große Segmente unterteilt wie die Stücke einer Torte. Jedes Tortenstück gehörte einem der Mitspielenden und stellte ein Land dar, zum Beispiel Italien, Frankreich, die Niederlande oder Deutschland. Das Kind, das anfing, rief »Ich erkläre den Krieg gegen …« samt Namen eines der Tortenstück-Länder, also zum Beispiel »Ich erkläre den Krieg gegen Italien«. Dabei titschte das Kind einen Ball fest auf den Boden auf, damit er möglichst hoch sprang.

Alle, deren Tortenstück-Land nicht gerufen wurde, rannten nun so schnell und so weit von dem Kreis weg, wie sie nur konnten. Das Kind, dessen Land genannt worden war, versuchte unterdessen, den Ball zu fangen. Sobald es ihn in Händen hielt, mussten alle anderen Kinder stehen bleiben. Jetzt konnte das Kind, dessen Land der Krieg erklärt worden war und das den Ball gefangen hatte – in diesem Beispiel Italien – drei große Schritte in Richtung eines der anderen Kinder machen. Natürlich wählte man ein Kind aus, das möglichst nahe stand. Es galt nämlich, dieses Kind mit dem Ball abzuwerfen.

Selbstverständlich konnte man versuchen, jedes Kind abzuwerfen, aber je näher eines stand, umso größer waren die Chancen, es zu treffen. Das ins Visier genommene Kind durfte zwar ausweichen, sich ducken oder hochspringen, seinen Standpunkt aber nicht verlassen. Wurde es getroffen, durfte das ballwerfende Kind – Italien – sich in seinem eigenen Tortenstück-Land günstig platzieren, um mit Kreide ein möglichst großes Stück des »getroffenen« Landes abzuteilen. Das abgeteilte Stück gehörte fortan zu Italien – bis sich ein anderer »Aggressor« in einer der nächsten Runden über das italienische Tortenstück und dessen eroberte Landesteile hermachte und sie (zurück)stahl.

Zwar geht es in vielen Spielen – auch in harmlosen Gesellschaftsspielen, die wir mit Karten oder bunten Figürchen und Würfeln gesittet am Tisch spielen – darum, anderen etwas wegzunehmen, um selbst zu profitieren. Dennoch hinterlässt »Ich erkläre den Krieg« einen Nachgeschmack, schon allein aufgrund des Namens. Ich weiß, dass das Spiel auf Schulhöfen nach und nach verboten wurde, eventuell ist es auch bloß aus der Mode oder wir alle miteinander zur Vernunft gekommen. Vielleicht sind wir aber auch von der Realität eingeholt worden. Unsicherheit, Bedrohung und Krieg, Angst und Schrecken sind in den letzten Jahren wieder näher gerückt. Sie sind realistisch geworden, haben ihre Unwahrscheinlichkeit verloren.

Nach einer Zeit relativ friedlichen Miteinanders – zumindest in und um Deutschland – haben heute viele (wieder) Sorge davor, in einem Krieg zu landen, der vor unserer Haustür stattfindet. Ich schreibe bewusst »landen«, denn ich bin sicher, dass wir Normalsterblichen – und dazu zähle ich die meisten Mitbürgerinnen und Mitbürger – kein Interesse daran haben, uns mit Waffen in den Händen in den Kampf zu stürzen. Für viele ist es ein passives Erleben, das sie nicht unterstützen oder gar provozieren, sondern das im Gegenteil ungewollt und scheinbar sehr überraschend kommt nach dem Motto: Wir wollen keinen Krieg. Warum sind wir trotzdem in einen verwickelt oder indirekt involviert? Wie kann es sein, dass Krieg stattfindet – jetzt, in unserer Nähe –, wenn wir im Grunde doch alle meinen, dass Krieg fast immer Unsinn und Unding ist?

Aber führt dieses »meinen« auch dazu, dass wir wirklich »verstehen«? Die wenigsten von uns haben selbst einen Krieg erlebt. Dafür dürfen wir dankbar sein. Krieg ist etwas, vor dem wir uns fürchten, gleichzeitig bleibt er in unserem Denken oft seltsam abstrakt. Wie sonst könnten wir ausschließlich nach mehr Waffen für die Ukraine rufen, die Kämpfenden anfeuern, vielleicht sogar mit dem Gedanken spielen, selbst Soldatinnen und Soldaten zu entsenden? Müssten wir nicht stattdessen nach Lösungen suchen, die den Krieg so schnell wie möglich beenden? Im Fall von Friedensverhandlungen bringt die Ukraine vielleicht nicht *den* Sieg nach Hause, aber *einen* Sieg – und zudem sehr viel weniger Tote. Gleiches gilt für Russland. Die Alternativen wären voraussichtlich ein noch sehr lange dauernder Konflikt, ein Sieg für Russland, ein Nuklearkrieg oder ein Dritter Weltkrieg. Dass die Ukraine den Krieg gegen die Atommacht Russland gewinnt, ist hingegen relativ unwahrscheinlich, solange nicht die NATO als Kriegspartei einsteigt. Darauf komme ich noch zurück.

Wer glaubt, dass ein Krieg wie eine Art »War Game« am Computer mit Drohnen und Co. virtuell aus der Ferne ausgetragen wird, irrt sich. Wer meint, dass mit modernen Waffensystemen nur strategisch wichtige Gebäude vernichtet oder ausschließlich »böse« Menschen getroffen würden, liegt falsch. Wer annimmt, dass ein Cyberangriff bloß ein paar Tage den Strom ausfallen lässt, hat nicht zu Ende gedacht. Kriege werden inzwischen auch digital und elektronisch geführt. Trotzdem ist ein Krieg vor allem analog, blutig und brutal. Krieg ist der Feind, der in dein Zuhause eindringt, dein Kind vergewaltigt, deine Nachbarn foltert, deinen Körper verstümmelt, dein Hab und Gut plündert, dein Heim niederbrennt. Krieg ist Verzweiflung, Hunger, Not und qualvolles Leiden. All das müssen wir immer im Kopf behalten, damit wir alles dafür tun, Krieg zu vermeiden.

Ein General, der den Krieg verstehen wollte

Wer das Weltgeschehen und seine Kriege erklären will, kommt schnell zu Carl von Clausewitz (1780–1831). Clausewitz war preußischer General, Militärwissenschaftler und Heeresreformer. Er lebte in einer Zeit, in der das Führen von Kriegen gang und gäbe war; es gehörte zur normalen Kommunikation zwischen Staaten. Davon haben wir uns glücklicherweise in Maßen wegentwickelt, doch was Clausewitz über den Krieg wusste, hilft uns bis heute, Kriegführung mit all ihren Intentionen, Manipulationen und Fallstricken zu verstehen.

In seinem Hauptwerk *Vom Kriege* hat Clausewitz die moderne Theorie des Krieges entwickelt und festgehalten. Tausend Seiten, geschrieben für Politiker wie Soldaten. Fast so umfangreich wie das Alte Testament, das im Übrigen auch viel über Krieg zu sagen hat. Clausewitz' Erkenntnisse werden bis heute an Führungs- und Militärakademien auf der ganzen Welt gelehrt, sie kommen genauso in der strategischen Unternehmensführung und im Marketing zum Einsatz. Was weniger bekannt ist: Seine Frau, Marie von Clausewitz, geborene Gräfin von Brühl, hat die Schriften ihres Mannes wissenschaftlich begleitet und eine nicht zu unterschätzende Bedeutung für die Entwicklung seiner Theorie gehabt. Das lässt sich an der umfangreichen Korrespondenz der Eheleute ablesen, die kriegsbedingt teils lange voneinander getrennt waren. Als Clausewitz starb, ohne *Vom Kriege* vollendet zu haben, lektorierte Marie von Clausewitz das Werk und gab es als Buch mit eigenem Vorwort heraus. Für eine Frau war das in der damaligen Zeit eine seltene und selbstbewusste Tat.

Die profundeste Analyse der Bedeutung und Wirkungsmacht von Clausewitz liefert meines Erachtens übrigens Panajotis Kondylis in seinem Buch *Theorie des Krieges.*[1]

Ein beziehungsweise *der* zentrale Gedanke in Clausewitz' Theorie ist das »Primat der Politik«. Einfach gesagt: Krieg ist immer zuerst eine politische Angelegenheit. Militärisch beziehungsweise kriegerisch soll und darf es nur werden, wenn sich politische Interessen anders nicht durchsetzen lassen oder wenn alle politischen Bemühungen scheitern – und selbst dann darf Krieg nicht um des Krieges willen geführt werden. Politische Lösungen müssten immer Vorrang haben, so Clausewitz' Forderung. Nicht zuletzt ist es sinnlos, Krieg zu führen, ohne zuvor realistische politische Ziele zu setzen.

Ich war Schüler eines humanistischen Gymnasiums, dessen Denken und Lehren ich in mancher Hinsicht meinen inneren Kompass zu verdanken habe, als mir in einem Antiquariat ein anderes Werk mit dem ins Auge springenden Titel *Das Dogma der Vernichtungsschlacht* in die Hände fiel.[2] Autor dieses Buches ist der israelische Historiker Jehuda L. Wallach. Er sollte später mein Doktorvater werden und meine Dissertation über die aktuelle Bedeutung von Clausewitz begleiten.

In *Das Dogma der Vernichtungsschlacht* schildert Wallach die Entwicklung des deutschen militärstrategischen Denkens im 19. und 20. Jahrhundert: Dieses Denken entfernte sich immer mehr von Clausewitz' Verständnis der politischen Dimension des Krieges. Stattdessen setzte sich eine Strategie durch, die heute »Hard Power« genannt wird. »Hard Power« setzt militärische Überlegenheit – angeblich bessere Militärstrategie, Waffentechnologie – an erste Stelle. Statt politischen Lösungen gibt man militärischen Erwägungen den Vorrang. Nach Clausewitz ist das eine schlechte Idee.

Am Vorabend des Ersten Weltkrieges wurde daraus die (fast) unbestrittene Überzeugung, dass sich die existierenden Spannungen zwischen verschiedenen Staaten nur mit Gewalt, also militärisch, lösen lassen würden. Nicht nur in Deutschland, sondern in ganz Europa herrschte in der Politik und in der Bevölkerung eine gewaltige Kriegsbegeisterung, ja Kriegssehnsucht. Es war im Wesentlichen dieses Denken, das zur Katastrophe des Ersten Weltkrieges führte – ein Albtraum nicht nur für Deutschland, sondern für alle Kriegsbeteiligten, ob Verlierer oder Sieger.

Mit Blick auf das Leben meines Freundes Leopold und die Krisen und Zeitenwenden, die er erlebt hat, habe ich die Hoffnung, dass wir (spätestens nach dem Zweiten Weltkrieg) daraus gelernt haben und es auch angesichts des Angriffskrieges gegen die Ukraine – so unentschuldbar der russische Überfall ist – nicht wieder vergessen: das Primat der Politik.

Was Krieg immer war und bleibt

Das Problem jedes Krieges ist: Er verläuft unvorhersehbar. Als Militärstrategen können wir planen, entwerfen, skizzieren – und am Ende kommt alles anders. Ein Happy End gibt es für niemanden. Noch problematischer wird es, wenn man – siehe oben – ausschließlich aufs Militärische setzt und politische Lösungen nicht in Betracht zieht. Vor gut zweieinhalbtausend Jahren hat der chinesische Kriegstheoretiker und Philosoph Sunzi in seinem Traktat über die Kriegskunst festgestellt, dass Krieg dem Wasser gleiche und wie das Wasser keine feste, unveränderliche Form habe. Clausewitz kam zu derselben Erkenntnis. Folgerichtig näherte er sich dem Wesen des Krieges, den er als »wahres Chamäleon« bezeichnete, indem er herausarbeitete, was Krieg *grundsätzlich* ausmacht.

Clausewitz zufolge ist und bleibt *jeder* Krieg weitgehend unkalkulierbar, sein Ausgang *immer* unvorhersehbar. Ein Krieg beginnt in der Regel anders, als er endet. Krieg hat *immer* die Tendenz zu eskalieren und lässt sich dann nicht mehr politisch kontrollieren. Außerdem setzt Krieg Feindschaft voraus: Er braucht die Dämonisierung und Kriminalisierung des »Feindes«. Wir müssen den anderen hassen oder fürchten, um gegen ihn zu kämpfen und ihn zu töten. Krieg braucht diese Bereitschaft, er braucht Hass und Leidenschaft.

Noch einen weiteren Wesenszug des Krieges hat Clausewitz definiert: seine »wunderliche Dreifaltigkeit«. Jeder Krieg hat demzufolge drei Elemente: zum einen das Politisch-Strategische (Politik und Regierung), zum anderen das Militärisch-Taktische (Militär und Armee) und zum Dritten das Emotionale (Volk und Gesellschaft). Zusammen bilden sie die Gesamtheit derjenigen Menschen, die den Krieg gegeneinander führen, Soldaten wie Zivilisten.

In Ergänzung zu Clausewitz zeigt auch das hervorragende Werk *The Culture of War* des international angesehenen Strategieexperten und Militärhistorikers Martin van Creveld auf, inwieweit Krieg mehr als nur eine Sache der Soldaten und des Militärs ist, sondern eine gesamtgesellschaftliche, alle Menschen – Kombattanten wie Nicht-Kombattanten – umfassende Angelegenheit.[3]

Das Politisch-Strategische: Krieg ist Fortsetzung von Politik

In jedem Krieg geht es um Interessen und Interessengegensätze. Diese werden auf der politischen Ebene definiert und gerne mit Normen, Werten und Rechten verbunden, oft auch damit kaschiert. Wer hat das überzeugendste Narrativ, die am meisten gefährdeten Werte, die unmoralischsten Feinde oder verfügt über die eine, reine Wahrheit? Wem es gelingt, in der Bevölkerung Angst um gültige Normen, Werte und Rechte zu schüren oder zu ihrer Verteidigung aufzurufen, schafft Akzeptanz: Krieg erscheint notwendig, vielleicht sogar unumgänglich, um das Leben, wie wir es kennen, zu verteidigen.

Werte mögen zwar vorgeblich im Mittelpunkt stehen, doch tatsächlich sind es die politischen Ziele der gegeneinander kämpfenden Akteure: Im Krieg tragen sie ihre Interessenkonflikte mit Gewalt aus.[4] Dabei ist nicht immer alles so, wie es auf den ersten Blick zu sein scheint. Beispiel Ukraine: Der Krieg ging eigentlich – lange vor dem russischen Überfall am 24. Februar 2022 – aus einem innerstaatlichen Konflikt hervor: Ukrainer, die eine stärkere Annäherung ihres Landes an den Westen wollten, standen ihren prorussischen Mitbürgern gegenüber. Spätestens seit den Maidan-Protesten 2013/2014 in Kiew und der russischen Annexion der Krim 2014 unterstützten sowohl Russland als auch der Westen jeweils eine der beiden ukrainischen Seiten, unter anderem mit nachrichtendienstlichen Mitteln, Militärberatung und -ausbildung sowie mit Waffenlieferungen. Mit dem Überfall am 24. Februar 2022 wurde daraus ein legitimer Verteidigungskrieg der Ukraine mit westlicher Unterstützung. Zugleich ist er ein Stellvertreterkrieg, in dem es neben der Verteidigung gegen die russische Aggression auch um strategische Machterweiterung beziehungsweise Machterhalt geht: Aus Sicht des Westens oder genauer, aus Sicht der USA, soll Russland geschwächt aus dem Krieg hervorgehen, man erhofft sich einen Regimewechsel in Moskau und die Angliederung der Ukraine an den Westen. Ganz ähnlich setzt Russland auf ein vergleichbares Resultat zu eigenen Gunsten, unter anderem auf einen Regierungswechsel in Washington. Der Krieg soll dazu beitragen. Es ist also auch ein Krieg um den strategischen Einfluss der beiden geopolitischen Rivalen Russland und USA.

Ähnliches gilt für den Gazakrieg, der seit dem monströsen Terrorangriff der Hamas am 7. Oktober 2023 in Gang ist. Einerseits ist er ein legitimer Verteidigungskrieg Israels, andererseits kann er kaum zu einer militärischen Lösung des israelisch-palästinensischen Grundkonfliktes führen. Ein aus israelischer Perspektive erfolgreicher Verlauf mag die derzeitigen Kommandostrukturen der Hamas zerstören, aber es ist zweifelhaft, ob die Hamas als Bedrohung nachhaltig ausgeschaltet werden kann.

Zudem besteht immer die Gefahr, dass der Iran eingreift. Im April 2024 hat er das mit rund dreihundert Raketen und Drohnen, die er auf Israel abgefeuert hat, getan. Der unmittelbare Grund für den Beschuss war nicht die offene Unterstützung der Hamas, sondern Vergeltung dafür, dass die israelische Armee kurz zuvor ein iranisches Konsulatsgebäude im syrischen Damaskus angegriffen hatte.

Die vom Iran abgefeuerten Raketen und Drohnen wurden zum größten Teil von Israel und seinen Verbündeten abgefangen, einige sollen auf anderem Territorium abgestürzt oder eingeschlagen sein. Durch diesen relativ glimpflichen Ausgang hat Israel nicht mit massiver Härte zurückgeschlagen und somit eine Reaktion gewählt, die den Konflikt bislang nicht hat weiter eskalieren lassen.

Es ist wahrscheinlich, dass Teheran seinen Angriff bewusst eher kleiner dosiert hat, um von vornherein eine große Vergeltungsaktion Israels möglichst auszuschließen. Ob sich der eigentliche Stellvertreterkrieg, den die Hamas für den Iran gegen Israel führt, zu einem Flächenbrand ausweiten wird, hängt insofern von Gegenreaktionen Israels ab – und davon, ob das Land den Krieg auf eine neue Ebene heben und ihn unmittelbar mit dem Iran austragen will. Das Wort der Amerikaner wird Gewicht haben, die Israel zwar nach eigenen Worten unbeugsam – »ironclad«, wie es der amtierende US-Präsident Joe Biden nannte – unterstützen, aber wollen, dass ihr Verbündeter auf einen Gegenschlag verzichtet. Es steht eben nicht nur der Iran hinter der Hamas, sondern es stehen auch die USA hinter Israel.

Nicht vergessen werden sollte Kremlchef Putin, der abhängig von der Wendung, die die Entwicklung im Nahen Osten nehmen könnte, frohlocken wird, und das schon allein aufgrund der bei einem Irankrieg möglicherweise steigenden Ölpreise, die die russische Kriegskasse auffüllen könnten. Frohlocken würde Putin wohl auch angesichts der Verwundbarkeit seines Gegners USA an anderen Stellen, falls diese unmittelbar oder mittelbar in einen Konflikt mit dem Iran verwickelt werden sollten.

Allerdings ist die dritte Großmacht, China, abhängig von Erdöl und hat insofern kein ökonomisches Interesse an einem Flächenbrand im Nahen Osten. Der »Große Bruder« könnte daher versuchen, seinen Juniorpartner Russland in Schach zu halten. Andererseits könnte die Volksrepublik – ökonomische Interessen hin oder her – die historische Gelegenheit beim Schopf packen wollen, die USA in einen Krieg mit dem Iran verwickelt zu sehen. Das würde den chinesischen Interessen im Indo-Pazifik dienen. Dazu später mehr.

Wie dieses Beispiel zeigt, steckt hinter militärischen Auseinandersetzungen meist mehr, als sich zunächst vermuten lässt. Auf der politischen Ebene müssen im Hinblick auf Krieg daher immer folgende Fragen beantwortet werden: Was soll mit dem Krieg erreicht werden? Welche realistischen Ziele haben die Kriegsbeteiligten? Am Beispiel des Krieges in der Ukraine heißt das: Wie ließen sich ein Sieg über Russland oder ein Regimewechsel in Moskau erzielen, ohne dass die Russische Föderation mit ihren mehr als hundert Völkern und ethnischen Gruppen zerbräche und dadurch ein gewaltiges strategisches Vakuum im Osten Eurasiens entstünde? Schließlich warten dort Dutzende von Warlords auf ihre Stunde. Oder andersherum: Wie verhindert man einen Dominoeffekt? Wenn die Russen in der Ukraine erfolgreich wären, würden sie sich vielleicht nicht damit zufriedengeben, sondern ins nächste Land einmarschieren. Und last, keinesfalls aber least: Wie sehen mögliche politische Wege aus dem Konflikt aus?

Insofern haben zum Beispiel westliche Waffenlieferungen an die Ukraine begrenzten Wert, solange ein politisch-strategisches Gesamtkonzept fehlt, das das (Clausewitz'sche) Primat der Politik sicherstellt und den möglichen Frieden nach dem Krieg im Blick hat.

Generell sind Waffenlieferungen – vielleicht mit Ausnahme von Nuklearwaffen – in einem laufenden Konflikt kurz- bis mittelfristig nicht so kriegsentscheidend, wie viele Beteiligte wie Außenstehende es sich erhoffen. Um wirkungsvoll zu sein, müssten sie ein langjähriger integraler Bestandteil der Einsatzdoktrin sein, der Ausbildung, der Organisation, der Logistik sowie der Militärstrategie und -taktik des Empfängerlandes. In asymmetrischen Kriegen kann das hingegen anders aussehen: Als die USA den Mudschaheddin 1986 in Afghanistan Stinger-Abwehrraketen lieferten, um diese gegen die sowjetische Besatzungsmacht einzusetzen, wurde dieses Waffensystem tatsächlich zu einem »Gamechanger« des Krieges.

Das Militärisch-Taktische: Instrument von Politik

Neben der politischen gibt es in Clausewitz' Theorie der »wunderlichen Dreifaltigkeit« des Krieges die militärische Ebene: Ein zwischenstaatlicher Krieg wird von Armeen ausgetragen, die gegeneinander kämpfen. Dieser Kampf, so Clausewitz, kann niemals einem festgelegten Drehbuch folgen. Vorhersagen und Prognosen haben im Krieg generell nur eine kurze Haltbarkeit – dafür geht es zu unvorhersehbar zu.

Ich habe den Ersten Weltkrieg als Beispiel für die Kriegsbegeisterung aufgeführt, die kaum hinterfragt, sondern gefördert wurde und schließlich in einem Albtraum endete, weil man das realistische, vor allem zielgeleitete Denken über Bord geworfen hatte. Aber eben auch deshalb, weil der Kriegsverlauf nicht planbar war und es auch niemals sein wird. Die vielen Kriegsbefürworter 1914 – darunter differenziert denkende Intellektuelle und Künstler wie Thomas Mann, Max Liebermann oder Gerhart Hauptmann – hätten es sich nicht träumen lassen, wie Europa 1918 dastehen würde. Auch der damalige Generalstab nicht, beinahe niemand. Und obwohl Clausewitz die Theorie liefert und die Geschichte die Fakten, haben auch die Amerikaner nicht erwartet, dass es in Vietnam, im Irak, in Libyen, Syrien oder in Afghanistan *kein* Happy End geben würde.

Genauso war ich zu Beginn des Angriffskrieges gegen die Ukraine der (wie sich herausstellen würde: falschen) Meinung, der von Russland geplante Regierungsumsturz und das Einsetzen einer Marionettenregierung in Kiew würden so ähnlich funktionieren wie die Besetzung der Krim 2014, nämlich in kürzester Zeit erledigt sein. In- und ausländische Nachrichtendienste sahen das so, sie alle lagen daneben, vergleichbar falsch wie die russischen Streitkräfte mit ihrer waghalsigen Luftlandeoperation nördlich von Kiew, die dank westlicher Aufklärungsdaten in vorbereitete ukrainische Abwehr lief. Als die Russen später bei Cherson einen Brückenkopf bildeten, ging ich davon aus, dass sie weiter auf Odessa vorstoßen würden, weil Brückenköpfe militärisch dort ansonsten keinen Sinn machten. Doch nein, die Russen stießen nicht weiter auf Odessa vor – was nicht ausschließt, dass sie es in Zukunft nicht doch noch tun.

Um es mit Clausewitz zu sagen: »Dreiviertel aller Dinge im Krieg liegen im Dunkel der Unkalkulierbarkeit.« Er spricht hier von einem Terrain der Ungewissheit, der Nicht-Vorhersehbarkeit, der Imponderabilien, der Wahrscheinlichkeiten und des Zufalls. Für ihn ist ein Kriegsverlauf zudem deshalb nicht planbar, weil Krieg der Raum von Zerstörung ist, von Tod, Leid, der Bewährung militärischer Disziplin, der Todesverachtung und der Tapferkeit von gegeneinander kämpfenden Soldaten. Deshalb ist die Kampfmoral essenziell. Ohne Kampfmoral bringt auch die beste Ausrüstung nichts, so Clausewitz. Als Beispiel möchte ich auch hier wieder die Ukraine heranziehen: Wer für seine Freiheit kämpft, kämpft wahrscheinlich mit der höheren Moral, der größeren Leidenschaft und dem entschlosseneren Willen.

Die Ukrainer sind personell und materiell nur bedingt in der Lage, militärische Kräfte zu konzentrieren und damit entscheidende Durchbrüche gegenüber einer tiefgestaffelten Verteidigung der Russen zu erzielen, weil Russland ausreichend Zeit hatte, sich auf den Krieg vorzubereiten. Diese Erkenntnis dürfte Putin schon früh gehabt haben; sie war wahrscheinlich einer der operativ-taktischen Gründe, die Ukraine anzugreifen. Nämlich »rechtzeitig«, bevor sich die Ukraine vor Kriegsbeginn am 24. Februar 2022 mit westlicher Unterstützung im Donbass zur Verteidigung hätte einrichten können. Dann nämlich wäre es für die Russen sehr schwierig geworden, die Ukrainer aus diesem Raum herauszudrücken.

Auch hier hat Clausewitz recht, wenn er sagt, Verteidigung sei »die stärkere Form des Kriegführens« – auch, weil die Kampfmoral höher ist, wenn man sich eines Angriffs erwehren muss.

Um auf das Chamäleon-Wesen des Krieges zurückzukommen: Gerade, weil ein Krieg immer unvorhersehbar verläuft, ist und bleibt es die wichtigste Aufgabe der Politik, den jeweiligen Charakter des Krieges richtig einzuschätzen und das militärische Instrument – also Streitkräfte und Waffen(lieferungen) – auf realistische politische Ziele hin auszurichten. Dazu gehört eine militärische Lagebeurteilung, die nicht Ausdruck von Wunschdenken ist, sondern die die Gesamtlage in den Kampfgebieten korrekt einschätzt. Auch die Emotionen, die in der Bevölkerung geschürt werden, sollten mit Bedacht gesteuert werden, damit Krieg nicht in einen »absoluten Krieg« abstürzt.

Das Emotionale: Feindschaft als Voraussetzung von Krieg

Im dritten Bereich des Krieges geht es um das Volk und die Gesellschaft. Clausewitz meint damit das emotionale Bewegen und Erregen von Menschen, den Hass auf den Gegner, dessen Dämonisierung und Kriminalisierung. Diese Feindschaft muss politisch gewollt, gesteuert und von den beteiligten Menschen angenommen werden – sonst fehlt die Bereitschaft zum Töten und Getötetwerden.

Kaum jemand hört es gerne, aber die Unterteilung in Freund oder Feind ist meist nicht »naturgegeben« oder eine individuelle Entscheidung, sondern wird der Bevölkerung suggeriert, um sie für den Kampf zu motivieren. Das Bild des Feindes, das gezeichnet wird, ist ausschlaggebend für die Leidenschaft, mit der Gesellschaften diesen Feind hassen oder nicht hassen. Hass ist der Anfang des Krieges und das Ende des Miteinandersprechenkönnens, sodass schlussendlich nur die Möglichkeit zu bleiben scheint, mit Gewalt aufeinander loszugehen.[5]

Hier kommt der »Information War« ins Spiel. Er hat drei zentrale Bereiche, wovon an dieser Stelle der erste relevant ist, die »PR in eigener Sache«, sprich: die Dämonisierung des Feindes. Die Kriegsparteien führen den Informationskrieg in klassischen und in den neueren Medien sowie mit deren (teils unfreiwilliger oder unbewusster) Hilfe. Sie posten auf Signal, Telegram, YouTube, Instagram, Facebook und Co. Sie verbreiten Falsch- und Desinformationen, sie suggerieren und manipulieren. Immer stellen sie sich als Opfer dar, als die Unschuldigen, als diejenigen, die durch die Taten des Feindes zum Handeln gezwungen würden. Der Feind ist hingegen brutal, schuldig, böse. Diese Botschaft wird manchmal roh, unmittelbar, fast plump vermittelt, andere Male wird sie geschickt verpackt und in scheinbare Fakten eingebettet. Kein Wunder, dass sich mit den sozialen Medien auch der Faktencheck etabliert hat.

Die deutsche Debatte, die den Krieg in der Ukraine begleitet, hat in den letzten Jahren zahllose Beispiele für einen »Information War« geliefert, in dem es weniger darauf anzukommen schien, umfassend zu informieren, als vielmehr in Parteilichkeit zu motivieren. Das hat mich überrascht. Schließlich ist unsere Medienlandschaft eher abwägend, faktenorientiert, vor allem: pluralistisch. Mit zuweilen erschreckender Kriegsrhetorik und einer entmenschlichten Sprache gegenüber dem »Feind« wurde und wird diese dritte Ebene des Kriegsbegriffs von Clausewitz – die emotionale Beeinflussung von Volk und Gesellschaft – heute in Teilen der klassischen und darüber hinaus in den sozialen Medien unbewusst oder auch absichtlich ausgelebt oder eingesetzt. Das ist wichtig, um die Motivation der Bevölkerung zum Weitermachen aufrechtzuerhalten, wobei sich das Weitermachen in Deutschland vor allem auf die breite Unterstützung von Waffenlieferungen und die bereitwillige Aufnahme von ukrainischen Flüchtenden bezieht.

Wir haben in Deutschland eine freie Presse, auf deren Seriosität und Unabhängigkeit wir weitgehend vertrauen können. Man stelle sich hingegen eine gleichgeschaltete Presse vor und denke an all die Medienschaffenden, die heftigen Repressalien ausgesetzt sind. Dafür muss man nur nach Russland und bei uns nicht tief in die Vergangenheit schauen. In solchen Systemen ist Manipulation vorprogrammiert. Dort riskiert man Leib und Leben, um an objektive Informationen zu gelangen oder sie zu verbreiten.

Gleichzeitig funktioniert »PR in eigener Sache« auch in die andere Richtung, nämlich zur Aufklärung. Man denke an die Flugblätter, die im Zweiten Weltkrieg über Deutschland abgeworfen wurden. Damit informierten die Alliierten die deutsche Bevölkerung über den wahren Verlauf des Krieges – wobei das Wort »wahr« so gut wie immer mit Vorsicht genossen werden muss. Zwar bekamen die Deutschen Informationen, die ihnen von der eigenen Führung vorenthalten wurden. Gleichzeitig nutzten die Alliierten die (für Deutschland) schlechten Neuigkeiten auch, um die Deutschen zu demotivieren, zu manipulieren und ihren Durchhaltewillen zu schwächen.

Der zweite und dritte Bereich im Informationskrieg hat nichts mit Clausewitz' Volk und Gesellschaft zu tun, aber sehr viel mit Erfolg oder Misserfolg in der Kriegführung. Zum einen geht es darum, Informationen über den Gegner zu sammeln, eine klassische Aufgabe der Nachrichtendienste. Zum anderen gilt es, die eigene Kommunikation vor dem Feind zu schützen. In beiden Bereichen ist die Technologie mitentscheidend, über die die Kriegsparteien verfügen. Wer heute die Technologieführerschaft übernimmt und den Kampf um die Vorherrschaft im Welt- und im Cyberraum gewinnt, kann Kriege für sich entscheiden – denn im Welt- und Cyberraum findet inzwischen alle menschliche Kommunikation statt. Genau deshalb hat sich das einst rein militärische Wettrüsten inzwischen auf andere Sphären verlegt.

Was ich hier nur kurz anreißen und später ausführlicher aufgreifen möchte, sind unsere Werte: Erst dadurch, dass wir in Kategorien wie Gut und Böse, Schwarz und Weiß, Opfer und Täter denken, lassen sich Gegner überhaupt so weit dämonisieren, dass wir bereit sind, sie eigenhändig aus der Welt zu schaffen. Hier hätte Clausewitz zu bedenken gegeben, dass es in Kriegen zwischen Staaten wenig bis gar nicht um moralische Kategorien geht, sondern immer um nationale Interessen. Also um Macht, Einfluss, Sicherheit, eigene Vorteile, Zugang zu Meeren, Handelswegen, Ressourcen und Ähnliches. Umso wichtiger ist es aus politischer Sicht also, Volk und Gesellschaft durch entsprechende Beeinflussung moralisch-emotional auszurichten. Man stelle sich ansonsten vor, frei nach einem Spruch der bundesdeutschen Friedensbewegung der 1980er-Jahre: »Stell dir vor, es ist Krieg und keiner macht mit!«

Wo Krieg sich ändert

Clausewitz hat definiert, was für jeden Krieg gilt, egal ob er bereits stattgefunden hat oder in Zukunft stattfinden wird. Doch darüber hinaus kann Krieg sich verändern, und er tut es auch. Man denke an den Kalten Krieg, in dem die Größe des Atomwaffenarsenals entscheidend war. Heute gibt es nuklear bestückbare Hyperschallflugkörper und -raketen, die über hohe Entfernungen mit extremer Schnelligkeit und Präzision ihr Ziel treffen sollen. Das macht die Vorwarnung und damit den Abwehrkampf schwierig und stellt so das komplette Konzept der nuklearen Abschreckung infrage. Im Kalten Krieg war die Abschreckung noch das A und O nationaler Sicherheit, demnächst ist sie vielleicht obsolet. Derjenige, der mich mit seinen Waffen so schnell und verheerend trifft, dass ich meine eigene Atombombe nicht mehr auf den Weg bringen kann, gewinnt. Allerdings kann es auch das Gegenteil bedeuten, nämlich die Auferstehung von Atomwaffen: Kriege mit nuklearen Waffensystemen werden tatsächlich möglich, weil kleine, chirurgische Schläge an die Stelle des Weltuntergangs treten.

Das ist nur eines von vielen Beispielen, die die Kriegführung verändern. Interessant ist, dass es nicht mehr ausschließlich um militärische (Waffen-)Entwicklungen geht. Immer öfter wird Krieg mit zivilen Technologien geführt. Hobbydrohnen liefern harmlose Videos und Sushi, transportieren aber auch selbst gebastelte Bomben oder spionieren. Per Mobiltelefon lassen sich Sprengsätze aus der Ferne zünden, und wer Lkws in Menschenmassen steuert, bewirkt eine von ihm gewünschte hohe Zahl an Opfern und generiert zugleich Angst vor alltäglichen Situationen. Vor allem nichtmilitärische Akteure, zum Beispiel Terrorgruppen, profitieren von solchen Technologien und neuen Ansätzen: Drohnen, Handys und Lkws lassen sich ungleich einfacher beschaffen als Nuklearwaffen.

Bei den genannten Beispielen werden zivile Technologien übernommen und lediglich umgenutzt. Darüber hinaus bedient sich militärische Technik immer öfter ziviler Forschungs- und Entwicklungsergebnisse und passt sie den eigenen Zwecken an. Der Rüstungsbereich ist längst nicht mehr der alleinige oder hauptsächliche Treiber des technischen Fortschritts.

Zu Technologie und Terroristen gesellen sich Trolle und Hacker. In modernen Konflikten hat ihre Stunde geschlagen, Kriege werden heute hybrid geführt. Man steht nicht mehr nur einer feindlichen Armee gegenüber, sondern kämpft an völlig verschiedenen Fronten. Angreifer setzen zum Beispiel auf klassische Militäreinsätze, teilweise ergänzt durch irregulär Kämpfende. Gleichzeitig üben sie wirtschaftlichen Druck aus, starten Computerangriffe oder verbreiten Propaganda in den Medien und sozialen Netzwerken. Vieles davon, wie die elektronischen Attacken im Cyberraum, geschieht im Verborgenen, wird anonym ausgeführt. Die Täter können behaupten, nicht beteiligt zu sein. Das funktioniert, während tatsächlich immer öfter Staaten als »Auftraggeber« hinter den Angriffen stecken. Die Verbindung zu den Tätern, die die Angriffe ausführen, ist so lose geknüpft und bewusst verschleiert, dass sich Staaten nie selbst die Hände schmutzig machen. Solange sie keine Armee aufmarschieren lassen, wird die Grenze zu einem offiziellen Krieg nicht überschritten. Das macht Angriffe unberechenbar und Täter nicht greifbar. Es ist schwierig, sich zu wehren, wenn es keinen eindeutigen Feind gibt. Von der mangelnden Option, Konsequenzen zu ziehen, auch mit Blick auf die Möglichkeiten des Völkerrechts, ganz zu schweigen.

Ziel solcher Angriffe ist es, die Gesellschaft zu destabilisieren, sie gegen die eigene Regierung aufzubringen, Unruhen zu provozieren und Unzufriedenheit zu schaffen. Die Täter wollen die öffentliche Meinung beeinflussen und wichtige Entscheidungen in eine bestimmte Richtung lenken. Ein mittlerweile legendäres Beispiel: die russischen Trolle, die den Wahlkampf zwischen Hillary Clinton und Donald Trump in den USA beeinflussten.

Im Folgenden gehe ich auf einige Bereiche der hybriden Kriegführung ein, denn gerade für offene demokratischen Gesellschaften wie die unsere sind sie besonders gefährlich.

Pick-ups statt Panzer: Irregulär Kämpfende

Anfang des 3. Jahrhunderts vor Christus zog der griechische König Pyrrhos mit gewaltigen Kriegselefanten in die Schlacht gegen die Römer. Beeindruckend. Was konnten die Römer dagegen tun? Sie teerten Schweine, zündeten sie an, jagten sie in Richtung der Elefanten, wo sie vor Schmerz quiekend Verwirrung unter den Kolossen anrichteten und sie so kampfunfähig machten. Was vielleicht weniger beindruckend war, aber erfolgreicher.

Was ich damit sagen will: Militärische Imposanz ist nicht gleichbedeutend mit Effektivität. Das hohe militärtechnische Niveau westlicher Streitkräfte ist keine Garantie für einen Sieg. In nahezu allen kriegerischen Konflikten jüngeren Datums – in Vietnam, Syrien, Libyen, im Irak und in Afghanistan – hat überlegene Ausstattung militärische Niederlagen nicht verhindern können. Im Gegenteil: In Vietnam war es der Vietcong, der aus unterirdischen Tunnelsystemen heraus operierte und die amerikanischen

Soldaten mit vergifteten Bambusspitzen in Dschungelfallen das Fürchten lehrte. Ähnlich in Afghanistan, wo irreguläre Kämpfer auf Pick-ups, mit Kalaschnikows und leichten Panzer- und Flugabwehrwaffen bewaffnet, mit simplen Mobiltelefonen miteinander kommunizierten, aus einem zivilen Umfeld heraus angriffen und logistisch darin eingebettet waren. Diese Kämpfer waren am Ende siegreich.

Grundsätzlich sind irreguläre Kämpfer kein Phänomen der heutigen Zeit. Schon Clausewitz hat den, wie er es nannte, »Kleinen Krieg« der Irregulären und Aufständischen abseits des Krieges regulärer Armeen studiert und analysiert. Als Beispiel führte er den blutigen Verlauf des spanischen Unabhängigkeitskrieges 1807 bis 1814 gegen die französische Besatzungsmacht an. Genauso erwähnte Clausewitz den Kampf der Freikorps nach der preußischen Niederlage von 1806 gegen Napoleon sowie den Gedanken einer allgemeinen Volksbewaffnung in Preußen.

Wir kämpfen folglich längst nicht mehr nur gegen reguläre staatliche Armeen, sondern immer öfter gegen unterschiedliche Akteure und kleine, irreguläre Gegner, denen wir nicht automatisch überlegen sind.

Der bereits erwähnte Militärhistoriker Martin van Creveld brachte es mit Blick auf die vielen gescheiterten westlichen Militärinterventionen nach 1945 auf den Punkt. In seinem Buch *Pussycats* schreibt er: »Fighting the weak for long, you become weak.«[6] Das heißt, der Westen hat seit Ende des Zweiten Weltkrieges keine großen Kriege gegen technologisch gleichwertige Gegner führen müssen beziehungsweise führen können und ist, salopp gesagt, aus der Form gekommen. Das sieht mit Russland als Aggressor in der Ukraine jetzt anders aus. Eine sehr ernst zu nehmende Feststellung von Martin van Creveld also, auch mit Blick auf den Krieg in der Ukraine, in dem rund ein Dutzend westlich trainierter, westlich ausgebildeter und westlich ausgerüsteter ukrainischer Angriffsbrigaden im Sommer und Herbst 2023 die russischen Stellungen nicht offensiv durchbrechen konnten. Bei Charkiw und Cherson gelangen den Ukrainern im Herbst 2022 zwar schnelle, gepanzerte Vorstöße, aber ohne nachhaltigen Erfolg und von ihrer politischen und militärischen Wirkung nicht vergleichbar mit Offensiven wie zum Beispiel der Operation Desert Storm 1991 gegen den Irak, dem Sechstagekrieg 1967 zwischen Israel und Ägypten oder 2020 der sehr erfolgreichen Offensive der Aserbaidschaner in Bergkarabach, bei der sie geschickt und mit vernichtender Wirkung Drohnen einsetzten. Gleiches gilt für den Angriffskrieg Deutschlands gegen die Sowjetunion während des Zweiten Weltkrieges. 1941 führte er bis vor die Tore Moskaus und zur Vernichtung von mehreren Dutzend sowjetischen Divisionen. Ich führe dieses letzte Beispiel an, obwohl ein Angriffskrieg und generell die Taten der Deutschen im Zweiten Weltkrieg niemals Musterbeispiele sein können, wenn man es aus einer rechtlich-moralischen Perspektive betrachtet. Ausschließlich militärisch-taktisch beurteilt, war der damalige deutsche Feldzug ein Erfolg.

Um auf die Pick-ups und Kalaschnikows zurückzukommen: Irreguläre Kämpfer operieren, wie beispielsweise in Gaza, bewusst aus einem zivilen Umfeld heraus. Sie nutzen es als menschlichen Schutzschild, als Geisel und auch, um Konflikte eskalieren zu lassen und medial sichtbar zu machen. Sie kämpfen meist in kleinen, dezentral organisierten Einheiten.

Die dezentrale Organisation ist ihre Stärke: Schaltet man einen Führer und seine Kämpfer aus, ist das Gesamtsystem nicht gefährdet – schließlich trifft man nur eine einzelne, in sich geschlossene Zelle, die ausschließlich vor Ort gekämpft hat. Unsere hochentwickelten Gesellschaften mit ihren Geheimdiensten, Streit- und Polizeikräften setzen hingegen auf Zentralisierung. Ein zentralistisches, meist kompliziertes und durchstrukturiertes System ist verwundbarer und weniger flexibel. Sprengt man an strategischer Stelle ein Loch hinein oder schlägt der Organisation bildlich gesprochen den Kopf ab, ist sie erst mal kopf- und führungslos.

Beispiel Edward Snowden: Der Verrat eines so unbedeutenden Mitarbeiters wie Snowden konnte eine ganze Nation erschüttern und einen gesamten Dienst diskreditieren. Schaltet man hingegen einen bedeutenden Akteur bei al-Qaida aus, kommt das bestenfalls dem Abschlagen eines Kopfes der Hydra gleich. Der Ausfall wird sofort kompensiert. Kleine, unkomplizierte, überschaubare und robuste operative Einheiten sind also im Vorteil.

Irreguläre Kämpfer haben an keiner Militärakademie studiert; sie sind Praktiker und vielleicht auch deshalb oft die besseren, effizienteren und effektiveren Kämpfer. Sie verfügen weder über eine omnipräsente Luftwaffe mit ferngelenkten Drohnen, noch haben sie eine gewaltige, kostspielige logistische Organisation und eine medizinische Rettungskette im Rücken. Das Entscheidende ist, dass diese Kämpfer den Tod nicht scheuen, sondern ihn bewusst einkalkulieren, nicht selten auch vorsätzlich herbeiführen. Die passende Religion oder Ideologie macht aus ihnen erbarmungslose, erfolgreiche Kämpfer.

Problematisch ist es, dass sie den Tod von Zivilisten in Kauf nehmen – zumindest ist es für westliche reguläre Streitkräfte humanitär und völkerrechtlich ein Problem. Akteure dieser Art lassen sich nämlich kaum bekämpfen, geschweige denn besiegen, ohne dass Unschuldige sterben müssen. Irreguläre Kämpfer wissen natürlich, dass der Westen diese Schwelle nicht überschreiten will, kann und darf. In ihren Augen ist das eine Schwäche, die sie ausnutzen, und das nicht nur im Kampf, sondern auch in der »PR in eigener Sache«. Bilder von zivilen Opfern gehen heute beinahe in Echtzeit um die Welt und können strategische Auswirkungen haben: Je mehr Unschuldige ums Leben kommen, umso wahrscheinlicher ist es, dass reguläre Soldaten den Kampf einstellen müssen – aufgrund zu hoher Kollateralschäden und des öffentlichen und medialen Drucks.

Die regulären westlichen Streitkräfte versuchen also, die Verlustrate so niedrig wie möglich zu halten, nicht nur unter Zivilisten, auch in den eigenen Reihen. Die wenigsten Soldaten möchten im

Kampf sterben und auch die Politik verzichtet gerne auf Bekanntgabe hoher Verluste. Wie militärisch gehandelt werden darf, ist entsprechend – zuweilen realitätsfern – durchreguliert. Diese »Rules of Engagement« sollen vor dem Tod (Soldaten) sowie vor Imageverlust und Kritik (Politik) schützen. Stattdessen führen sie jedoch zu unnötigen Verlusten im Einsatz und sorgen dafür, dass Soldatinnen und Soldaten bei scheinbarem oder tatsächlichem Fehlverhalten zum Sündenbock gemacht werden.

Die Regulierungswut, die sich von den »Rules of Engagement« bis in ganz andere, wenig militärische Bereiche erstreckt, bindet gewaltige personelle, materielle und finanzielle Mittel. Ein regulärer Soldat mit »boots on the ground«, also im aktiven Einsatz, kostet zum Beispiel in Afghanistan im Jahr etwa eine Million US-Dollar. Auf ihn kommen mehr als ein Dutzend weitere Soldaten, die nur dazu da sind, den Einsatz dieses einzelnen Soldaten zu ermöglichen. Die militärischen Stäbe explodieren regelrecht, auch, weil sie mit nicht spezifisch militärischen Aufgaben überfrachtet werden. Ich war in militärischen Hauptquartieren in Ländern zu Besuch, in denen die Bundeswehr im Einsatz war. Da gab es Morgenlagen, in denen es hauptsächlich um gänzlich nichtmilitärische Aufgaben ging.

In unseren Lagern in Afghanistan waren Hunderte von Stabssoldaten für das Einhalten spezifischer deutscher Bestimmungen zuständig, ob für die Straßenverkehrsordnung, Kfz-Zulassung oder die Mülltrennung. Auch Alkoholkontrollen gab es. Zu schnell fahrende Fahrzeuge wurden wie auf deutschen Autobahnen per Radarfalle geblitzt; die Fahrzeugführenden bekamen ein entsprechendes Bußgeld.

In deutschen Lagern darf natürlich nicht der Wilde Westen herrschen, das ist klar. Doch insgesamt erinnert diese Überregulierung stark an eine »Armee für den Frieden«. Der Generalleutnant, Militärtheoretiker und Friedensforscher Wolf von Baudissin, der am Aufbau der Bundeswehr und der Ausarbeitung ihres Konzepts der Inneren Führung beteiligt war, forderte diese »Armee des Friedens« einst zu Recht für die Bundeswehr, um sie bewusst von der Wehrmacht abzugrenzen. Und doch tun wir uns heute keinen Gefallen mit einer Bundeswehr, die sich totreguliert. Die humanitären und völkerrechtlichen Regeln, an die westliche Streitkräfte gebunden sind, sind richtig und wichtig. Wie viele Soldatinnen und Soldaten wir jedoch mit Fragen der Mülltrennung oder feinen Details der Kfz-Zulassungsbestimmungen beschäftigen, darf diskutiert werden.

Irregulär Kämpfende operieren wie gesagt vollkommen anders, auch weil sie weniger Regeln unterliegen und sie unsere Werte, wie den Schutz zivilen Lebens, bewusst gegen uns wenden. Obwohl die einzelnen Zellen unabhängig vor Ort arbeiten, ist der Kampf heutiger Terroristen regionsübergreifend und global. Da gibt es zum Beispiel die raumübergreifenden Operationen der al-Qaida in Afghanistan, auf dem Balkan, dem Kaukasus und in Afrika oder in den zentralasiatischen Staaten. Der Plan für die Terrorangriffe gegen die USA wurde in den Bergen Afghanistans und im europäischen Hinterland, in Deutschland, konzipiert und dann auf einem anderen Kontinent ausgeführt. Die nur mit Teppichmessern bewaffneten Terroristen des 11. September 2001 setzten das Flugzeug – Transportmittel der Globalisierung par excellence – als Waffe ein, die sie symbolisch gegen ein Wahrzeichen der US-amerikanischen Weltwirtschaft richteten, gegen das World Trade Center. Die Attacke war irregulär und asymmetrisch, weil sie sich nicht gegen die gewaltige, technologisch hochgerüstete amerikanische Militärmacht richtete, sondern die USA unerwartet an ihrer schwächsten, aber einer symbolträchtigen Stelle traf. Auch der logistische und finanzielle Aufwand waren asymmetrisch: Während die Terroristen etwa eine halbe Million Dollar benötigten, war der angerichtete Schaden, ganz abgesehen von den Tausenden Toten, erheblich größer und die Kosten der amerikanischen Reaktionen astronomisch hoch.

Ein paar gut ausgebildete und professionelle Terroristen haben wohl das Potenzial, mit Gewaltakten politische Umwälzungen zu bewirken, wie sie früher nur durch Kriege oder Revolutionen möglich waren. Der Großteil der irregulären Kämpfer sind jedoch junge Männer in demografisch jungen und hungrigen, aufstrebenden Ländern und Regionen; es sind »Krieger in Sandalen«, die aktuell, auch wegen des Gazakonflikts, tausendfach zur Verfügung stehen. Wut auf den Westen, Verzweiflung über die Lage in ihrer Heimat und Perspektivlosigkeit kommen zusammen und machen aus solchen jungen Männern, vornehmlich im arabischen Raum, einen riesigen Rekrutierungspool. Mächtige, auf übergeordneter Ebene hochprofessionelle Terrororganisationen wie der »Islamische Staat« müssen sich nur noch bedienen. Dort wird generalstabsmäßig geplant, man verfügt über üppige Finanzressourcen und kombiniert das Ganze mit einem religiösen und/oder fundamentalistischen Mythos. Propaganda und Rekrutierung laufen über das Internet, das hier seine ganze Macht zeigt. Neben Gotteskriegern in fernen Ländern werden so nämlich auch Tausende europäische Dschihadisten motiviert, fanatisiert und für den Kampf rekrutiert. Viele der überwiegend perspektivlosen jungen Männer bekommen auf diese Weise erstmalig eine personale Identität. Sie fühlen sich als Person wahr- und ernst genommen, mutieren vom »anybody« zum »somebody«. Plötzlich sind sie ein Jemand, ein besonderer Mensch mit einer besonderen Mission. Die Trennung zwischen Kämpfern und unbeteiligten Zivilisten ist längst nicht mehr so klar und eindeutig, wie sie es einmal war.

Natürlich sind irreguläre Kämpfer nicht ausschließlich Terrororganisationen wie dem »Islamischen Staat« oder al-Qaida angeschlossen. Wenn man von Partisanen oder Guerilla-Kriegern spricht, denken die meisten von uns weniger an Afghanistan oder Gaza, sondern eher an den Zweiten Weltkrieg, an Vietnam, Irland oder Kuba. Doch das Prinzip ist das gleiche, auch hier handelt es sich um irreguläre Kämpfer.[7]

Stichwort Partisanen: Zum Thema Counterinsurgency – also alle staatlichen, auch nichtmilitärischen Taktiken und Strategien zur Bekämpfung von irregulären Kämpfern – war ich einmal in Washington, D. C., bei US-General David Petraeus, als dieser Direktor der CIA war. Petraeus, einer der militärischen Vordenker der USA, war zuvor unter anderem Oberbefehlshaber der amerikanischen Streitkräfte im Irak und in Afghanistan und Kommandeur der US Forces Afghanistan und der ISAF der NATO gewesen. Vor diesem Hintergrund wurde er zum führenden Kopf bei der Neuausrichtung der US-Streitkämpfe bei der Bekämpfung von Aufständischen, was schließlich in einer neuen Counterinsurgency-Strategie und -Einsatzdoktrin mündete.

Bei meinem Besuch ging es darum, sich zum Thema Counterinsurgency auszutauschen, zugleich war das Thema für Deutschland mit Blick auf den Zweiten Weltkrieg ein »heißes Eisen«. Die Wehrmacht ist bei der Partisanenbekämpfung damals rücksichtslos vorgegangen; sie hat Kriegsverbrechen begangen. Dass auf dem Balkan und in Griechenland eine Unzahl deutscher Soldaten bei Kämpfen mit den Partisanen gefallen waren, kann das rücksichtslose Vorgehen der Wehrmacht allenfalls ein Stück weit erklären, aber nicht entschuldigen.

Vielleicht wurde Petraeus gleichzeitig an die unrühmlichen Counterinsurgency-Operationen seines eigenen Landes erinnert. Immerhin hatten zum Beispiel die US-Präsidenten Johnson und Nixon versucht, Vietnam »in die Steinzeit zurückzubomben« (so hatte es Luftwaffengeneral Curtis E. LeMay genannt). Das Resultat waren, neben hohen Verlusten und Verletzten bei den Streitkräften auf beiden Seiten, mehrere Millionen Tote und Versehrte in der vietnamesischen Zivilbevölkerung, ein komplett verwüstetes Land und immenser innenpolitischer Widerstand in den USA. Im Oktober 1967 versuchten Gegner des Vietnamkrieges, das Pentagon zu stürmen, es hätte zu einem Bürgerkrieg in den USA kommen können.

Ein Blick auf den Vietnamkrieg erklärt auch, warum Kriege bisweilen in eine erbarmungslose Verlängerung getrieben werden, obwohl sie erkennbar nicht zu gewinnen sind: Man fürchtet den Dominoeffekt. In Vietnam glaubten die USA, den Krieg »durchziehen« zu müssen, weil ansonsten ganz Südostasien nach und nach kommunistisch werden würde. Das ist bekanntlich nicht passiert. Auch im Krieg in der Ukraine ist der Dominoeffekt – in diesem Fall der Durchmarsch Russlands, zunächst in die baltischen Staaten und im schlimmsten Fall bis nach Berlin – eine der großen Befürchtungen. Inwieweit diese Befürchtung begründet ist oder nicht, sei an dieser Stelle dahingestellt. Viel wichtiger ist für mich die Frage, was wir aus der aktuellen Lage lernen. Und das kann nur eines sein: mehr Abschreckung in Deutschland und Europa aufzubauen, denn Abschreckung bedeutet Sicherheit und muss damit grundsätzlich ein Teil unserer strategischen und militärischen Verteidigung sein.

Soldaten, Söldner, Schattenarmeen: Private Militärdienstleister

Irreguläre Kämpfer sind entstaatlichte Gewalt, sie unterliegen nicht der politischen Kontrolle einer Regierung. Das hat im Gegenzug dazu geführt, dass auch die staatliche Gegengewalt – etwa zur Bekämpfung von Terrororganisationen – zunehmend privatisiert worden ist. Zivile Militärdienstleistungsunternehmen, oder englisch: Private Military Companies, haben seit einigen Jahren Hochkonjunktur. Sie werden beauftragt, in Kriegs- oder Krisengebieten militärische Aufgaben zu erfüllen. Zusammen mit Geheimdiensten sind diese privaten, nichtstaatlichen Organisationen auf der ganzen Welt in Konflikten im Einsatz, auch solche, über die wenig geredet und wenig geschrieben wird. Es sei daran erinnert: Krieg ist ein Chamäleon, das mal weniger und mal mehr offensichtlich Krieg ist, sich gut tarnen kann und manchmal übersehen wird.

Im Grunde fällt diese Art von modernen Privatarmeen im staatlichen Auftrag nicht besonders aus dem Rahmen kriegführender Akteure. Ihre historischen Vorbilder sind die Condottieri im Italien der Renaissance, Wallensteins Truppen im Dreißigjährigen Krieg oder die zeitweise über 250 000 Mann starke Privatarmee der Britischen Ostindien-Kompanie. Auch heute ist die Größe solcher Privatarmeen immens und kann kriegsentscheidend sein. In Afghanistan oder im Irak betrug die Truppenstärke der privaten Militärdienstleister zeitweise mehr als die der »offiziellen« Armee.

In den Privatarmeen sind ehemalige Soldatinnen und Soldaten aus Spezialeinheiten und frühere Angehörige von Geheimdiensten und Polizei beschäftigt, die gerne verharmlosend als »Private Guards«, »Risk Manager« oder »Security Assistants« bezeichnet werden.

Diese »Guards«, »Manager« und »Assistants« werden als Ausbilder eingesetzt, bedienen und warten hochentwickelte Waffensysteme, laufen Patrouille, sichern kritische Infrastruktur, begleiten Transporte, stellen Leibwachen für gefährdete Personen und werden in Kampfeinsätzen eingesetzt. Für jeden Bereich gibt es das passende Angebot, und das weltweit. Die Privatisierung des Krieges ist damit weit in den Bereich ursprünglich rein militärischer Aktionsfelder vorgedrungen. Kein Wunder, denn die »neuen Söldner« sind meistens auch billiger: Die Dienstleistungsunternehmen und auch in den wenigsten Fällen der Staat, der sie eventuell beauftragt, müssen weder die kostenintensive Ausbildung von Spezialkräften übernehmen – sie ist bereits vorhanden – und in der Regel auch nicht die Krankenversicherung oder die Alters- und Invaliditätsversorgung. Von den Kosten, die bei den regulären Streitkräften für Soldatinnen und Soldaten in »boots on the ground« anfallen würden, ganz zu schweigen. Gleichzeitig verdienen Angestellte privater Militärdienstleistungsunternehmen in ihren Einsätzen mindestens das Dreifache ihres früheren Solds. Eine Win-win-Situation, allerdings nicht immer für beide Seiten in gleichem Maße. Junge, am Abenteuer begeisterte Männer werden es meist noch nicht abschätzen können, welchen Preis sie dafür bezahlen. Insbesondere, wenn sie ihren Platz im Leben und in der Gesellschaft noch finden müssen, werden sie leichter zu gewinnen sein; das gilt auch für »Bürgersöhne«. Ein prominentes Beispiel ist Ernst Jünger, der in seinem Buch *Afrikanische Spiele* seine Erfahrungen und Erlebnisse in der Fremdenlegion vor dem Ersten Weltkrieg schildert.

Ich kannte als junger Leutnant die Zeitschrift *Soldier of Fortune*, hatte auch Jüngers *Afrikanische Spiele* gelesen und mich offensichtlich davon inspirieren lassen. Das Exotische, das Unbekannte zogen auch mich in meiner jugendlichen Abenteuerlust an. In der Realität ist das Söldnerdasein ganz sicher nicht so faszinierend, wie es ausgemalt wird – Philipp Rosenthal hat darüber in seinem Buch *Einmal Legionär* berichtet. Jedoch kann auch eine intensive, fordernde Ausbildung die Abenteuerlust junger Männer befriedigen. Ernst Richstein, der damals als Militärattaché in Tel Aviv tätig war und einer meiner ältesten Freunde ist, vermittelte mich zum Beispiel an die israelische Luftlandeschule in Tel Nof zur Fallschirmspringerausbildung. Sie war – neben gemeinsamen Aktivitäten wie Freifallspringen und Marathonläufen – für mein berufliches Selbstverständnis ebenso prägend wie die alpinen Erlebnisse mit Josef Anzenberger, einem langjährigen Ausbildungsleiter der Heeresbergführer. Beiden Freunden, die im Dienst übrigens auf für mich vorbildliche Weise keine falsche Angst vor Obrigkeiten hatten, bin ich dafür bis heute dankbar.

Zurück zum Söldnertum, darunter die Angehörigen der russischen Gruppe Wagner, Putins Schattenarmee. Spätestens seit dem Krieg gegen die Ukraine ist die Gruppe Wagner den meisten Deutschen bekannt, deshalb erwähne ich sie, während andere Private Military Companies wohl eher nicht zum Allgemeinwissen gehören. Die private Militärorganisation wurde von dem inzwischen auf nur bedingt geklärte Weise ums Leben gekommenen Jewgeni Prigoschin gegründet, um verdeckte Militäroperationen durchzuführen. Die Wagner-Söldner sind in der Ukraine jedoch offen in Erscheinung getreten, haben gemeinsam mit regulären russischen Soldaten gekämpft und Kriegsverbrechen begangen. Dem Putin-Regime dienen solche Söldner intern wie extern bei Aufgaben, die Russland nicht offiziell ausgeführt wissen will. Die Gruppe Wagner hat allerdings auch einen Machtkampf mit Moskau initiiert und ist daran gescheitert.

Grenzüberschreitung im Cyberspace: Der Feind in meinem Netz

Am Anfang dieses Kapitels habe ich gesagt, dass Krieg analog, blutig und brutal ist. Dass ihm das Clausewitz'sche Bild des »Chamäleons« jedoch gerecht wird und Krieg inzwischen auf vielen verschiedenen Ebenen geführt wird. Wusste man den Feind einst mit Granate, Gewehr und Bajonett im gegnerischen Schützengraben, so greift er heute aus dem All, per Computervirus, in den sozialen Netzwerken, mit Drohnen und Kleinwaffen, als Troll oder Gotteskrieger, auf dem Handy oder in meinem Heim an. Wenn es offiziell werden soll, lässt er zusätzlich seine Armee aufmarschieren.

Über den Kampf zwischen Armeen wissen wir aus Erfahrung vieles, vielleicht sogar alles. Neu sind die hybride Verflechtung und insbesondere der virtuelle Kampf im Netz. Aus dem *world wide web* wird der *world wide war*, moderne Elektronik, die man für die Kriegführung zweckentfremdet. Nicht immer bleibt es bei einem Virus, der weltweit Rechner lahmlegt, bei Ransomware- oder Deepfake-Attacken, obwohl die Schäden bereits in diesen Fällen enorm sein können. Wirklich katastrophale Folgen kann es haben, wenn Stromnetze, Satellitenverbindungen, Wirtschafts- oder Finanzsysteme und Co. angegriffen werden. Soviel ich weiß, ist noch niemand im Krieg im Netz oder als Folge von Cyberwar-Operationen gefallen oder getötet worden. Die Angriffe verliefen im virtuellen

Raum zwar mit realen, aber beherrschbaren Konsequenzen. Das kann sich jederzeit ändern, das Potenzial ist da.

Wie sollen Flugzeuge sicher landen, wenn die Radarsysteme an Bord oder auf dem Boden verrücktspielen? Wie lange können Krankenhäuser funktionieren, wenn im ganzen Land der Strom gekappt wird? Wie soll eine nationale Krise gemanagt werden, wenn jede Kommunikation zusammenbricht? Wer kann sich das Überleben leisten, wenn Aktien, Konten, Gelder und Werte einfach verschwinden? Was geschieht, wenn deutsche Waffen per elektronischem Knopfdruck durch fremde Hand auf unsere Freunde abgefeuert werden? Das sind nur einige Beispiele, und sie sind erschreckend genug. Tatsächlich sind wir so abhängig von komplexen Infrastrukturen und miteinander verbundenen digitalen Systemen, dass uns die Verteidigung unseres Cyberspace genauso wichtig sein muss wie die der Landesgrenzen – wenn nicht wichtiger.

Ob der letzte große Krieg ohne jedes Blutvergießen im virtuellen Cyberspace geführt werden wird, ausgetragen von nur schwer identifizierbaren Hackern, die unsere Versorgungs-, Finanz- und Sicherheitssysteme lahmlegen? Ich bezweifle es. Wobei in dessen Folge genug Blut vergossen werden dürfte, etwa im Straßenkampf um Nahrungsmittel, um Medikamente, ums nackte Überleben.

Ich habe es »unseren Cyberspace« genannt, doch genau hier liegt natürlich das Problem: Es gibt selbstverständlich aufs Nationale beschränkte Infrastrukturen und Systeme, doch grundsätzlich erstreckt sich der Cyberraum, in dem wir uns bewegen, grenzenlos über die Welt. (Fast) jeder hat Zugang und nicht alle sind uns wohlgesinnt. Das ist keine neue Erkenntnis. Angreifer und Sicherheitsexperten liefern sich seit Jahrzehnten einen Kampf um das Netz. Die einen suchen nach Schwachstellen, nach Möglichkeiten, die Sicherungssysteme auszuhebeln, sie zu täuschen oder zu umgehen. Die anderen machen dasselbe – nur mit dem Ziel, den Cyberspace zu schützen. Er ist das Schlachtfeld der Zukunft, auch weil elektronische Systeme verhältnismäßig günstig sind, vor allem im Vergleich zu dem, was konventionelle militärische Waffen kosten. Kein Wunder, dass man darauf setzt, einen Gegner zu einem Bruchteil dieser Kosten bezwingen zu können, schließlich sind moderne Gesellschaften abhängig von diesen Systemen.

Spannend dürfte es werden, wenn Künstliche Intelligenz auf breiter Front zum Einsatz kommt. Als universal einsetzbare Technologie hat sie, neben der Robotik, ein großes Potenzial, die Kriegführung zu verändern. Die Möglichkeiten, auch zum Angriff und zur Verteidigung des Cyberspace, werden quasi endlos sein. Ein militärisches Beispiel: Durch die Fortschritte in der Entwicklung von KI sind Drohnen bereits heute extrem wichtige Waffen, wie man im Krieg gegen die Ukraine sieht. Im Schwarm können Drohnen Flugabwehrsysteme bezwingen und Kampfpanzer durch »Top Attacks« ausschalten. Sie schaffen ein gläsernes Gefechtsfeld, auf dem alle Bewegungen – eigene und gegnerische – in Echtzeit aufgeklärt und bekämpft werden können. Anhand der Bilddaten, die die Drohnen erfassen, können sie Waffensysteme, Gesichter oder Uniformen unterscheiden und identifizieren. Bei all dem können Drohnen mittels KI autonom agieren. Insofern werden Drohnenpiloten auf absehbare Zeit obsolet sein. Gleiches gilt für Kampfflugzeuge, Schiffe und U-Boote, die in Zukunft autonom agieren und ohne Piloten beziehungsweise Besatzung auskommen werden.

Derzeit ist die Entwicklung zwar noch nicht so weit. Doch Drohnenpiloten lösen zunehmend klassische Kampfjetpiloten ab. Die amerikanische Luftwaffe bildet längst mehr Piloten für Drohnen als für klassische Jets aus, was auch an den erwähnten Kosten liegt: Die Anschaffungskosten für ein Kampfflugzeug der US-Luftwaffe können in die Milliarden gehen. Pro Stück, versteht sich.[8] Auch aus Kostengründen haben Drohnen also ganz offensichtlich eine Zukunft.

Zudem sind Drohnenpiloten im Einsatz keiner Gefahr ausgesetzt. Ohne tatsächlich vor Ort zu sein, können sie Tausende von Kilometern weit entfernt in großer Höhe stundenlang über einem

Zielgebiet operieren, mit lasergelenkten Bomben und Raketen bestückt, mit Videokameras, Radar und Infrarotsensoren, kaum erkenn- und wahrnehmbar. Per Joystick und via Satellit lassen die Piloten ihre Drohnen feuern. Das Ergebnis verfolgen sie am Monitor. Ja, Drohnenpiloten können – wie ein Hacker beim Krieg im Netz – bei ihrem Einsatz Kaffee trinken. Gleichwohl gibt es auch bei ihnen zunehmend Fälle posttraumatischer Belastungsstörungen.

Houston, wir haben ein Problem: Kampf im All

Vor allem für die USA, China und Russland ist der Weltraum längst zum Kriegsschauplatz geworden. Jede Großmacht will ihn militärisch für sich nutzbar machen. Man sammelt Daten, schützt die eigene Kommunikation und belauscht den Gegner. Dafür ist man im All am richtigen Ort, denn fast die komplette menschliche elektronische Kommunikation verläuft heute satellitengestützt. Folglich geht es im Weltraum um den Schutz der eigenen Satelliten, ohne sie ist unsere moderne Welt – einschließlich ihrer Sicherheit und Verteidigung – nicht (mehr) denkbar. Im Umkehrschluss heißt das: Ohne Sicherheit im All gibt es künftig keine digitale Sicherheit auf der Erde. Es wird für eine Weltmacht immer wichtiger, neben der militärischen, technologischen, wirtschaftlichen, finanziellen und kulturellen Vormachtstellung auch den Satelliten-Wettlauf und insgesamt das All zu beherrschen.

Satelliten sammeln Daten für die militärische Aufklärung, sie verfolgen Vorgänge am Boden und in der Atmosphäre, gewinnen und übermitteln Informationen. Über sie laufen Telefon-, Fernseh- und Internetverbindungen, Landesgrenzen werden mit ihrer Hilfe überwacht, Ziele angesteuert. Sie machen Fotografien oder Radaraufnahmen des Erdbodens, stellen Kontakt zu Einheiten im Ausland her oder horchen Telefon- und Funkverbindungen ab. Sprich, sie sind essenziell, damit unser tägliches Leben funktioniert, aber auch damit Regierungen, Armeen, Geheim- und Nachrichtendienste operieren können.

Insofern ist der Kampf im All Teil des bereits angesprochenen »Information War«: Schutz der eigenen Kommunikation und das Sammeln von Informationen über den Gegner. Noch beschränkt man sich darauf. Der nächste Krieg könnte jedoch im Weltraum beginnen. Dafür müsste nur eine Großmacht beschließen, die Kommunikation einer anderen Großmacht auszuschalten, also zum Beispiel deren Satelliten abzuschießen. Die Möglichkeiten sind vorhanden, entsprechende Waffen gibt es, darunter »Killersatelliten«, die andere Satelliten von ihrer Bahn abbringen oder zerstören, sowie Antisatellitenraketen. In Zukunft werden auch boden-, luft- oder weltraumgestützte Laserwaffen eine zentrale Rolle bei Kriegen im All (oder bei deren Vermeidung durch Abschreckung) spielen. Darüber hinaus gibt es die »Jammer«, elektronische Störsender, die den Funkverkehr von Kommunikationssatelliten stören oder blockieren. Als »Vorteil« wird gerne darauf verwiesen, dass man dank der Jammer keine Satelliten abschießen müsse und somit keinen Weltraumschrott produziere. Das hat natürlich weniger mit Sorgen um die Umwelt zu tun, sondern mehr mit der Angst, dass die eigenen Satelliten über kurz oder lang von unkontrolliert treibendem Weltraummüll getroffen und beschädigt werden könnten. Je mehr Müll, umso größer das Risiko.

Zunehmend werden auch Waffen zu entwickeln sein, die vom Weltraum aus eingesetzt werden, um Ziele auf der Erde zu treffen. Die Umschreibung »Waffenwirkung aus dem All auf die Erdoberfläche« mag harmloser (und bürokratischer) klingen. Tatsächlich sind damit zum Beispiel die bereits erwähnten Hyperschallflugkörper und -raketen gemeint. Von ihnen erhofft man sich, sie mit Atombomben bestückt aus der Stratosphäre abzuschießen; sie sollen mit zwanzigfacher Schallgeschwindigkeit fliegen und ihr Ziel präzise treffen. Zeit, sie abzuwehren, bliebe nicht. Herkömmliche Abwehrsysteme sollen gegen sie versagen. Insofern gewinnen weltraumgestützte Beobachtungs- und Cyberfähigkeiten eine immense Bedeutung für die präventive Bekämpfung gegnerischer Raketen vor der Startphase, etwa indem man die Software von Waffensystemen im oder aus dem All angreift und manipuliert. Das Wettrüsten setzt sich heute im Weltraum fort.

Warum aber »Houston, wir haben ein Problem« und nicht »Berlin« oder wenigstens »Brüssel, wir haben ein Problem«? Deutschland hat, wie viele andere Nationen, eigene Satelliten im Umlauf und auch die Bundeswehr rüstet seit einigen Jahren massiv im Weltraum auf. Die Bedrohungen im All sind real, das ist auch Deutschland bewusst. Feindlich gesinnte Mächte müssen längst keine Landesgrenzen mehr überschreiten, um uns essenziell zu schaden. Die Sicherheit der Bundesrepublik Deutschland wird nicht mehr nur am Hindukusch verteidigt, wie es der damalige Verteidigungsminister Peter Struck einst sagte, sondern auch im Weltraum.

Und doch haben wir ein Problem: Wir haben keine Chance, den technologischen Vorsprung der USA oder Chinas aufzuholen. Das gilt für Deutschland genauso wie für die Europäische Union. Auch die Idee, in Konkurrenz zu den beiden Großmächten treten zu wollen, wäre absurd, weil ebenfalls chancenlos. Stattdessen müssen wir auf Zusammenarbeit setzen. Keine Frage, dass die USA hier der für uns naheliegende Partner sind. Ich sage bewusst »Partner«, denn genau das müssen Deutschland und die EU werden: Partner, die von den USA ernst genommen werden – noch sind wir es nämlich nicht. Auf die Gründe, woran es hapert und weshalb eine echte Partnerschaft für die Zukunft wichtig ist, gehe ich später ein.

Fazit

Krieg ist das, was er immer war: unvorhersehbar, unplanbar, blutig und brutal. Gleichzeitig hat Krieg neue Erscheinungsformen angenommen. Moderne Kriegführung findet zwar weiterhin im »klassischen« Sinne auf dem Schlachtfeld statt, wo sich die Streitkräfte verfeindeter Staaten gegenüberstehen. Doch einst klare Grenzen verschwimmen. Private Söldner ziehen gemeinsam mit nationalen Armeen in den Kampf. Krieger, die eben noch Zivilisten waren, operieren erfolgreich aus dem Schutz der Zivilgesellschaft. Als Gesellschaft verteidigen wir nicht bloß unsere Landesgrenzen, sondern kämpfen gegen Terroristen und andere nichtstaatliche Akteure.

Dabei dürfen wir nie vergessen, dass es viel mehr kostet – Aufwand und Mittel, Leid und Leben –, einen Krieg zu beenden, wenn er einmal ausgebrochen ist, als einen Krieg gar nicht erst beginnen zu lassen. Wir müssen zu unserer Sicherheit Stärke zeigen, aber *gleichzeitig* politische Lösungswege finden. Dabei ist unsere stärkste Waffe die Analyse: Um welche Interessen geht es dem Gegner, um welche geht es uns? Was kann ein realistisches Ziel sein? Was steht diesem im Weg? Wir dürfen uns nicht glauben machen lassen, dass es keinen anderen Ausweg gibt als Vernichtung – entweder unsere oder die des Feindes. Wir dürfen uns nicht von Emotionen lenken lassen, wenn diese gegen uns verwendet werden, zum Beispiel um uns begeistert in den Kampf zu schicken.

Zugleich wird Krieg zunehmend elektronisch geführt, im virtuellen Raum. Nicht Hacker gegen Hacker, sondern zwischen der Gesellschaft und ihren Feinden. Diese Feinde sind bisweilen Teil unserer Gesellschaft, vom terroristischen Schläfer bis hin zu einflussreichen Politikern, die verschiedene Interessen gegeneinander ausspielen. Das macht es besonders schwierig, sich zu wappnen und sich gegen solche Gegner zu wehren. In den sozialen Netzwerken wird versucht, die öffentliche Meinung zu beeinflussen, Unruhe zu stiften und Unzufriedenheit zu provozieren. Wir werden aufgehetzt, vor allem gegeneinander. Trolle und Terroristen sind Kommunikationsprofis, die alles daransetzen, unsere Gesellschaft zu destabilisieren. Auch in Medien wird Krieg nicht mehr nur gespiegelt, sondern teilweise geführt.

Unsere Feinde sind daher nicht immer eindeutig zu erkennen. Deshalb sind es nicht mehr ausschließlich Waffen, die über Sieg und Niederlage entscheiden, sondern Informationen und unsere Sicherheit im Cyberspace. Vorsprung ist wichtig. Wer seine Freiheit schützen und künftig als Militärmacht mithalten will, muss die Technologieführerschaft übernehmen, vor allem im Weltraum und im Cyberspace. Das bedeutet, wir müssen Sicherheit ganzheitlich verstehen. Ein Wettrüsten im Stil des Kalten Krieges hält im digitalen Zeitalter keine Feinde mehr ab, und auch geografische Grenzen spielen nicht mehr die Rolle, die sie hatten.

Deutschland und die Europäische Union können diese Sicherheitsaufgabe nicht alleine stemmen – aber sie können es als Partner der USA, vorausgesetzt, es gelingt ihnen, eine ernst zu nehmende Partnerschaft auf Augenhöhe aufzubauen.

Im Folgenden möchte ich konkret auf einen Krieg eingehen, der zwar nur einer von vielen Brandherden in der Welt ist, für uns in Deutschland und Europa aber eine zentrale Rolle spielt und uns zudem sehr viel über die Interessensphäre von Staaten, über Machterhalt und -ausdehnung, über Stellvertreterkriege sowie über Realpolitik und Romantik verrät. Die Rede ist natürlich vom russischen Angriffskrieg gegen die Ukraine.

Kapitel 2

Spielverderber Putin

Ein Weckruf für Deutschland und Europa

Im Ausland gibt es einen Begriff, der für uns Deutsche reserviert ist: die »German angst«. Damit ist nicht die individuelle Angst des Einzelnen gemeint, nicht die Furcht vor großen Höhen, haarigen Spinnen, engen Aufzügen oder sozialen Begegnungen, um nur einige Phobien zu nennen. Nein, »German angst« meint die kollektive Angst der ganzen Nation. Dieses diffuse Gefühl ist eine Reaktion auf Ereignisse, die als fast übergroße Bedrohung empfunden werden, wie die Corona-Pandemie oder der Krieg gegen die Ukraine. Solche Ereignisse rauben den Mut, verursachen Zukunftsängste und wecken ein enormes Sicherheitsbedürfnis, denn wir befürchten das Schlimmste. Darin scheinen wir Deutschen – zumindest in den Augen anderer – extremer zu sein als andere Nationen. Was allerdings mit an unserer Vergangenheit und den Katastrophen des Ersten und Zweiten Weltkrieges liegen könnte.

Interessant ist, dass uns der Angststempel gerne von außen aufgedrückt wird, wenn die Deutschen in internationalen Angelegenheiten angeblich mal wieder zu zögerlich, zu friedliebend, zu vorsichtig sind.

Ich bin anderer Meinung. Unsere Angst vor einem Krieg – meine, Ihre und die unserer Mitmenschen – ist berechtigt. Wenn sie darüber hinaus zu einem Sicherheitsbedürfnis führt, ist das gut – solange unsere Angst uns nicht lähmt. Denn genau dieses Sicherheitsbedürfnis brauchen wir. Wir müssen es deutlich spüren, um endlich zu handeln. Wir müssen mehr Sicherheit für

Deutschland und Europa wollen und diesen Willen in die Tat umsetzen.

Europa ist mit einer fundamental neuen internationalen Sicherheitslage konfrontiert. Um uns herum brennt es gewaltig: Vor der Haustür flammen die Spannungen zwischen dem Kosovo und Serbien immer wieder auf; ein Konflikt, der schnell zu einem Krieg mutieren kann, in den sich auch Russland einmischt. Der Krieg zwischen Armenien und Aserbaidschan ist ebenfalls ein Pulverfass. Hinzu kommt der Krieg in Gaza. Die Konflikte mit dem Iran sowie mit China im Südchinesischen Meer und um Taiwan sind gefährlich, denn sie können sich aufschaukeln und eskalieren und das in einem Maßstab, vor dem wir Sorge haben müssen. Die für uns momentan greif- und fassbarste Bedrohung ist aus deutscher und europäischer Sicht jedoch der russische Angriffskrieg gegen die Ukraine. Ein Weltkrieg kann sich hier vor unseren Augen entwickeln.

Nun ist es nicht so, dass Russland am 24. Februar 2022 zum ersten Mal eine »militärische Spezialoperation« – als einen Angriffskrieg – gegen die Ukraine startete. Der Kampf um die Krim reicht weitaus länger zurück, mindestens ins Jahr 2014, als Russland die Halbinsel völkerrechtswidrig annektierte. Die Beziehungen zwischen Russland und dem Westen sind seit damals zerrüttet. Doch wirkliche Angst haben die meisten von uns erst bekommen, als Putins Armee vor zwei Jahren einen vollflächigen Angriff auf die Ukraine startete.

Wenn es uns gelänge, die Angst kurz beiseitezuschieben, würde uns klar: Wir haben seit dem 24. Februar 2022 Erkenntnisse gewonnen, die uns stärken und vorwärtsbringen können, wenn wir es zuließen. Auf dieser Basis können wir vielleicht – ich hoffe es – eine realistische Lösung für die Beendigung des Krieges finden; immerhin zeichnet sich im Sommer 2024 nach mehr als zwei Jahren ein vollständigeres Bild der Situation ab.

Darüber hinaus können Deutschland und Europa in sicherheitspolitischer Hinsicht lernen: Welche strategischen Schwächen hat uns der Krieg aufgezeigt, worin sind wir gut und was gilt es zu verbessern, wenn es um nationale beziehungsweise europäische Sicherheit geht? Solche Erkenntnisse sind unfreiwillig erteilte, teuer bezahlte Lektionen, im Wesentlichen auf Kosten der Ukraine. Das Leid der Menschen in der Ukraine ist unermesslich und für viele unvorstellbar. Natürlich müssen wir ihren Kampf um die Freiheit unterstützen. Jedoch erinnern Sie sich vielleicht, was ich – Clausewitz folgend – in den vorhergehenden Kapiteln gesagt habe: Wer objektiv analysieren und lösungsorientiert handeln will, muss das Emotionale zur Kenntnis nehmen, aber bisweilen etwas zurückstellen.

Militärische Lösungswege gibt es nicht

Erinnern Sie sich an das Primat der Politik? Wenn es um den Krieg in der Ukraine geht, vermisse ich es, zumindest auf deutscher und europäischer Seite. Es ist richtig, dass der Westen in diesem Krieg aufseiten der Ukraine steht und dem Land hilft, auch mit Rüstungsgütern und Waffen. Beenden lassen sich solche Kriege allerdings meistens *nur* politisch, nicht militärisch. Erst recht mit Russland, der weltweit größten Nuklearmacht, als beteiligter Kriegspartei. Putin wird seine Truppen nicht nach Hause beordern, selbst wenn es für ihn auf konventionelle militärische Art in der Ukraine nicht weiterginge, was zudem unwahrscheinlich ist. Bevor die Russen abziehen müssten, würde der Kremlchef vielleicht doch noch probieren, nuklear zu siegen.

Die Jahrestage der Atombombenabwürfe auf Hiroshima und Nagasaki sollten uns jedes Jahr im August an die unfassbare Dimension nuklearer Waffen erinnern, und doch habe ich das Gefühl, sie können es nicht. Liegen die Schrecken zu fern, geografisch wie historisch? Dann empfehle ich Ihnen einen Besuch in Hiroshima. Bis heute sind die Steintreppen, auf denen ein Einwohner der Stadt beim Abwurf der von den USA »Little Boy« genannten Bombe saß, verfärbt. Diese Verfärbungen sind Überreste eines Menschen. Der Schatten eines verglühten Körpers, eingebrannt in Stein, als der Atomblitz traf.

Nun kann man zu bedenken geben, dass im Kalten Krieg ein Atomangriff nicht tatsächlich durchführbar war, weil das Resultat für alle Beteiligten absolut verheerend gewesen wäre. Es hätte nur Verlierer gegeben. Es ging einzig und allein darum, aufzurüsten, um bei der Abschreckung mithalten zu können. Neue, moderne Nuklearwaffen lassen sich hingegen sehr viel genauer und gezielter einsetzen, was einen Atomkrieg heute wiederum wahrscheinlicher macht.

Also alles halb so schlimm, wenn Putin morgen Nuklearwaffen einsetzt, falls die Ukrainer zum Beispiel versuchen sollten, die Krim zurückzuerobern, die Putin seit seinen inszenierten Referenden und »Volksentscheiden« als russisches Territorium ansieht? Weil die Bombe dann ja »nur« ... ja, wen eigentlich, träfe? Wohl kaum.

Atomwaffen sind per se niemals »halb so schlimm«.

Alternativ wird eingewandt, der russische Präsident bluffe ja nur.

Warum sollte er? Weil er sich nicht mit der NATO anlegen will? Weil er keine radioaktiven Konsequenzen für Russland oder völkerrechtswidrig annektiertes »russisches« Territorium riskieren will? Weil er erst recht keine Atombomben auf Europa abfeuern würde? Vielleicht nicht auf Europa, aber auf Schrobenhausen in Bayern, wo der Taurus produziert wird? Der viel diskutierte Marschflugkörper hat eine sehr hohe Zerstörungskraft und ausreichend Reichweite, um von der Ukraine aus den Roten Platz in Moskau treffen und den Kreml zerstören zu können.

In der deutschen Debatte um Waffenlieferungen an die Ukraine wird immer wieder gefordert, den Taurus zu liefern. Allerdings gibt es hier verfassungsrechtliche Probleme, unter anderem weil Taurus aus Deutschland gesteuert oder von Angehörigen der Bundeswehr in der Ukraine bedient werden müsste. Ohne personelle Begleitung wäre Taurus kaum effektiv einsetzbar. In jedem Fall wäre es ein *deutsches* Waffensystem mit *deutscher* Beteiligung. Wenn so ein Marschflugkörper in Moskau einschlüge – zwar abgeschossen aus der Ukraine –, würde das Deutschland massiv exponieren und böte eine Vorlage für die russische Propaganda. Nehmen wir außerdem an, der Einsatz von Taurus wäre erfolgreich in dem Sinne, dass er zentrale russische Infrastruktur zerstören würde oder russische Symbolorte wie den Roten Platz träfe. Beides ist ja im Grunde Sinn und Zweck eines solchen Waffensystems. Es hätte sofortige Auswirkungen auf die russisch-deutschen Beziehungen, im schlimmsten Fall bis hin zum Einsatz einer Atombombe als Vergeltungsschlag.

Eine solche zentrale russische Infrastruktur wäre zum Beispiel die Kertsch-Brücke, die vom russischen Festland auf die Krim führt. Wer in Deutschland nach einer Lieferung des Taurus ruft, hofft, dass die Ukrainer damit endlich die Brücke zerstören und somit die Nachschublieferungen der Russen unterbinden könnten. Der Gedanke ist nicht zu Ende gedacht. Erstens ist die Kertsch-Brücke ein nationales Prestigeprojekt der Russen. Würde ein deutsches Waffensystem sie zerstören, müssten wir aller Wahrscheinlichkeit nach mit einem entsprechenden Vergeltungsschlag rechnen – potenziell auf die Fehmarnsundbrücke. Zweitens laufen nur zwei Drittel des russischen Nachschubs über die Kertsch-Brücke. Ihre Zerstörung würde zusätzlichen Aufwand für die Russen bedeuten. Aber sie würde die russischen Streitkräfte nicht paralysieren oder außer Gefecht setzen. Sie würde folglich – drittens – nicht zum Wendepunkt in diesem Krieg führen.

Rechtlich betrachtet mag das Thema Waffenlieferungen noch nicht abschließend bewertet sein. Gemeinhin herrscht in Deutschland die Einschätzung, dass wir uns völkerrechtlich durch die ausschließliche Lieferung von Waffen – und keinen Schritt darüber hinaus – nicht zur Kriegspartei machten. Eine Taurus-Lieferung und ein wie oben geschilderter Einsatz würden sich jedenfalls in einer Grauzone bewegen. Dass sich der russische Präsident zudem wenig um Völkerrecht schert, dürfte hinlänglich bekannt sein. Nur, weil wir meinen, Putin müsse etwas so oder so bewerten oder dieses oder jenes nicht tun dürfen, heißt das nicht, dass er es tatsächlich tut oder nicht tut. Davon auszugehen, dass es in diesem Krieg also unverrückbare Spielregeln gibt, an die Putin sich halten wird, fällt für mich unter Wunschdenken. Ein solches Wunschdenken hilft nicht, den Konflikt in der Ukraine zu beenden. Ein nuklearer russischer Vergeltungsschlag, der Schrobenhausen träfe, scheint mir insofern kein völlig abwegiger Gedanke.

Der Vollständigkeit halber muss ich hinzufügen: Würde *der Westen* völkerrechtliche Regeln brechen, wäre Putin der Erste, der dies als Freifahrtschein für sich nutzte. Und ja, natürlich misst er mit zweierlei Maßstab. Natürlich hat er Völkerrecht gebrochen. Natürlich ist Russlands Überfall unentschuldbar. Natürlich sind russische »Volksabstimmungen« in der Ukraine eine Farce. Doch Empörung, so berechtigt sie auch ist, hilft nicht nur nicht weiter. Sie hilft im Zweifel Putin.

Um noch einmal auf die Gefahr eines Atomkrieges zurückzukommen: Man macht es sich zu leicht, wenn man sagt, eine Atommacht werde nicht zu Nuklearwaffen greifen, wenn sie konventionell-militärisch keinen Erfolg habe; die Amerikaner hätten das in Vietnam oder Afghanistan ja auch nicht gemacht. Solche Vergleiche hinken gewaltig, denn die Schwarzmeerregion hat für Russland ungefähr die gleiche enorme strategische Bedeutung für die eigene Sicherheit wie die Karibik und Panama für die USA oder das Südchinesische Meer und Taiwan für China. Vietnam und Afghanistan hatten und haben eine solche Bedeutung nicht, zumindest nicht für die USA. Darauf gehe ich später ausführlicher ein. Die Russen können also aus ihrer Sicht nicht einfach – wie der Westen in Afghanistan, im Irak, in Syrien oder Libyen –, salopp ausgedrückt, nach Hause gehen und sagen: »Das ist schlecht gelaufen, viel zu aufwendig, wir geben es auf.«

Murmansk, Kaliningrad bis zur Krim-Region – das sind vitale strategische Eckpfeiler Russlands. Wenn die Kontrolle über diese Regionen verloren ginge, wäre Russland nach eigenem Empfinden keine Weltmacht mehr – und es fühlte sich gen Westen ungeschützt. Immerhin ist Russland ein Land, das mehrere Male in seiner Geschichte aus dem Westen mit Krieg überzogen wurde. Daher behaupte ich, bevor die Russen die Krim verlassen müssten, würden sie mit hoher Wahrscheinlichkeit Atomwaffen einsetzen, so wie Kennedy 1962 dazu bereit war. Die Kubakrise hat gezeigt, warum manche Nationen in bestimmten Situationen strategisch zum militärischen Handeln gezwungen sind. Was sie allerdings nicht daran hindert, parallel nach einer friedlichen Lösung zu suchen. Ähnlich werden wir aus dem Krieg in der Ukraine nur durch besonnenes politisches Handeln herauskommen, durch Verhandlungen und Kompromisse, wie es der damalige amerikanische Präsident John F. Kennedy vorgemacht hat und wie es auch die Harmel-Doktrin der NATO vorsah.

Diese Aufgabe sehe ich generell beim Westen. Das heißt, ich *würde* sie gerne bei Deutschland und Europa sehen. Tatsächlich haben europäische Politiker kaum Entscheidungsspielraum. Der wirkliche Schlüssel für Kompromisse und Verhandlungen, für Krieg und Frieden liegt in Washington, Moskau und auch in Peking. Schließlich ist der Krieg in der Ukraine auch ein Stellvertreterkrieg, der den Europäern derzeit im Grunde nur die Wahl zwischen einer Zuschauer- und Helfershelferrolle lässt. Auf diesen Aspekt des Konflikts komme ich noch zurück.

Doch unabhängig davon, wo der Schlüssel liegt und welchen Einfluss Deutschland und Europa auf die USA, Russland und China ausüben könnten (wenn sie überhaupt wollten), lautet die eigentliche Frage: Zu welchem Preis kämpft man weiter?

Ja, die Ukraine hat sich erfolgreich gegen den Überfall der Russen gewehrt. Der überragende Kampfgeist und die hohe Motivation nicht nur der Soldatinnen und Soldaten, sondern der gesamten ukrainischen Bevölkerung hat Putin und seine Militärführung überrascht. Ja, die ukrainische Seite hat den Konflikt wirkungsvoll in die Länge gezogen, nicht zuletzt mit dem Ziel, die Kosten für die Russen hochzutreiben und sie abzunutzen. Ja, die Ukraine hat – mit westlicher Unterstützung – ihre militärische Unterlegenheit teilweise durch Teil-Digitalisierung und Vernetzung kompensieren können, während die russische Operationsführung noch weitgehend analog verläuft. Ja, die Ukrainer haben die Russen per Guerillataktik in strategisch wichtige, zeitraubende urbane Straßen- und Häuserkämpfe verwickelt. Ja, sie haben effektive »Hit and run«-Einsätze gegen die russischen Nachschub- und Versorgungslinien ausgeführt und könnten mit dieser Strategie wahrscheinlich noch länger erfolgreich sein.

Was fehlt, ist eine nahe logistische Basis, bei der Waffensysteme und Munition nicht erst aufwendig und nach monatelangen Diskussionen im Geberland zur Verfügung stünden, sondern unmittelbar nutzbar wären, natürlich in ausreichender Anzahl. Es müsste also eine nachhaltige, sichere militärische Logistik aufgebaut werden, wofür entweder die Ukraine oder der Westen als Lieferant die Luftherrschaft beziehungsweise einen geschützten Seeweg benötigten. Dafür müsste wiederum die russische Seeblockade aufgebrochen oder eine Flugverbotszone über der Ukraine mithilfe der NATO eingerichtet werden. Beides wäre mit einem Kriegseintritt des Westens verbunden. Es bräuchte außerdem mechanisierte Angriffsverbände in Divisionsgröße mit klarer, mindestens dreifacher militärischer Überlegenheit. All das ist im Moment unrealistisch und würde einen Sieg der Ukraine zudem nicht garantieren können.

Putin, ein Monster? Das Ende der Politik

»Natürlich ist Putin ein Monster!«, werden mir angesichts der Frage in der Überschrift sicher etliche Leserinnen und Leser empört antworten wollen, vielleicht auch Sie. Oft wird demjenigen, der eine solche Frage formuliert, noch ein erzürntes »Putin-Versteher« hinterhergeschleudert. Diese Behauptung ist zu fünfzig Prozent wahr. Streichen Sie Putin. Es bleibt der »Versteher«. *Natürlich* sollte man ein Versteher sein oder es zumindest versuchen. Man muss verstehen wollen, was in der Welt los ist. Analysieren wollen, was wo aus welchen Gründen passiert, weil man ansonsten auch nichts dafür oder dagegen tun kann. Ich habe die Hoffnung, dass die meisten von uns »Versteher« in diesem Sinne sind.

Ist Putin also ein Monster oder nicht? Er ist, was schlimmer sein dürfte, ein sehr kühler, berechnender Analyst – und das müssen auch wir sein, wenn wir im Umgang mit ihm die Oberhand behalten beziehungsweise sie zurückgewinnen wollen.

Vielleicht ist Putin außerdem größenwahnsinnig, vielleicht verrückt, sicherlich rücksichts- und erbarmungslos in seinem Machtstreben, bewiesenermaßen ein Verbrecher im Sinne des Völkerrechts, ein Diktator und Imperialist, wahrscheinlich beratungsresistent und ein Narzisst, der in allem und jedem eine Majestätsbeleidigung sieht. Aber nutzt es *uns* (und damit meine ich alle, die nicht auf Putins Seite stehen), ihn ein Monster zu nennen? Erhöhen wir ihn dadurch nicht zusätzlich? Machen wir ihn so nicht zu dem Mythos, der er zu sein wünscht? Versperren wir uns mit einer solchen Emotionalität nicht den klaren Blick? Was hilft es *uns,* Putin als die Inkarnation des Bösen darzustellen, wie es in Medien, aber vor allem in Teilen deutscher Politik gang und gäbe ist? Ein durch und durch böser Mensch, gegen den man nur noch Krieg führen könne, mit dem man einfach nicht mehr reden dürfe? Diese fundamentalistische, vermeintliche Klarheit ist das Ende jeder Politik; sie führt früher oder später unweigerlich in die Kriegsbeteiligung und geht zulasten realpolitischer Vernunft.

Wenn deutsche Politiker und Medien Putin mit emotionalen Aussagen immer wieder verteufeln, stellen sie sich im Grunde selbst ein Bein: Die Bevölkerung wird es ihnen als Schwäche ankreiden und ihnen das Vertrauen entziehen, wenn sie nach einer plötzlichen 180-Grad-Wende doch anfangen, über Friedensverhandlungen nachzudenken. Und auch wenn es sich in uns sträubt: Um Verhandlungen werden wir nicht herumkommen. Es wird schlussendlich darauf hinauslaufen, egal wie lange dieser Krieg noch weitergeht.

Viel wichtiger ist es daher, analytisch, klar und objektiv zu denken und Schlussfolgerungen zu ziehen, die uns nachhaltig und langfristig weiterbringen. Krieg ist immer eine hochemotionale Angelegenheit, aber man darf den möglichen Frieden danach nie aus den Augen verlieren. Irgendwann wird der Westen mit Putin reden müssen, irgendwann werden Ukrainer wieder im Alltag auf Russen treffen, irgendwann wird es wieder Handel und Wirtschaft mit Russland geben. Wer behauptet, es werde anders sein, macht sich und uns etwas vor. Weder Russland noch seine Bevölkerung werden nach dem Krieg, wie auch immer er ausgeht, von der Landkarte getilgt sein. Was ich damit sagen will: Angst, Wut, Empörung, Betroffenheit – diese Gefühle sind wichtig, aber zum jetzigen Zeitpunkt helfen sie uns nicht (mehr), eine realistische Lösung zu finden, um den Krieg in der Ukraine zu beenden.

Und beenden wollen wir ihn doch, oder? Er kann sich, wenn wir es zulassen, wie oben geschildert noch lange hinziehen. Die Ukrainer sind leidenschaftliche, intelligente und strategische Kämpfer, sie werden vom Westen umfassend unterstützt. Gemeinsam schaffen wir das noch eine ganze Weile. Wir schaffen es – bis der Westen keine Waffen, keine Mittel, keine Kraft mehr hat, dafür eine Bevölkerung, die langsam kriegsmüde wird, einen Alltag, der nicht mehr bezahlbar ist, soziale Leistungen für ukrainische Geflüchtete, an denen sich die Gemüter entzünden, und reichlich andere Krisen, die es zu handhaben gilt.

Der Krieg hat das Potenzial zu einer *never ending story*. Aber die Alternative, dass nämlich Russland die Ukraine besiegt – viele befürchten eine große russische Offensive im Sommer 2024 –, muss der Westen verhindern, nicht nur im Sinne der Ukraine. Sondern auch deshalb, weil Putin keine imperiale Lust auf mehr bekommen darf. Der Überfall auf ein souveränes Land darf nicht zum erfolgversprechenden Präzedenzfall werden. Das wissen Deutschland und Europa, und das weiß die NATO. Deswegen fährt sie richtigerweise ihre militärische Abschreckung hoch und liefern wir Waffen. Jetzt müssen wir Gespräche in Gang bringen, bevor sich die Verhandlungsposition der Ukraine schwächt oder das Land komplett verwüstet wird.

Realpolitik statt Romantik

Russland hat die Ukraine überfallen. Wir sollen trotzdem auf den Aggressor zugehen, uns an den Verhandlungstisch setzen, russische Interessen mitbedenken und Kompromisse eingehen? Dass so etwas ungern gedacht und noch widerstrebender getan wird, ist verständlich, aber sowohl vom politischen *als auch vom militärischen* Standpunkt aus zwingend. Denn inzwischen ist es quasi amtlich: Der damalige ukrainische Generalstabschef Walerij Saluschnyj sprach erstmals Anfang November 2023 von einem Stellungs- und Abnutzungskrieg, von Verhältnissen wie im Ersten Weltkrieg, von der Unmöglichkeit großflächiger Rückeroberungen. Abnutzung bedeutet, dass es keine »vernünftige« militärische Lösung mehr gibt. Bei seiner Erwähnung des Ersten Weltkrieges dürfte Saluschnyj Verdun 1916 vor Augen gehabt haben. Damals wurde vorexerziert, was Abnutzung in der Realität bedeutet: Fast eine Million junger Franzosen und Deutscher starben, sinnlos.

Abnutzung heißt auch, dass seit dem Frühjahr 2024 ukrainische Offensiven nicht mehr sein können als bestenfalls lokal erfolgreich. Noch stehen wir vor einer operativen Pattsituation und selbst das ist aus meiner Sicht eine zu optimistische Einschätzung.[1] Vorstöße und Geländegewinne beider Seiten waren und sind minimal, sie waren und sind nicht nachhaltig, haben keinen Einfluss auf die militärische Gesamtlage und sind deshalb militärisch sinnlos. Vor allem sind sie mit unglaublichem Leid verbunden. Hunderttausende junger ukrainischer und russischer Soldaten sind inzwischen schwer verletzt oder getötet worden.

Die russischen Streitkräfte sind rein zahlenmäßig überlegen und werden es bleiben. Sie haben die Eskalationsdominanz in diesem Krieg, was im Prinzip heißt: die besseren Voraussetzungen. Sie können den Krieg jederzeit beenden, aber eben auch bestimmen, wie lange er sich hinzieht und in welchem Grad er sich militärisch verschärft. Sie können jederzeit frische Kräfte einbringen, haben ihre logistische Basis und vergleichsweise sehr viel mehr Ressourcen als die Ukraine, trotz westlicher Waffenlieferungen. Niemand möchte das hören oder wahrhaben, auch wenn Fachleute, unter ihnen Mark Milley, bis Ende September 2023 Generalstabschef der US-Streitkräfte, genau das seit geraumer Zeit predigen. Milley hat schon im September 2022 öffentlich gesagt – von stillschweigender Duldung des US-Präsidenten ist auszugehen –, dass eine militärische Lösung höchst unwahrscheinlich sei.

Ein großer Teil der europäischen Öffentlichkeit, einschließlich Medien und Politik, hat währenddessen auf eine große ukrainische Gegenoffensive gehofft und tut es teilweise immer noch. Doch von den deutschen Kampfpanzerlieferungen im Frühjahr 2023 – im Übrigen weitaus weniger an der Zahl, als Saluschnyj gefordert hatte – konnten nur militärische Laien »den Wendepunkt« des Krieges erwarten. Viele machen sich wahrscheinlich nicht einmal bewusst, welch immensen logistischen Aufwand es bedeutet, deutsche Panzer oder generell Waffensysteme in die Ukraine zu schaffen. Die Lieferung erfolgt öffentlich – eine zweistellige Anzahl Panzer, die auf Schienen oder noch problematischer: auf Schwertransport-Tiefladern halb Europa durchqueren, lässt sich kaum verstecken – und muss trotzdem diskret, möglichst geheim ablaufen. Schließlich will man der russischen Seite so wenig Gelegenheit wie möglich geben, den Transport unter Beschuss zu nehmen und die Lieferung zu zerstören, bevor sie überhaupt ihr Ziel erreicht hat. Dass ein Kriegsgebiet mit schwer beschädigter Infrastruktur durchfahren werden muss und die Panzer an der Grenze umgeladen werden müssen, weil der Schienenverkehr von der im Westen üblichen Normalspur auf die noch aus sowjetischen Zeiten stammende Breitspur wechselt, ist ebenfalls wenig hilfreich. Hinzu kommt, dass westliche Waffen oft schwerer sind als in den früheren Staaten der Sowjetunion üblich. Nicht jede ukrainische Brücke hält der Belastung stand, zumindest kommt sie an ihre Grenzen.

Von der logistischen Herausforderung abgesehen, sind die »Leos« und Co. nicht gerade so ausgelegt, dass man einsteigen und sie intuitiv bedienen könnte. Dafür braucht es eine monate-, wenn nicht gar jahrelange Ausbildung der ukrainischen Soldaten, denn natürlich können wir keine deutsche Besatzung an die Front schicken. Die ukrainischen Besatzungen müssen also in der Lage sein, die Panzer technisch zu bedienen und einzusetzen. Ob die Qualität und Erfahrung der Besatzungen, Kommandanten und Verbandsführer auch für das Gefecht miteinander verbundener Waffensysteme gilt, ist – abgesehen von der wichtigen Frage der Verfügbarkeit von Begleitartillerie, Pionieren, Luftstreitkräften, Luftabwehrfähigkeiten und weiterem – mehr als fraglich. Die logistisch-technische Betreuung muss tagtäglich erfolgen, Betriebsstoff und Munition müssen über weite Entfernungen verlässlich herangeführt werden. Ohne dies alles stehen Panzer schnell als unbrauchbare Wracks am Wegesrand oder sie wandern – wie bei anderen westlichen Waffensystemen der Fall – als Beutefahrzeuge in die militärischen Bestände der Russen.

Ähnlich herausfordernd wie Lieferung und Einsatz der deutschen Panzer erweisen sich Gefechtsschäden oder einfach technischer Verschleiß: Wer hier Reparaturen vornehmen soll, muss wissen, was er tut – vorausgesetzt, die nötigen Ersatzteile sind überhaupt verfügbar und stecken nicht noch in Deutschland oder auf dem Weg in die Ukraine beziehungsweise in die Wartungszentren in Ostpolen oder Litauen fest. Wie man sich denken kann, erfordert die Wartung in diesen Zentren erneut einen riesigen logistischen Aufwand, schließlich müssen neben den Ersatzteilen aus Deutschland auch die beschädigten Panzer aus der Ukraine nach Polen oder Litauen verlegt werden. Kein Wunder, dass sich ukrainische Soldaten an der Front bisweilen selbst an einer Reparatur versuchen. Wenn die deutsche Politik laut überlegt, ob man vielleicht Anleitungen bereitstellen solle, damit in der Ukraine vorgenommene Reparaturen die Panzer – wie vorgekommen – nicht zusätzlich beschädigen, frage ich mich, inwieweit das alles zu Ende gedacht wurde. Der Krieg in der Ukraine kann und wird sich auf jeden Fall nicht an einer Bedienungsanleitung entscheiden.[2]

Was also bringen westliche Waffenlieferungen, wenn sie nicht »auf die Schnelle« und umfassend auf ukrainischer Seite eingebettet werden können und trotz aller Bemühungen im Grunde nur ein Tropfen auf den heißen Stein bleiben? Außer emotionsgeladenen Unterstützungserklärungen für die Ukraine gibt es im Grunde keine klare, strategische, zielgerichtete Aussage, was wir damit erreichen wollen.

Geht es darum, Russland zu besiegen? Dafür sind es zu wenig Waffen, aber auch zu wenige langfristig gedachte militärisch-logistische Lösungen wie die erwähnte Versorgungsbasis. Ganz abgesehen davon, dass man politisch noch nicht darüber nachgedacht zu haben scheint, was eigentlich wäre, wenn die Ukraine *tatsächlich* siegte. Will man Russland besetzen, zerschlagen, das Land vernichten? Wie will man lokale Machtkämpfe im dann »ehemaligen« Russland kontrollieren? Soll Russland, das es dann so nicht mehr geben wird, zu einer Demokratie werden und, wenn ja, was müssten wir dafür tun? Wer wird die Flüchtenden aufnehmen, wenn es innerhalb der Russischen Föderation und in deren Peripherie zu kriegerischen Auseinandersetzungen kommt, man sich dort gegenseitig bekämpft und vertreibt? Das sind nur ein paar der Fragen, die auf die Ukraine beziehungsweise den Westen zukämen. Wer den Sieg der Ukraine fordert, muss über den Sieg hinausdenken. Ich halte es zwar – so bitter es ist – für unwahrscheinlich, dass die Ukraine Russland besiegen wird, aber es ist natürlich eine Option. Ich will mit solch »ketzerischen« Fragen deshalb niemandem den (gegebenenfalls siegentscheidenden) Wind aus den Segeln nehmen. Aber zumindest von unseren Politikerinnen und Politikern erwarte ich, dass sie sich nicht in Parolen verlieren, sondern das Ganze vom Ende her denken. Wer A sagt (die Ukraine soll Russland besiegen), muss auch B sagen können (die Konsequenzen einer Niederlage Russlands stemmen).

Oder geht es »nur« um die Rückeroberung der Krim und des Donbass? Wenn ja, wie realistisch ist es, dass mit dieser Rückeroberung wirklich Frieden einkehrt? Immerhin sind Krim und Donbass nicht erst seit heute Streitobjekte im russisch-ukrainischen Verhältnis. Was sollte Russland davon abhalten, erneut eine Eroberung zu versuchen? Der Grundstein dafür ist längst gelegt: Russland stellt nicht nur die staatliche Souveränität der Ukraine infrage, sondern auch ihre territoriale Integrität. Mit den erwähnten Scheinreferenden hat Putin ukrainische Gebiete zu russischen erklärt – und die dürfen der russischen Verfassung zufolge nicht wieder zurückgegeben werden. Damit hat Putin die Voraussetzungen geschaffen, die Ukraine immer wieder anzugreifen, bis Russland erobert hat, was Russland (vermeintlich) gehört.

Die westlichen Waffenlieferungen haben – leider wie erwartet – gezeigt, dass es die erhofften Wunderwaffen oder »Gamechanger« nicht gibt. Weder Kampfpanzer noch F-16-Kampfflugzeuge können – noch Taurus-Raketen würden – die militärische Gesamtlage zugunsten der Ukraine verändern. Was sie jedoch können: Zum einen zeigen sie – vor allem Putin –, wie ernst wir die Lage nehmen. Wie NATO-Generalsekretär Jens Stoltenberg Ende 2023 sagte: »Die Unterstützung [der NATO] ist kein wohltätiger Akt. Es ist eine Investition in unsere Sicherheit.«[3] Stärke zu demonstrieren dient immer der Abschreckung und ist auch mit Blick auf die Dominotheorie wichtig, der zufolge Russland nach einem Sieg über die Ukraine mit seinem Feldzug einfach weitermachen und als Nächstes zum Beispiel die baltischen Staaten mit ihren starken russischen Minderheiten als Ziele ins Auge fassen könnte. Also beruhigen wir uns zum Beispiel mit Waffenlieferungen und reden uns ein, einigermaßen stark, einigermaßen sicher und einigermaßen vorbereitet zu sein. Das sind wir nicht. Es ließe sich jedoch ändern, dazu später mehr. Insofern betreiben wir mit unseren Waffenlieferungen aus militärischer Sicht derzeit vor allem Symbolpolitik.

Zum anderen helfen wir der Ukraine und das ist richtig so. Wir haben Mitverantwortung für das überfallene Land, für uns und für unser nationales deutsches Interesse. Wobei ich gleich eine weitere ketzerische Frage hinterherschiebe: Viele europäische Politiker sprechen in hehren Worten davon, dass die Ukraine die Freiheit Europas verteidigt, dass sie stellvertretend für die Europäer gegen Russland kämpft. Aber bedeutet das nicht in der Konsequenz, dass wir gefälligst selbst in den Krieg ziehen müssten, in den man aber politisch gar nicht ziehen will und vor allem gar nicht kann – vor allem mit Blick auf den desolaten Zustand der deutschen Bundeswehr und der meisten europäischen Streitkräfte? Es ist schon ein Stück weit verlogen, die Opferrolle der ukrainischen Kämpfenden dankend anzunehmen und ihnen mit vollmundiger Kriegsrhetorik und Waffenlieferungen beizustehen, aber nicht mit mehr.

Zum Dritten waren und sind unsere Waffenlieferungen wichtig, um eine eventuelle spätere Verhandlungsposition der Ukraine zu stärken. Womit wir wieder beim Thema wären: Verhandlungen. Es sollten baldmöglichst politische-diplomatische Verhandlungen auf den Weg gebracht werden. Dass die Ukraine nicht verliert, muss das Ziel des Westens sein. Das ist nach wie vor realistisch. Die weiße Fahne zu hissen, wie es Papst Franziskus im März 2024 unglücklich zu formulieren schien,[4] braucht die Ukraine beileibe nicht.

Erlauben Sie mir einen kurzen Exkurs: Die Formulierung des Papstes hat Wellen geschlagen. So hieß es zum Beispiel aus der ukrainischen Regierung, das Kirchenoberhaupt hätte seine Stimme nutzen sollen, um sich für einen Sieg des Guten über das Böse einzusetzen. Der ukrainische Außenminister Dmytro Kulcba schrieb auf X (vormals Twitter): »Unsere Flagge ist gelb und blau. Dies ist die Flagge, unter der wir leben, sterben und siegen. Wir werden niemals eine andere Flagge hissen.« Und der polnische Außenminister Radosław Sikorski kommentierte: »Wie wäre es, wenn wir stattdessen Putin ermutigen würden, den Mut zu haben, seine Armee aus der Ukraine abzuziehen? Es würde sofort Frieden einkehren, ohne dass Verhandlungen nötig wären.« Aus der lettischen Regierung hieß es, man müsse das Böse bekämpfen und besiegen, damit das Böse die weiße Fahne hisse und kapituliere.[5] Wie wahrscheinlich ist es, dass Putin, der momentan die militärische Oberhand hat, seine Truppen abzieht? Dass das Böse jemals kapituliert? Liegt es nicht in der Natur des Bösen, genau das niemals zu tun?

Welchen anderen »Wert« haben also solche Kommentare als einen rein symbolischen?

Natürlich hat der Papst in seiner Funktion als Oberhaupt der katholischen Kirche – von ihrer Natur her keine rein faktenbasierte Organisation – und mit dem emotionalen Bild der weißen Fahne seinen Kritikern eine Steilvorlage gegeben. Obwohl der Papst, so der Vatikan, mit der Aussage, die Ukraine solle »Mut zur weißen Fahne haben« nicht für eine Kapitulation der Ukraine, sondern für einen Verhandlungsfrieden unter Vermittlung internationaler Mächte geworben habe.

Doch unabhängig davon, ob der Papst in seiner Formulierung missverstanden wurde oder nicht, finde ich es bemerkenswert, wie man auf seine Wortwahl reagierte. Wieder wurden Werte wie Gut und Böse bemüht, es wurde emotional argumentiert und sprachlich starke Bilder gezeichnet. Fakten, mit denen man auf die Formulierung des Papstes ja auch hätte reagieren können, indem man zum Beispiel jüngste militärische Erfolge der Ukraine benennt, gab es meines Wissens nicht. Aber so funktioniert eben die »PR in eigener Sache«: emotional und wertebasiert. Verstehen Sie das nicht als Vorwurf. Schon Clausewitz hat gewusst, dass Krieg solche PR braucht. Wir, die wir als Empfänger solchen emotionalen Botschaften ausgesetzt sind, haben jedoch eine Verantwortung gegenüber uns selbst: einen kühlen Kopf bewahren, Fakten prüfen, Informationen einholen und analysieren. Über Putins Propaganda müssen wir in diesem Zusammenhang gar nicht sprechen. Er lügt, verschleiert, verkehrt die Wahrheit, erfindet neue, teils haarsträubende Narrative. Das dürfte den meisten von uns klar sein.

Der israelische General Moshe Dajan, den ich persönlich kennenlernen durfte und den ich sehr schätze, hat sein Leben lang gegen die Araber gekämpft. Trotzdem hat er als Außenminister Israels Friedensgespräche in Gang gesetzt, die zu den Camp-David-Verhandlungen und 1979 schließlich zum israelisch-ägyptischen Friedensvertrag führten: »Wenn du Frieden willst, redest du nicht mit deinen Freunden. Du redest mit deinen Feinden.«[6] Natürlich tut der Gedanke, sich mit einem Aggressor wie Putin an einen Tisch zu setzen, weh. Umso mehr, als dass Ergebnis solcher Verhandlungen die Ukraine auf jeden Fall nicht »ungeschoren« lassen wird. Das Land wird nicht so aus dem Krieg herauskommen, wie es hineingezwungen wurde. Gebietsabtretungen an Russland sind wahrscheinlich, wenn es politisch einen Kompromiss geben soll. Ich verstehe die Weigerung vieler, vorweg die der Ukraine, sich auf einen solchen »Deal« einzulassen, der im Prinzip an Dreistigkeit nicht zu überbieten ist: Man wird überfallen und bestohlen. Statt sein Eigentum zurückzuerhalten, soll man es an den Dieb abtreten, damit dieser einen im Gegenzug nicht drangsaliert und in noch größerem Maßstab bestiehlt. Da schreit alles in uns nach Gerechtigkeit. Es sollte nicht das Recht des Dreisteren oder Stärkeren gelten.

Wobei fraglich ist, ob Russland tatsächlich das Recht des Stärkeren auf seiner Seite hat. Würde die NATO als Kriegspartei einsteigen, wäre das, anders als westliche Waffenlieferungen und Solidaritätsbekundungen, tatsächlich ein »Gamechanger« – einer, den man wegen der nuklearen Eskalationsgefahr zum Glück *für alle* jedoch vermeiden will. Auch Putin weiß, dass ein Krieg gegen die NATO Russland tatsächlich vernichten könnte. Insofern wäre ein riesiger NATO-Aufmarsch, selbst wenn er nur als Drohgebärde gedacht ist, ohne tatsächlich in den Krieg einzusteigen, überflüssig und politisch wohl auch nicht gewollt. Auch so wissen alle Seiten, woran sie sind und was geschehen würde, wenn die NATO militärisch an diesem Krieg teilnähme. Meine langjährige Erfahrung mit und in der Politik sagt mir, dass der politische Rahmen für die militärische Unterstützung der Ukraine sowieso klar zwischen den USA (merke: nicht der NATO) und Russland abgesteckt ist.

Ich sehe derzeit, im Frühsommer 2024, die Gefahr, dass die Russen versucht sein könnten, im Raum Charkiw oder Odessa offensiv weitere Geländegewinne zu erzielen. Ich sehe aber nicht, dass sie die gesamte Ukraine besetzen wollten. Dazu ist der von ihnen eingesetzte militärische Kräfteansatz nicht da. Ich sehe auch nicht die unmittelbare Gefahr, dass Russland mit seinem derzeitigen Kräftedispositiv die NATO ernsthaft bedrohen könnte und dies politisch wollte. Aber es ist nicht ausgeschlossen, dass sich das in den nächsten Jahren ändern könnte. Deshalb müssen wir uns darauf vorbereiten – in Europa, in Deutschland. Deshalb müssen wir aber auch verhandeln.

Der Westen hatte sicher bessere Gelegenheiten, in Verhandlungen mit Russland einzusteigen. Es gab bereits kurz nach Ausbruch der Kämpfe Friedensverhandlungen und es gab Verhandlungen zum Getreideabkommen. Westlicherseits wurden diese Verhandlungen nicht überzeugend und nicht konsequent weiterverfolgt, auch, weil man infrage stellte, inwieweit man mit Putin, dem Aggressor, reden konnte und wollte. Auch Ende 2022, als die ukrainischen Truppen leichte, wenn auch nicht nachhaltige Territorialgewinne erzielen konnten, wären Verhandlungen aussichtsreicher gewesen. Wie schon angesprochen: Bereits damals hatten der US-amerikanische Generalstabschef, aber auch Fachleute im europäischen Ausland öffentlich gesagt, militärisch sei der Krieg mit hoher Wahrscheinlichkeit nicht zu beenden. Inzwischen haben die Russen die Eskalationsdominanz.

Vielleicht werden Verhandlungen am Ende darauf hinauslaufen, dass Russland die Krim und den Donbass behält; den Russen scheint es im Sinne ihrer nationalen Interessensphäre vor allem um die Schwarzmeerregion zu gehen. Im Gegenzug gäbe es für den Westen beziehungsweise die USA grünes Licht für eine NATO-Mitgliedschaft der Ukraine – etwas, was Putin mit dem Überfall auf das Nachbarland unter anderem zu verhindern suchte. Territorium für Putin, NATO-Beitritt für die Ukraine: Das Gedankenspiel ist nicht neu, aber einigermaßen realistisch.

Die Lösung hätte für beide Seiten einen gewissen Vorteil, auch und gerade die NATO-Mitgliedschaft für die Ukraine. Dazu muss man wissen, dass diese Mitgliedschaft für Russland aus geostrategischer Sicht eigentlich nicht akzeptabel wäre. Denn die NATO würde damit noch einmal mehr an Russland heranrücken, wobei man in Erinnerung behalten sollte, dass die angebliche »Bedrohung durch die NATO« ein Narrativ der russischen Propaganda ist: In der Ukraine stationierte Raketen und Waffensysteme wären perfekt platziert, um russische Ziele zu treffen, darunter – und das ist natürlich symbolträchtig – Moskau. NATO-Truppen würden möglicherweise direkt an der Grenze zu Russland stationiert. Mit einer Mitgliedschaft würde sich die Ukraine dem Westen zu- und vom Osten abwenden. Das ist nicht neu; die Ukraine hat sich die Anbindung an den Westen schon lange auf die Fahne geschrieben. Mit der NATO-Mitgliedschaft würde sie nur noch einmal besiegelt.

Von Kiew und seinen Unterstützern wird der Lösungsansatz verständlicherweise (noch) zurückgewiesen, Land an Russland abzutreten, um im Gegenzug NATO-Mitglied werden zu dürfen (vor Russlands Gnaden, möchte man hinzufügen, was natürlich ein wunder Punkt ist). Und doch wird man kaum darum herumkommen, der Realität den Vorrang zu geben. Von dem Wunschdenken – eine sehr deutsche politische Eigenschaft –, es gäbe Wunderwaffen, eine große Kriegswende und einen über alles erhabenen Sieg der Ukraine muss man sich verabschieden.

Anfang April 2024 sickerten übrigens Donald Trumps vermeintliche Geheimpläne an die Öffentlichkeit durch. Er ist überzeugt, den Krieg zügig beenden zu können. Seine Pläne sehen ebenfalls vor, Russland die Krim und den Donbass zu überlassen – allerdings lediglich im Austausch gegen einen Waffenstillstand, nicht gegen eine NATO-Mitgliedschaft der Ukraine. Es ist mehr als fraglich, ob sich die Ukraine darauf einlassen würde. Schließlich würde Kiew jede zukünftige Sicherheit fehlen – Putin könnte ohne Weiteres erneut aufrüsten und die Ukraine noch einmal überfallen. Eine NATO-Mitgliedschaft könnte hingegen genau das verhindern.

Armes Russland?

In dem erwähnten Wunschdenken hat man in Deutschland komplett das simple Faktum ausgeblendet, dass die Ukraine an Russland grenzt und nicht nur aus historischen, sondern auch aus macht- und einflusspolitischen Gründen Teil der russischen strategischen Interessensphäre ist. Das war schon früh klar: Auf dem NATO-Gipfel 2008 in Bukarest, an dem ich mit der damaligen Bundeskanzlerin Angela Merkel teilnahm, verhinderten Deutschland und Frankreich ein schnelles Aufnahmeprozedere der Ukraine in die NATO, im Wesentlichen mit Blick auf die damalige innere Verfasstheit des Landes: Es wies Defizite hinsichtlich Demokratie und Rechtsstaatlichkeit auf, es gab Korruption, und in der Frage, ob man sich an den Westen oder an Russland binden sollte, war die ukrainische Gesellschaft gespalten. Deutschland und Frankreich verhinderten die Aufnahme aber auch, weil Angela Merkel wusste, dass für Russland damit eine rote Linie überschritten wäre und es in der Konsequenz zu Krieg kommen würde. Aus russischer Perspektive ist die NATO durch ihre Ost-Erweiterung bedrohlich nah an die eigenen Grenzen gelangt. Zudem wäre Russland der wie erwähnt aus nationalen Interessen wichtige Zugang zur Schwarzmeerregion unmöglich gemacht.

Ist das falsche Rücksichtnahme auf eine Nation, die selbst, wie sie mehrfach gezeigt hat, ein aggressives und neoimperialistisches Machtstreben an den Tag legt? Nein. Hier geht es nicht um Rücksichtnahme, sondern darum, die strategischen Interessen Russlands – wie überhaupt aller Mächte in der Welt – nicht zu akzeptieren, sondern erst einmal schlicht und einfach zu verstehen. Verstehen heißt, etwas zu erklären und im Idealfall zum eigenen Vorteil zu nutzen. Erst, wenn ich verstehe, was einem anderen Land wichtig ist, kann ich bewusst *agieren*, statt bloß zu *reagieren*.

Zum Verstehen gehört mit Bezug auf die Ost-Erweiterung der NATO übrigens auch, dass es nicht der Westen, sondern in erster Linie die baltischen Staaten und die Länder des ehemaligen Warschauer Paktes waren, die über eine NATO-Mitgliedschaft nach Ende des Kalten Krieges bewusst eine Angliederung an den Westen suchten in dem Wunsch, nie wieder unter sowjetischer Herrschaft leben zu müssen und stattdessen aus der russischen Interessensphäre herauszukommen. Ihre Interessen waren genauso berechtigt, wie Russland es bei seinen eigenen empfindet.

Wenn Deutschland und Europa künftig als ernst zu nehmende Partner am geopolitischen Spiel teilnehmen wollen, müssen wir die Währung kennen, in der ver- und gehandelt wird. Und diese Währung heißt: geopolitische Interessen.[7]

Einsames Europa

Wird nicht verhandelt, und zwar mit den geopolitischen Interessen der beteiligten Parteien im Blick – was neben der Ukraine und Russland auch die USA und die NATO, eventuell China einschließt –, droht eine blutige, eskalierende *never ending story*, vielleicht sogar eine Niederlage der Ukraine. Zugleich werden in den USA die Stimmen lauter – nicht zuletzt die von Donald Trump und seinen Anhängern –, die fordern, die Unterstützung für die Ukraine zu stoppen, eben weil es länger dauert und mehr kostet als gedacht, sich Putin vom Leib zu halten. Im derzeit laufenden amerikanischen Wahlkampf ist eine Rückkehr von Donald Trump ins Weiße Haus wahrscheinlicher geworden. Dass die Unterstützung für die Ukraine dadurch reduziert oder ganz eingestellt werden könnte, scheint klar. Das würde wiederum bedeuten, dass es zu einer Europäisierung des Krieges und des Konfliktes mit Russland kommen könnte. Sprich: Europa könnte mit dem Krieg und Putin allein gelassen werden. Auch deshalb, weil sich das außenpolitische Hauptaugenmerk der USA nach den Wahlen stärker Richtung Naher Osten und Indo-Pazifik verschieben wird, um Chinas Macht- und Einflusspolitik im Südchinesischen Meer einzugrenzen, egal ob unter der Führung von Donald Trump oder Joe Biden. Auf die Gründe dafür gehe ich später ausführlicher ein. Gleiches dürfte für jeden anderen demokratischen Präsidenten gelten, falls sich die Partei entscheiden sollte, vor den Wahlen noch einen anderen Kandidaten ins Rennen zu schicken – möglicherweise Michelle Obama – und damit erfolgreich wäre. Die neuen Prioritäten der USA sieht man auch daran, dass die Diplomatin, Russland-Kennerin und eine der härtesten Kritiker Putins, Victoria Nuland, als Vize-Außenministerin in den vorzeitigen Ruhestand geschickt wurde. Ihr Nachfolger ist Kurt Campbell, ein ausgewiesener Asienexperte.

Die politische Landschaft der USA ist schon jetzt nicht mehr dieselbe wie noch unter dem damaligen Präsident Barack Obama. Im innenpolitischen Kampf müssen auch die Demokraten mit ihrem Präsidenten Joe Biden zunehmend die amerikanischen Interessen über die der Verbündeten stellen. Gleichzeitig wächst in der Bevölkerung der Unwillen, Steuergelder in ein kleines, weit entferntes Land zu pumpen, zu dem die meisten US-Bürger keinen Bezug haben und das nach Ansicht vieler – im Gegensatz zum innenpolitischen Reizthema der Migration – keine unmittelbare Bedeutung für die Sicherheit der USA hat.

Das ist in Deutschland und Europa natürlich anders. Während die USA über siebentausend Kilometer weit von den Kriegsschauplätzen in der Ukraine entfernt sind, sind die europäischen Staaten dem Kriegsgeschehen sehr nah. Die finanziellen, materiellen und risikobezogenen Kosten sind für uns enorm hoch. Ganz zu schweigen von der Gefahr eines Nuklearkrieges, der wie ein Damoklesschwert über Europa hängt – aber angenehm weit weg von den amerikanischen Küsten. Die USA würden sich sicherlich nicht selbst gefährden, indem sie von amerikanischem Boden aus den viel gepriesenen Nuklearschirm aufspannten, um Europa zu verteidigen. »America first« gilt schon länger für Republikaner, aber inzwischen auch für Demokraten. Sowieso ist das Motto, das übrigens nicht von Donald Trump stammt, sondern von ihm wiederbelebt wurde, per se Ausdruck einer selbstbewussten, souveränen Nation. Das gilt auch dann, wenn man diesem Motto kritisch gegenübersteht. Für Deutschland und Europa ist es vielleicht an der Zeit, sich ein entsprechendes Motto zuzulegen und, vor allem bei der Sicherheit, entschlossen danach zu handeln.

Auch auf russischer Seite scheint man darauf zu setzen, dass die nächste US-Regierung andere Prioritäten haben wird. Dann werden die USA – so die nicht unberechtigte russische Hoffnung – eher zu einem Ausgleich, sprich: zu Friedensverhandlungen mit Russland bereit sein. Wie gesagt: Im Endeffekt wird in Washington und Moskau über das Schicksal der Ukraine entschieden. Wir Europäer sind derzeit so schwach, dass wir Gefahr laufen, das Ergebnis, das uns die USA und Russland servieren werden, einfach hinnehmen zu müssen.

Wir Europäer müssen aufpassen, dass wir nicht schon bald so überrascht und blank dastehen wie bei dem überhasteten Abzug aus Afghanistan 2021. Es ist nämlich auch möglich, dass es keine blutige *never ending story* und auch nicht die erwartete Sommeroffensive der Russen geben wird. Stattdessen könnte der Konflikt im Laufe der kommenden Monate einfrieren. Russland wäre damit gedient, seine strategische Lage könnte sich dadurch verbessern. Es hätte – wie in Georgien und in Moldawien – wieder eine Situation geschaffen, in der sich nichts bewegen kann und die auf lange Sicht eine NATO-Mitgliedschaft der Ukraine unmöglich macht. Solche »Frozen Conflicts« gibt es in vielen Regionen, etwa in Korea, in Georgien oder auf den Golanhöhen. Ich habe die Befürchtung, dass wir in eine ähnliche Lage hineinstolpern, weil wir Europäer nur darauf warten, was die Amerikaner machen, statt selbst die Initiative zu ergreifen – auch wenn unsere Möglichkeiten gegenüber Washington und Moskau begrenzt sind. Selbst von diesen begrenzten Möglichkeiten machen wir derzeit keinen Gebrauch. Wir haben, wie geschildert, keine Strategie, keinen Plan, kein Konzept, versuchen nicht, Einfluss zu nehmen, führen keine diplomatischen Gespräche mit klaren Zielen. Wir liefern Waffen und Solidaritätsbekundungen, mehr nicht. Für Deutschland und Europa ist das zu wenig.

Die Initiative zu Verhandlungen sollte aus Europa, vorzugsweise aus Deutschland kommen. Deutschland ist neben den USA der größte Waffenlieferant der Ukraine, aber wir sollten auch erster Verhandlungspartner sein. Ich spreche viel von Washington, Moskau und Peking, vom Westen, von Vorstößen für Friedensverhandlungen und jetzt auch von einer Aufgabe für Deutschland. Natürlich geht nichts, ohne die Ukraine an Bord zu holen. In Deutschland haben wir schmerzhaft gelernt, dass ein Diktatfrieden, wie er nach dem Ersten Weltkrieg geschlossen wurde, für die Ukraine verhindert werden muss – egal welcher Art er wäre und von welcher Seite er käme. Er wäre nie von Dauer.

Deutschland könnte mit einer starken Regierung sein politisches und wirtschaftliches Gewicht einbringen, an einer Einigung für die Ukraine mitwirken und zum Beispiel direkte Verhandlungen mit Russland und China aufnehmen. Alternativ könnten die deutsche, die französische und die polnische Regierung im Rahmen des »Weimarer Dreiecks« gemeinsam die Initiative ergreifen und auf einen Waffenstillstand mit anschließenden Friedensverhandlungen hinarbeiten. Wir hatten seit Willy Brandt in Deutschland immer Gesprächskanäle nach Moskau, im Sinne der bis heute brandaktuellen Harmel-Doktrin – trotz aller Schwierigkeiten auch auf den Höhepunkten des Kalten Krieges. Daran sollten wir politisch anknüpfen. Im Moment bemühen sich die Chinesen, unser systemischer Rivale, und die Türkei um Frieden in der Ukraine. Für Verhandlungen sind das meiner Meinung nach suboptimale Ansprechpartner, obwohl diese Länder wenigstens in dieser Richtung tätig sind und nicht nur über Waffenlieferungen reden.

Auf jeden Fall können wir es uns mit Blick über den Atlantik nicht leisten, darauf zu warten, dass die USA das Interesse an Europa verlieren oder dass Donald Trump Präsident wird und den Krieg beendet oder glaubt, ihn beenden zu können. Immerhin reden wir hier von dem Mann, der im Wahlkampf 2024 säumigen NATO-Mitgliedern drohte und Moskau empfahl, das zu tun, »was auch immer zur Hölle sie tun wollen«. Auch für die Biden-Regierung wäre eine baldige europäische Verhandlungsinitiative hilfreich. Wenn Joe Biden eine Verhandlungslösung (oder zumindest eine Initiative) präsentieren könnte, würde ihn das im Wahlkampf stärken.

Umsetzen ließe sich all das mit einer politisch-strategischen Kontaktgruppe oberhalb der Geber-Konferenzen für Waffenlieferungen, zum Beispiel unter Einbeziehung von gewichtigen G20-Ländern und Ländern des Globalen Südens. Gleichzeitig müssen wir unsere militärische Unterstützung für die Ukraine weiterhin bedacht so dosieren, dass der Weg *keinesfalls* in einen Dritten Weltkrieg führen, die Ukraine jedoch auch nicht verlieren kann. Doch egal, wie die Umsetzung aussehen wird: Wir brauchen in jedem Fall endlich eine politisch abgestimmte Strategie, die beantwortet, wie alle aus diesem Krieg gesichtswahrend herauskommen.

Fazit

Der Krieg in der Ukraine ist an einem Punkt angelangt, an dem er beendet werden muss, und zwar mit diplomatisch-politischen Mitteln. Ansonsten kann es zum Schlimmsten kommen: zu einer blutigen, endlosen Verlängerung des Krieges, der schlussendlich trotzdem in Verhandlungen enden würde; oder zu einem Sieg Russlands, der Putin ermutigen könnte, auch andere Länder zu überfallen; oder zu einem Dritten Weltkrieg, der eventuell mit Atomwaffen ausgetragen und Europa für immer verändern würde.

Deutschland und die NATO müssen daher weiter – jedoch ohne die Situation eskalieren zu lassen – Waffen liefern und die Ukraine unterstützen, um eine Niederlage des Landes auszuschließen. Auf einen militärischen Sieg der Ukraine zu hoffen, ist nicht realistisch und kann mit einem Blick auf die Konsequenzen auch nicht im deutschen und europäischen Sinne sein. Russland zu besiegen – sofern das bei einer Nuklearmacht überhaupt möglich ist –, es vielleicht sogar zu zerschlagen, hätte gewaltige Auswirkungen auf Deutschland und Europa, die wir derzeit gar nicht absehen können. Wer sollte ein solches überdimensional großes strategisches Vakuum in Eurasien füllen?

Die Ukraine allein könnte keine Warlords bändigen, keine Vertreibungen zwischen den unzähligen Ethnien und Völkerrechtssubjekten im dann ehemaligen Russland verhindern, keine riesige Zahl Flüchtender aufnehmen, den Aufbau eines neuen Russlands nicht alleine bewältigen. Als »Siegermacht« wäre der gesamte Westen gefordert, was einen enormen materiellen, finanziellen und personellen Aufwand mit sich brächte. Wenn wir die Situation realistisch betrachten und strategisch vom Ende her denken, kann es nicht in unserem Interesse sein, Russland zu besiegen und dadurch die gesamte Region zu destabilisieren.

Deshalb ist es dringend an der Zeit, ernsthaft und länderübergreifend eine politische Lösung für den Krieg anzustoßen. Lange genug haben wir, nicht nur in Deutschland, Kriegsrhetorik und Haltungsdiplomatie im Umgang mit dem Krieg bemüht. Das mag ehrenhaft sein und unsere Solidarität zeigen, aber es trägt nicht zu einem Ausgleich bei, macht diesen eventuell sogar schwieriger. Ich spreche hier nicht von Pazifismus und Kapitulation vor den Russen, sondern von der Erkenntnis, dass es in diesem für mich militärisch nicht zu gewinnenden Krieg nur eine politische Lösung geben kann.

Wer Krieg versteht, weiß, dass es nicht um emotional aufgeladene Debatten gehen kann, um einseitige Parteinahme, um eine moralisch klare Positionierung. Wer Lösungen finden will, muss versuchen dürfen, über den beteiligten Kriegsparteien zu stehen, um das *gesamte* Bild zu sehen – nicht nur die Seite, der man emotional zuneigt. In den vergangenen zwei Jahren war das schwierig, für viele Deutsche war es ein moralisches Tabu, reine Fakten zu sehen und unbeliebte mögliche Szenarien anzusprechen. Deshalb haben wir bis heute kein strategisches Konzept, keine realistischen Ziele bezüglich der Ukraine – nur Waffenlieferungen. Auch auf europäischer Ebene fehlt uns jede Vision und Strategie, wie wir künftig mit Russland umgehen wollen. Das müssen wir ändern. Es wird an den Europäern liegen, die jetzige Situation mitzugestalten, zumal der Krieg in der Ukraine uns auch wirtschaftlich unmittelbar betrifft.

Die Antwort auf die Frage, wie man Putin in der gegenwärtigen militärischen Pattsituation an den Verhandlungstisch bringt, muss dabei lauten: politisch gesichtswahrend für den Westen wie für Russland unter gegenseitiger Akzeptanz der Sicherheitsbedürfnisse beider Seiten. Politischer Druck muss dazugehören, ohne ihn geht es nicht. Deutschland muss hier anstoßen und initiieren.

Realistisch betrachtet ist hier vor allem auch China gefordert, weil es derzeit den meisten Einfluss auf das russische Regierungshandeln hat, sowie die USA, von denen die ukrainische Regierung unter Wolodymyr Selenskyj massiv abhängt. Insofern ist es höchst unglücklich, dass die USA durch die diesjährigen Präsidentschaftswahlen nur bedingt handlungsfähig sind.

Man wird sehen, ob es Peking gelingen kann, vermittelnd einen Waffenstillstand politisch durchzusetzen. Es wäre grundsätzlich ein positives Ergebnis, allerdings auch eine herbe politisch-diplomatische Niederlage für die USA und den Westen, die sich Verhandlungen bislang verschließen und sich – in erster Linie die Vereinigten Staaten – zudem in einem Wettkampf mit China um die Weltherrschaft befinden. Die jahrelange konfrontative Situation zwischen dem Iran und Saudi-Arabien, die vor allem den amerikanischen Interessen im Nahen Osten dienlich war, konnte China als Vermittler bereits überwinden. Sollte Peking auch mit Blick auf den Krieg gegen die Ukraine ähnlichen Erfolg haben, wäre China von diesem Zeitpunkt an ein europäischer Machtfaktor, was die systemische Rivalität mit den USA nicht einfacher gestaltete.

Diplomatie, Interessenausgleich, Verständigung und Konfliktbewältigung müssen jetzt unser politisches Ziel sein. In einem ersten Schritt muss ein Waffenstillstand verhandelt werden; danach können Friedensverhandlungen beginnen.

Es gibt verschiedene Möglichkeiten, wie ein Deal aussehen könnte. In jedem Fall muss er für alle Seiten realpolitisch annehmbar sein. Selbst ein guter Kompromiss wird für die Ukraine schwierig zu akzeptieren sein, schließlich ist Moskau der Aggressor, während sich Kiew legitim verteidigt. Ein solcher Deal müsste die Rechte der Ukrainer und ihrer russischsprachigen Bevölkerung genauso ernst nehmen wie die Sicherheitsinteressen Russlands, auch wenn es schwerfällt, Putin auf diese Art entgegenzukommen. Doch Emotionen gehören hier nicht hin. Fakt ist, Putin wird auch auf absehbare Zeit weiter an der Macht sein. Es ist unwahrscheinlich, dass er vom Militär oder den Geheimdiensten weggeputscht wird. Ein Großteil der russischen Bevölkerung steht (leider) zu ihm. Die Wirtschaftssanktionen des Westens wirken sich nicht auf die Kriegführung aus. Stattdessen scheinen sie auf kontraproduktive Weise die Russen bei ihren Gas- und Ölexporten reicher zu machen als jemals zuvor. Sprich: Russland wird auch nach dem Krieg in der Ukraine ein Machtfaktor in Europa bleiben.

Der Krieg in der Ukraine hat auch gezeigt, dass die Europäer keine ernst zu nehmende europäische Verteidigung haben, die man bei Bedarf zügig hochfahren könnte, keine Streitkräfte, die auf überstaatlicher Ebene effizient zusammenarbeiten (können). Für die Bundeswehr müssen wir sogar feststellen, dass sie in einem ausgesprochen schlechten Zustand ist. Wehrhaft ist Deutschland nicht. In den letzten Jahrzehnten war das auch nicht nötig und weder politisch noch gesellschaftlich gewollt. Wir haben in der Blase eines friedlichen Miteinanders gelebt. Der Kremlchef hat diese Blase mit seinem Angriff gegen einen europäischen Staat – ein potenzielles Mitglied der Europäischen Union und der NATO – platzen lassen und Europa unsanft aus friedlichen Zeiten herausgerissen.

Doch auch, wenn er uns schmerzhaft unsere Schwächen aufgezeigt hat, so hat sein Krieg gegen die Ukraine uns Europäer näher zusammengebracht und uns ermutigt: Wir können und werden stark sein, wenn wir wollen. Ein gewisser Aufwand wird allerdings nötig sein.

Kapitel 3

Weiße Weste, graue Welt

Die guten Menschen von Deutschland

Während meiner Zeit als militärpolitischer Berater von Bundeskanzlerin Angela Merkel ging es einmal darum, Tornado-Kampfflugzeuge nach Afghanistan zu entsenden. Der Auftrag war, geheime Taliban-Stellungen aufzuspüren. Es ging um Aufklärung, nicht um einen Kampfeinsatz. Im Parlament wurde deshalb – teils vehement – gefordert, die Zwanzig-Millimeter-Kanone an Bord der Jets unbrauchbar zu machen. Die Tornados sollten nicht in einen ungewollten Kampfeinsatz hineinschlittern. Was dabei außer Acht gelassen wurde, war, dass die Kanone für den Fall nötig war, dass sich die Besatzung selbst schützen müsste.

Später diskutierte Deutschland darüber, ob in Afghanistan »Krieg« sei. Dabei kämpften und starben deutsche Soldatinnen und Soldaten ganz offensichtlich wie in einem Krieg, erstmals seit 1945. Dennoch vermied man es, von »Gefallenen« zu reden, um nicht falsche, politisch wie gesellschaftlich nicht gewollte Assoziationen zu wecken. Ähnliches galt lange für Rüstungsexportentscheidungen: Im Gegensatz zu den meisten Partnern im NATO-Bündnis tat sich Deutschland damit immer schwer; Waffenlieferungen in Krisen- und Konfliktgebiete waren in unserem Selbstverständnis ein Tabu, zumindest in der Vergangenheit.

Extremisten mit besten Absichten

Was ich mit diesen Beispielen sagen will: Wir Deutschen sind friedliebende Tauben. Wir sind nahezu fanatisch darauf bedacht, uns nicht in militärische Auseinandersetzungen einzubringen. Wir wollen die Hände nicht im Spiel haben, wollen uns nicht erneut schuldig machen. Unser reines Gewissen und unsere weiße Weste stünden ansonsten auf dem Spiel. Deutschland ist gewaltlos, darauf waren wir in den vergangenen Jahrzehnten durchaus stolz. Selbst wenn es dafür nötig wurde, einen Krieg wie den in Afghanistan nicht beim Namen zu nennen.

In der weiter zurückliegenden Vergangenheit haben wir zahlreiche Kriege angezettelt und unermessliche Grausamkeit nach Europa exportiert, um heute sehr genau zu wissen, was für ein Deutschland wir nicht mehr sein wollen. Nachdem wir lange, vor allem nach dem Zweiten Weltkrieg, »die Bösen« waren, sind wir es endlich nicht mehr. Wir sind »die Guten«, und das wollen wir bleiben.

Wie ich bereits angesprochen habe, geht es im globalen Kampf um Macht und Einfluss jedoch nicht prioritär um Werte, sondern um Interessen. Natürlich ist der Westen eine Wertegemeinschaft. Wir stellen das Gemeinwohl über Einzelinteressen, setzen auf demokratische Zusammenarbeit statt auf einseitige Machtausübung. Uns sind Freiheit und Gleichheit wichtig, die Achtung der Menschenrechte, Individualismus, Toleranz und Rechtsstaatlichkeit. Die Welt und wie sie zusammenhängt, ist jedoch nicht schwarzweiß und auch nicht (nur) gut oder böse. Ich verweise noch einmal auf Clausewitz: Staaten treffen politisch-strategische Entscheidungen nicht vorrangig wertegebunden, sondern interessengeleitet. Nicht moralische Kategorien sind entscheidend, sondern nationale Erwägungen wie Handelswege und Ressourcen und deren Sicherung, Sicherheit und Verteidigung, Machterhalt und -ausübung.[1]

Das lässt sich am Krieg gegen die Ukraine aufzeigen. Eine Destabilisierung Russlands oder ein Regimewechsel, sprich: die Ergebnisse, die sich die deutsche Politik aus dem Krieg gegen die Ukraine zu erhoffen scheint, werden die Sicherheitslage des Westens dramatisch verschlechtern, das habe ich bereits dargelegt. Wer sollte anschließend im Osten Eurasiens die Ordnung aufrechterhalten? Das würde nicht allein mithilfe werteorientierter deutscher Nachbarschaftspolitik funktionieren.

Jeder Staat hat strategische Interessen, bei denen er nicht zulässt, dass andere daran rütteln; sie sind ein Muss für seine Sicherheit und sein Gedeihen. In internationalen Beziehungen müssen wir darauf Rücksicht nehmen, wenn wir mit dem jeweiligen Staat zusammenarbeiten oder friedlich zusammenleben wollen.

Das Problem ist, dass die Sicherheitsbedürfnisse des einen Staates mit denen eines anderen konkurrieren oder kollidieren können. Wenn eine Macht in der strategischen Interessensphäre einer anderen interveniert, gibt es vom diplomatischen Ärger bis zu gewaltsamen Konflikten vieles, was zum Krieg führen kann. Handelt es sich zudem um eine Nuklearmacht wie Russland, ist besondere Vorsicht geboten.

Ein Beispiel: das NATO-Mitglied Türkei, ein Land, das in Syrien und im Irak militärisch intervenierte und, parallel zum russischen Überfall auf die Ukraine, die Kurden bekämpfte. Die Türkei reklamiert für ihre strategischen Interessen eine Sicherheitszone in Syrien und im Irak – Völkerrecht und territoriale Integrität ihrer Nachbarländer hin oder her. Auch ein freies Kurdistan wird die Türkei aus strategischen Gründen nicht dulden, selbst wenn völkerrechtliche Prinzipien wie das Selbstbestimmungsrecht der Völker anderes fordern. Gleichzeitig steckt die Türkei in der Ägäis in einem Interessenkonflikt mit Griechenland fest. Wären nicht beide Länder in der NATO, hätte sich dieser Konflikt im schlimmsten Fall womöglich schon zum Krieg ausgeweitet.

Oder Indien: Die USA versuchen, China geopolitisch in Schach zu halten. Indien ist dafür strategisch bedeutend. Deshalb sind die engen militärtechnologischen und wirtschaftlichen Beziehungen sowie die laufenden Energielieferungen von Russland nach Indien für die USA sekundär. Die Amerikaner sehen darüber hinweg, weil sie Indien als Verbündeten brauchen. Folgerichtig wird es den Deutschen erlaubt, über Indien *russisches* Gas und Öl zu beziehen, natürlich wesentlich teurer als direkt aus Russland, aber politisch weniger brisant. Das Gas und Öl ist jedoch dasselbe. Eine wertegebundene Entscheidung kann man das nicht nennen, weder von amerikanischer noch von deutscher Seite.

Nibelungentreue der Tauben und Falken

Im Wörterbuch wird Nibelungentreue mit leichtem Spott als unverbrüchliche Treue bis in den Tod oder den Untergang definiert. Wir Deutschen legen eine solche Nibelungentreue an den Tag, vor allem wenn es um Werte geht. Wir bleiben dabei, keine Rüstungsgüter zu exportieren und keine in irgendeiner Weise kampffähigen Kampfflugzeuge in Kriege zu schicken, die sowieso keine sind. Deshalb haben wir keine Gefallenen zu beklagen, sondern lediglich tote Soldatinnen und Soldaten.

Ich verallgemeinere natürlich, wenn ich von »uns Deutschen« spreche. Es geht mir darum, einen Hang oder eine Tendenz in unserem Verhalten als Gesamtheit aufzuzeigen, ohne dass jede der beschriebenen Eigenschaften zwangsläufig auf jeden Einzelnen von uns zutrifft. In diesem Sinne sind »wir« radikal romantische, idealistische Extremisten, die ihren Werten zuweilen so treu sind, dass etwas prinzipiell Gutes gelegentlich ins Schlechte verkehrt wird. Im globalen Streben – »Kampf« wäre in diesem Sinne ein sehr undeutsches Wort – nach Macht und Einfluss sind wir damit ein Sonderfall.

Nach dem Zweiten Weltkrieg war das von Hitler hinterlassene Deutschland eine Bedrohung; ein Sicherheitsrisiko, das die anderen, ehemals gegnerischen Staaten durch die Mitgliedschaft Westdeutschlands in der NATO einzudämmen hofften. Auf diese Weise hatte man Deutschland im Blick und an der kurzen Leine. Inzwischen haben sich die Deutschen gut in der NATO und in der Europäischen Union eingerichtet. Deutschland braucht die NATO vor allem, um nicht selbst Entscheidungen für die eigene Verteidigung treffen zu müssen. Gleichzeitig wurden wir für die NATO in anderer Hinsicht ein Risiko: Es waren unsere politische Kultur der Gewaltlosigkeit und unser struktureller Pazifismus, die wie Mühlsteine um den Hals der NATO hätten hängen können. Ein Nein der moralisierenden Deutschen hätte das Bündnis stoppen können, wenn es eigentlich tätig werden und militärisch hätte handeln müssen.

Der russische Überfall auf die Ukraine hat gezeigt, welche Macht unsere Werte und die kategorische Unterteilung in Schwarz und Weiß, Gut und Böse über das deutsche Denken haben können: Mit Putins Panzern ist das personifizierte Böse über die Grenzen nach Europa gerollt. Es so zu betrachten ist moralisch nicht falsch, unser Werte-Radar arbeitet verlässlich, wenn wir den russischen Präsidenten verabscheuen. In deutscher Nibelungentreue wird jedoch nicht länger dem Kriegerischen abgeschworen, sondern plötzlich im Gegenteil Kampf und Waffen(lieferungen) das Wort geredet, zumindest auf politischer und medialer Ebene. Ist Deutschland von dem einen Extrem ins nächste gefallen, sind aus den pazifistischen Tauben der vergangenen Jahrzehnte über Nacht kriegsbereite Falken geworden, weil wir mit Putin einen Feind haben, der es moralisch verdient, vernichtet zu werden?

Eine solche Selbstgewissheit, die nicht an sich neu ist, sondern eine neue, gegensätzliche Projektionsfläche gefunden hat, erschreckt mich. Statt nach Frieden rufen wir nach Waffen, bis das Gute siegt und die Ukraine gewinnt? Eine solche Reaktion auf den Krieg ist undifferenziert, solange sie vor allem gesinnungsgesteuert ist. Ich sage bewusst »Reaktion«, denn eine Aktion im Sinne von nachhaltigem, strategischem, rationalem politischem Handeln ist dies nicht. Bisweilen scheint die deutsche Nibelungentreue den klaren Blick zu verstellen. Es ist problematisch, wenn Werte die hauptsächlichen Argumente für die politische Unterstützung eines Krieges sind – »Moralismus mit totalitären Zügen« hat der Deutschlandfunk einmal getitelt, als es in einem anderen Zusammenhang um die deutsche Seele ging.[2]

In einem Gespräch mit der damaligen Bundeskanzlerin Angela Merkel hat Altkanzler Helmut Schmidt die Deutschen einmal als emotional sehr wankelmütig und als regelrecht »gefährdetes Volk« bezeichnet. Bei der Diskussion über den Krieg gegen die Ukraine muss ich oft an diese Aussage denken, die ich damals in ihrer Tragweite unterschätzte. Helmut Schmidt plädierte nicht zuletzt aufgrund der deutschen Tendenz, sich von Emotionen leiten zu lassen, für politische Vernunft und Realpolitik; von beidem ist in der Debatte um den Krieg in der Ukraine viel zu wenig zu verspüren. Bedenken hinsichtlich der Risiken und Folgen, der wirtschaftlichen, sozialen und politischen Auswirkungen auf das eigene Land werden in der deutschen Politik und zu einem großen Teil auch in den deutschen Medien oft ausgeklammert.

Sicherheit braucht festen Boden

Abgesehen von dem Leid, das ein verlängerter Krieg für die ukrainische Bevölkerung und die ukrainischen Soldaten (im Übrigen ebenso für die russischen) mit sich bringt: Der Krieg betrifft auch uns unmittelbar. Er hat massive negative Auswirkungen auf die deutsche Wirtschaft. Wir verlieren den billigen Energielieferanten Russland, müssen diesen Verlust teuer kompensieren, drohen den chinesischen Markt zu verlieren und stehen gleichzeitig unter Druck, weil wir die Bundeswehr in unserem neu erwachten Sicherheitsinteresse mit Milliarden wieder einsatzfähig machen müssen. Und doch treibt uns unsere Selbstgewissheit, unsere Hypermoral zu dieser Art der Selbstzerstörung. Ich bin für jede Unterstützung der Ukraine, politisch wie militärisch, aber sie darf nicht zur Selbstzerstörung führen. Die deutschen Falken blenden das aus.

Wer das Gesamtbild objektiv bewerten will, muss sich bewusst machen: Deutschland hat eigene Interessen. Deutschland *muss* eigene Interessen haben. Es würde weder uns noch der Ukraine oder Europa helfen, wenn aus einem wirtschaftlich starken und politisch gewichtigen Deutschland ein hausgemachter Problemfall wird. Wir können keinen Waffenstillstand in der Ukraine erreichen und keine Verhandlungen initiieren, wenn die »Global Players« uns nicht ernst nehmen. Wir können Kriege und Konflikte nicht vermeiden, wenn wir ignorieren, was Politik bedeutet.

Kapitel 4

Selbstbehauptung oder Untergang?

Europa zwischen USA, China und Russland

Der Begriff des »Eisernen Vorhangs« stammt aus dem Theaterbau und meint eine feuerfeste Sicherheitsabgrenzung zwischen Bühne und Zuschauerraum. Eine Brandschutzeinrichtung. Als Winston Churchill im März 1946 sagte, »ein eiserner Vorhang [habe] sich über den europäischen Kontinent gesenkt«, übertrug er den Begriff in politische Sphären. Das hatten vor ihm schon andere getan, wenn auch in anderen Zusammenhängen, darunter Reichskanzler Theobald von Bethmann Hollweg unter Wilhelm II., der deutsche Geheimdienstchef im Ersten Weltkrieg, Walter Nicolai, und NS-Propagandaminister Joseph Goebbels. Das von Churchill geschaffene Bild für die Teilung Europas nach dem Zweiten Weltkrieg blieb im kollektiven Gedächtnis hängen, vielleicht, weil dieser Eiserne Vorhang für viele greif- und spürbar war. Es war ein mächtiges Bild mit einer ständigen Gegenwart im Alltäglichen.

Jahrzehntelang teilte der Eiserne Vorhang die Welt in den Westen auf der einen Seite und den Osten auf der anderen. Darüber hinaus gab es Länder, die sich neutral verhielten oder sich bewusst blockfrei positionierten. Die Einteilung hatte nicht (nur) etwas mit der geografischen Lage zu tun, sondern vor allem mit den Werten, die die Länder auf der jeweiligen Seite des Vorhangs miteinander teilten.

In gewissem Sinne hielt auch dieser Eiserne Vorhang Brände ab oder verhinderte sie: Die Grenze zwischen Westen und Osten war eindeutig, es gab wenig Berührungspunkte, man kam sich nicht in die Quere und hielt die Reibung gering, sodass trotz der angespannten, bedrohlichen Situation verhältnismäßig wenige tatsächliche Funken flogen.

Als sich die Sowjetunion auflöste, der Eiserne Vorhang fiel und sich die Fronten entschärften, wandten sich etliche Länder Mittel- und Osteuropas dem Westen zu. Die erprobte Trennung in West und Ost wurden aufgeweicht, aber nicht aufgehoben. Gleichzeitig wuchs mit China eine dritte Supermacht heran, neben der westlichen Großmacht USA und deren Rivalen im Osten, der Russischen Föderation. Heute müssen sich also drei statt wie bislang zwei Mächte den Kuchen – sprich: die Welt – teilen, und jede versucht in einem ständigen Wettbewerb, ihren Macht- und Einflussbereich auszudehnen. Es ist eine Zäsur, die sich durch die Weltordnung zieht – eine Weltordnung, die wir in den vergangenen Jahrzehnten als Selbstverständlichkeit betrachtet haben. Nun ist diese Ordnung ins Wanken gekommen; der Kampf um die Welthegemonie ist auf allen Feldern in Gang: militärisch, wirtschaftlich, technologisch, zu Lande, auf und unter dem Meer, in der Luft und im Weltraum, in der Finanzpolitik, im digitalen Raum, kulturell und politisch ... In dieser Hinsicht ist die Abhandlung *Gleichgewicht oder Hegemonie*, die der Historiker Ludwig Dehio bereits 1948 verfasste, heute aktueller denn je.[1]

Europa, das gesamt betrachtet wirtschaftliches Gewicht hat, tritt bei all dem politisch zu schwach, zu uneinig, zu wenig überzeugend auf, um in diesem geopolitischen Machtspiel ernst genommen zu werden. Und doch wäre es dringend nötig, mitzuspielen. Europa ist Teil des geopolitischen Wettbewerbs, jede der drei Großmächte möchte Einfluss auf Europa haben. Wenn wir uns jetzt nicht strategisch positionieren, wenn wir nicht handeln, dann werden wir behandelt – als Spielball der Mächtigen.

Die USA, unser Freund und Helfer?

Das transatlantische (Freundschafts-)Band zwischen Deutschland beziehungsweise dem westlichen Europa und den USA ist seit dem Zweiten Weltkrieg stets stark gewesen. Inzwischen erinnert es jedoch immer öfter an ein Gummiband, das mit dem Alter beginnt, seine Elastizität zu verlieren, es fängt an zu bröckeln und zu bröseln. Plötzlich ist es lasch und ausgeleiert und damit für seine eigentliche Aufgabe nicht zu gebrauchen. Strategisch sind Deutschland und Europa für amerikanische Drohgebärden gegenüber dem Ostblock nicht mehr so wichtig, wie wir es zu Zeiten des Eisernen Vorhangs waren. Wir sind, ganz im Gegenteil, aus amerikanischer Sicht derzeit vernachlässigbar. Die USA haben anderes zu tun.

Sie werden Europa mit Sicherheit nicht Russland oder China überlassen, das will ich damit nicht sagen. Sie unterstützen die Ukraine im Kampf gegen Putin nicht aus Selbstlosigkeit oder aus einer moralischen Verpflichtung den Europäern gegenüber. Der NATO-Bündnisfall ist auch (noch) nicht eingetreten. Nein, die USA unterstützen die Ukraine, weil Russland auf die Idee kommen könnte, sich Europa einzuverleiben und das womöglich in Zusammenarbeit mit China. Das können, wollen und werden die Amerikaner nicht zulassen, zumindest so lange nicht, bis eventuell Donald Trump erneut an die Macht kommt. Dabei ist der Schulterschluss mit den Europäern – in Form der Ukrainehilfen – eine Botschaft, die sich nicht vornehmlich an Moskau richtet. Der entscheidende Adressat dürfte Peking sein. Der ehemalige amerikanische Präsident Barack Obama hat Russland einmal als Regionalmacht bezeichnet, was faktisch richtig war, aber politisch unklug. Während Russland also vom Megaschurken zum Störfaktor degradiert wurde, sehen die Amerikaner die wirkliche geopolitische Herausforderung in China. Ein starkes Auftreten der USA in Konflikten mit Russland ist also auch eine strategische Maßnahme, eine Machtdemonstration gegenüber China. Der *Tagesspiegel* hat dafür einmal ein passendes

Bild gefunden: »Wie beim Billard spielen Diplomatie und Machtpolitik bisweilen über Bande. Das wahre Ziel liegt nicht dort, wohin der Spieler die Kugel stößt, sondern wohin sie nach dem Abprall von der Bande rollt.«[2]

Die neueste und größte geopolitische Baustelle der Vereinigten Staaten liegt folglich im Südchinesischen Meer beziehungsweise im indo-pazifischen Raum, denn mit dem Aufstieg Chinas – und Asiens insgesamt – haben sich die politischen und ökonomischen Gewichte zunehmend dorthin verschoben. Dort sammeln die USA ihre Kräfte, dorthin richten sie den größten Teil ihrer Aufmerksamkeit. Denn dort liegt der Schlüssel zur neuen Weltordnung des 21. Jahrhunderts, dort wird sich entscheiden, wer das Spiel um die Macht gewinnt.

China und USA sind beide Pazifik-Anrainer, wenn auch an gegenüberliegenden Küsten. Es sind die beiden größten Volkswirtschaften der Welt, auf Platz vier gefolgt von Anrainer Japan, das erst kürzlich seinen Platz als drittgrößte Volkswirtschaft an Deutschland abtreten musste. Rund sechzig Prozent der Weltbevölkerung leben in der Region und fast genauso viel des globalen Bruttoinlandsprodukts wird hier generiert. Wichtige Handelswege verlaufen durch den Indo-Pazifik, darunter die Straße von Malakka, eine der am stärksten befahrenen Seerouten der Welt. Erinnern Sie sich an die *Ever Given*, die im März 2021 sechs Tage lang den Suezkanal blockierte, und an die damit verbundenen Auswirkungen? Durch den Suezkanal fließen etwa zwölf Prozent des weltweiten Frachtvolumens und rund dreißig Prozent des Containervolumens. Allein bei der Straße von Malakka ist es etwa ein Viertel des Seehandels. Bereits das erklärt, warum es so wichtig ist, den Indo-Pazifik zu kontrollieren.

Es geht im Prinzip um die Weltherrschaft. Kein Wunder, dass die USA ihren Fokus vom Atlantik auf den Pazifik richten. Genauso ist es kein Wunder, dass die Länder in der Region massiv aufrüsten. Wer nicht auf Stärke, Übermacht und Abschreckung setzt, hat bereits verloren. Rund dreißig Prozent der weltweiten Rüstungsausgaben entfallen inzwischen auf den indo-pazifischen Raum. Im letzten vollen Jahrzehnt sind die Ausgaben um fünfzig Prozent gestiegen, im Falle Chinas sogar um achtzig Prozent.[3] Nicht zu vergessen, dass mit den USA, China, Russland, Indien und Pakistan sowie mit Nordkorea mit seinem Atomprogramm etliche Nuklearmächte am Indo-Pazifik liegen.

Was den geopolitischen Machtkampf zusätzlich erschwert, ist die Instabilität der Region. Grenzverläufe, über die gestritten wird, schwelende inner- und zwischenstaatliche Konflikte, allen voran zwischen China und Taiwan, terroristische Netzwerke und Ströme flüchtender Menschen machen das Ganze zu einem Pulverfass.

Es ist nicht ausgeschlossen, dass sich die Rivalität zwischen den USA und China zu einer Auseinandersetzung weiterentwickelt, die militärisch ausgetragen wird. Mit Blick auf die chinesischen Ambitionen und das Pulverfass-Potenzial haben daher die USA, Großbritannien und Australien im September 2021 das Sicherheitsbündnis AUKUS geschlossen, ein Akronym aus den englischen Kürzeln AUS für Australien, UK für Großbritannien und US für die Vereinigten Staaten. AUKUS soll abschrecken und für Frieden und Stabilität in der Region sorgen. Im Zuge des Militärbündnisses wird Australien außerdem mit nuklearbetriebenen (jedoch nicht nuklear bewaffneten) U-Booten ausgestattet. Das könnte den Aufstieg Australiens zur Atommacht einläuten.

Für Deutschland und Europa dürfte vor allem wichtig sein, dass sich die NATO-Beistandsverpflichtung durch AUKUS eines Tages auch auf den Indo-Pazifik ausweiten könnte; die USA und Großbritannien sind NATO-Mitglieder, denen die NATO und damit auch Deutschland im Bündnisfall beistehen müssten. Doch das ist zunächst nur ein Gedankenspiel. Australien hat mit der NATO bereits 2019 ein Partnerschaftsabkommen geschlossen. Das Ziel: Man will auf Entwicklungen in der Indo-Pazifik-Region schneller reagieren können.

Charles de Gaulle, der Soldat, Politiker sowie französischer Minister- und Staatspräsident war, hat 1963 mit Konrad Adenauer den deutsch-französischen Freundschaftsvertrag geschlossen. Er hat jedoch auch gesagt, dass Staaten keine Freunde haben, lediglich Interessen. Folgerichtig gibt es zwischen Staaten keine Freundschaften, sondern nur Allianzen. Dennoch von befreundeten Nationen, von einem Band der Freundschaft zu sprechen ist ein emotionaler Schachzug, ähnlich der »Dämonisierung des Feindes« bei Clausewitz, jedoch ins Positive gewendet. Als sich herausstellte, dass der amerikanische Geheimdienst Angela Merkels Handy abhörte, schimpfte die damalige Bundeskanzlerin: »Ausspähen unter Freunden, das geht gar nicht.« Indem sie die Freundschaft erwähnte, verlieh sie ihrer Empörung moralisches Gewicht – während die USA mit ihrem Lauschangriff nur bestätigten, was de Gaulles gesagt hatte: Ein Staat, der seinem Namen gerecht werden will, ist sich selbst der Nächste. Zwischenstaatliche Freundschaft endet bei den eigenen Interessen. Und auch, wenn sich der Freundschaftsbegriff auf »sich grundsätzlich freundlich gesinnte Nationen« reduziert, ist diese Freundschaft wandelbar und abhängig von denen, die den jeweiligen Staat repräsentieren. Ein Beispiel: Während der (ersten) Amtszeit von Donald Trump als Präsident der USA litten die deutsch-amerikanischen Beziehungen. Nur achtzehn Prozent der Deutschen beurteilten sie im Jahr 2020 als gut. Im folgenden Jahr, nachdem Joe Biden das Amt angetreten hatte, schoss der Wert auf über siebzig Prozent.[4]

Kann also Europa in Zukunft weiterhin auf das freundschaftliche Band zu den USA vertrauen, auch wenn die Amerikaner neue Feinde und Freunde im Indo-Pazifik gefunden haben? Ich denke, dass Deutschland und die USA einander wohlgesinnt bleiben, doch Washington schmiedet vor allem Allianzen, keine immerwährenden Freundschaften. Deshalb darf Europa sich nicht auf geteilten Werten und auf einer Vergangenheit ausruhen, die uns einst mit den USA zusammengeschweißt hat. Stattdessen gilt: neues Spiel im Kampf um globale Macht, neue Regeln, neuer Einsatz. Deutschland und Europa müssen diesen Einsatz machen – nicht, um sich im Gegenzug den Schutz der USA zu ertauschen, sondern um in einer künftigen Allianz mit den Vereinigten Staaten auf eigenen Füßen zu stehen.

Kontrolle über das Südchinesische Meer: Das maritime Containment Chinas

Was tut eine etablierte Supermacht, wenn eine aufstrebende Macht versucht, ihr den Rang abzulaufen? Die etablierte Macht hindert die aufstrebende daran, ihren Einflussbereich auszudehnen. Wie gelingt ihr das, wenn die aufstrebende Macht an einem Meer liegt, über das sie die ganze Welt erreichen kann? Die etablierte Macht versperrt ihr den Zugang zu diesem Meer. Wie versperrt sie ihn, wenn sie sich Tausende Kilometer entfernt an der gegenüberliegenden Küste befindet? Die etablierte Macht findet Verbündete, die Nachbarstaaten der aufstrebenden Macht sind. Im besten Fall Inselstaaten oder mindestens mit Territorium im Meer vor der Küste der aufstrebenden Macht. Vielleicht befinden sich diese Verbündeten bereits im Konflikt mit der aufstrebenden Macht. Die etablierte Macht verspricht ihnen deshalb Schutz oder macht ihnen schlicht die besseren Angebote. Dann baut die etablierte Macht eigene Militärbasen auf dem Territorium der Verbündeten und rüstet gemeinsam mit ihnen auf.

Die Idee einer solchen »Island Chain Strategy« kam 1951 während des Koreakrieges auf. Schon damals war der amerikanische Plan, die ehemalige Sowjetunion und China mit Marinebasen zu umringen, um ihnen den Zugang zum Meer abzuschneiden – maritime Eindämmungspolitik oder englisch: »Containment«. Heute setzen die Amerikaner ihre damals entwickelte Strategie gegenüber dem Rivalen China ein. Ihr Containment im Indo-Pazifik verbindet faktische und potenzielle amerikanische Verbündete – von Japan über Südkorea, Taiwan, die Philippinen, Vietnam, Malaysia, Indonesien und Singapur bis nach Indien. Das Ganze ähnelt einer maritimen Perlenkette, die Chinas Bewegungsfreiheit effektiv eingrenzt – bestückt mit einem Netz amerikanischer Militärbasen, insbesondere in Japan und auf Okinawa, in Südkorea, auf den Philippinen, auf Guam, in Singapur und auf Diego Garcia im Indischen Ozean.

Die laufenden Territorialkonflikte zwischen China und Japan, Taiwan, Vietnam, den Philippinen und Malaysia sowie die Auseinandersetzungen um einzelne Inselgruppen im Südchinesischen Meer liegen hier begründet; man muss sie in diesem größeren Kontext sehen. Denn China versucht, sich aus der buchstäblich ausweglosen maritimen Situation zu befreien. Nicht, indem es einen Krieg mit den USA anfängt, sondern indem es gegen deren regionale Verbündete vorgeht und versucht, Perlen aus der Kette zu reißen. So ist zum Beispiel Taiwan die Tür in den Pazifik für China, was – zusätzlich zu dem historischen Hintergrund – für Konfliktpotenzial zwischen Taipeh und Peking sorgt. Nur dass es die USA sind, die diese Tür für China verschlossen halten.

China hat gute Gründe oder besser gesagt: dringende nationale Interessen, die Perlenkette auseinanderzureißen. Zum einen verbindet das Südchinesische Meer den Pazifik und den Indischen Ozean. Wer diese Verbindung kontrolliert, hat freien Zugang zu den Weltmeeren. Das ist erstens für den Welthandel wichtig, der zu einem Drittel im Südchinesischen Meer abgewickelt wird, und zweitens essenziell für China, falls es zu einem militärischen Konflikt mit den USA kommen sollte. Solange die USA den Zugang kontrollieren, sind China die Weltmeere versperrt, egal wie viele Schiffe das Land baut.

Tatsächlich verfügt die chinesische Marine über mehr Schiffseinheiten als die amerikanische, darunter bald drei Flugzeugträger, wovon die US-Navy allerdings elf Stück besitzt. Daran, dass die

Zugänge zu den Weltmeeren nicht von Peking, sondern von den amerikanischen Verbündeten und den US-Militärbasen beherrscht werden, würde sich jedoch selbst dann nichts ändern, wenn das Südchinesische Meer im Einflussbereich Chinas bliebe. Damit sind der chinesischen Ambition, eine maritime Großmacht zu werden und mit ihrer Marine weltweit zu operieren, geografisch enge Grenzen gesetzt. Marineübungen mit Russland in der Ostsee ändern daran nichts.[5]

Die Situation erinnert an die, in der sich das Deutsche Reich vor dem Ersten Weltkrieg befand. Damals kollidierten die deutschen wirtschaftlichen Interessen mit denen Großbritanniens. Deutschland versuchte, das durch ein Flottenbauprogramm zu kompensieren, konnte sein strategisches Problem aber nicht lösen: Durch seegestützte Blockaden konnte Großbritannien den Deutschen den Zugang zu den Weltmeeren verwehren, weil die deutsche Marine im Wesentlichen aus dem engen Raum der Nord- und Ostsee heraus operieren musste. Im Zweiten Weltkrieg sah es ähnlich aus, obwohl die verzwickte Situation durch U-Boot-Stützpunkte am Atlantik aus deutscher Sicht verbessert wurde.

Zum anderen ist das Südchinesische Meer reich an Gas- und Ölvorkommen, im Frühjahr 2024 wurde jüngst ein Ölfeld von mehr als hundert Millionen Tonnen Rohöl entdeckt. Aus geostrategischer und ökonomischer Sicht hat China daher kaum eine andere Wahl, als hart zu bleiben und sich gegen das amerikanische Containment zu wehren – ähnlich wie es Russland mit Blick auf die Krim und das Schwarze Meer geht oder den USA mit Blick auf Kuba und die Karibik. Um seine Macht zu sichern und seinen Einfluss in der Welt auszubauen, *muss* China das Südchinesische Meer beherrschen – während die USA das Gegenteil müssen, nämlich China daran hindern.

Das Land des Lächelns fletscht die Zähne: Die Neue Seidenstraße

Vor recht genau hundert Jahren wurde in Wien eine romantische Operette von Franz Lehár uraufgeführt, die zunächst *Die gelbe Jacke* hieß und wenige Jahre später mit einigen inhaltlichen Veränderungen in *Das Land des Lächelns* umgetauft wurde. Das Stück spielt in Wien und Peking im Jahr 1912 und handelt von einer österreichischen Grafentochter, die sich in einen chinesischen Prinzen verliebt. Es heißt, die Operette sei mit ein Grund dafür, warum wir China bisweilen als »Land des Lächelns« bezeichnen.

Überhaupt ranken sich verschiedene Mythen um das chinesische Lächeln, das in der chinesischen Kultur teils in anderen Zusammenhängen als in westlichen Ländern wie Deutschland erscheint. So kann es passieren, dass Chinesinnen und Chinesen lächeln, um Mitgefühl, Hilflosigkeit oder Verlegenheit auszudrücken. In Konfliktsituationen kann das aus deutscher Sicht unpassend oder als Angriff empfunden werden. Vielleicht hat dieses interkulturelle Missverständnis dazu geführt, dass wir hinter dem chinesischen Lächeln bisweilen etwas anderes als reine Freundlichkeit vermuten.

In Sachen Supermacht-Ambitionen sind die Zeichen einfacher zu deuten: China fletscht die Zähne und lässt Taten sprechen. Sich gegen das maritime Containment durch die USA zu wehren, ist schwierig und wird es auch bleiben. Geografisch ist die Volksrepublik im Nachteil, im Gegensatz zu den USA mit ihrer in dieser Hinsicht hervorragenden Lage: Ihre Gegenküste ist Tausende von Kilometern entfernt und wird von ihren Verbündeten mit geschützt. Dass China einen ersten ausländischen Militärstützpunkt im ostafrikanischen Dschibuti eröffnet hat, ist daher mehr symbolischer Natur statt tatsächlich strategisch entscheidend.

Allerdings hat China sein Arsenal an Marschflugkörpern, Kurz- und Mittelstreckenraketen in den letzten Jahren massiv erweitert.

Die US-Basen im Indo-Pazifik, die 7. Flotte und ihre patrouillierenden Flugzeugträgerkampfgruppen sowie die US-Verbündeten befinden sich inzwischen im Wirkungsbereich dieser Waffensysteme, sprich: China kann sie treffen und ihnen umfassenden Schaden zufügen. Die Chinesen haben damit eine Sicherheitszone geschaffen, mit der sie die maritime Bewegungsfreiheit der USA – trotz des eigenen Containments – in einer Krise einschränken. Weil Aufrüstung aber ein ständiger Wettbewerb ist, werden die USA im Gegenzug sicherlich amerikanische Mittelstreckenraketen in der Region stationieren.

Ein anderes Projekt hat angesichts all dessen umso mehr Bedeutung für Peking: die Neue Seidenstraße. Bereits der Mythos, an den die Chinesen mit dieser »Belt and Road Initiative«, so die offizielle Bezeichnung, anknüpfen, verleiht dem Projekt Gewicht, war doch die ursprüngliche Seidenstraße die Lebensader Asiens. Eine rund siebentausend Kilometer lange Handelsroute, die China mit Europa verband und die bis heute auch in der westlichen Welt positiv konnotiert ist: mit Handel, Erfolg und Reichtum. China war damals das wirtschaftlich stärkste Reich der Welt. Kaufleute und Waren bewegten sich auf der Seidenstraße, aber auch Armeen, Religionen und Kulturen. Ähnliches verfolgt Peking mit der Errichtung der Neuen Seidenstraße. Sie ist ein gigantisches globales Infrastrukturprojekt, mit dem man neue Märkte erschließen, chinesische Waren – vielleicht auch Ideologien – ins Ausland transportieren und zugleich sicherstellen will, dass alles, was China selbst benötigt, zuverlässig ins Land gelangen kann, vor allem Rohstoffe.

Armeen wie einst werden sich sicher nicht auf der neuen Seidenstraße bewegen (können), dafür hat sich die moderne Kriegführung zu sehr verändert. Doch die Weltherrschaft lässt sich auch auf andere Art und Weise übernehmen. China denkt entsprechend groß. Die Neue Seidenstraße soll eine moderne Handelsroute mit Häfen und Seewegen, Staudämmen, Pipelines, Autobahnen und Eisenbahntrassen werden, die quer durch die Welt führt, einschließlich der Arktis, die mit ihren vermuteten enormen Bodenschätzen in Zukunft hohen Zulauf bekommen dürfte. Die geplanten Wirtschaftskorridore und Freihandelsabkommen mit insgesamt fünfundsechzig Ländern und viereinhalb Milliarden Menschen sollen, wenn das Projekt fertiggestellt ist, dreiundsechzig Prozent der Weltbevölkerung und dreißig Prozent der globalen Wirtschaftsleistung erreichen. Dafür fließen enorme Geldmengen vor allem in Entwicklungs- und Schwellenländer, mit denen die chinesische Regierung dort den Bau der entsprechenden Infrastrukturprojekte finanziert und ermöglicht.

Mit der neuen Seidenstraße ist China bereits dreierlei gelungen: Es hat erstens seine Wirtschaftsmacht ausgedehnt und positioniert sich – auch symbolisch – als Schwergewicht im internationalen Handel. Zweitens erhöht es den Export chinesischer Waren und Güter. Drittens schließt die Volksrepublik weltweite Partnerschaften, bei denen die Partner vor Ort von den neuen Verkehrswegen profitieren, gleichzeitig, aber teilweise in ökonomische Abhängigkeit von China geraten. Das ist gewollt: Peking sammelt Verbündete und bindet sie an sich, um den USA etwas entgegensetzen zu können. Der aus chinesischer Sicht positive und vermutlich angestrebte Nebeneffekt: Auf lange Sicht kann, so die Hoffnung, der Status des US-Dollars als Leitwährung untergraben werden. Das strategische Ziel ist es, Eurasien mit friedlichen, nichtmilitärischen, geoökonomischen Instrumentarien und Mitteln zu beherrschen und den amerikanischen Einfluss zurückzudrängen. Außerdem hat Peking seine Beziehungen nach Afrika und Lateinamerika auf- und ausgebaut, anders als zum Beispiel die Europäische Union. Insofern ist China mit der Seidenstraße zur geopolitischen Herausforderung auch für Europa geworden.

Vor diesem Hintergrund überrascht es nicht, dass die Europäische Union Ende 2021 als Gegenentwurf ein eigenes, vergleichbares Projekt gestartet hat: »Global Gateway«. Was hingegen überrascht, ist die Tatsache, dass die Europäer erst mit Verspätung auf

Chinas »Belt and Road Initiative« reagiert haben. Kann den Europäern wirklich jahrelang entgangen sein, dass die Seidenstraße ein nichtmilitärisches Machtinstrument ist? Die verspätete Reaktion dürfte jedoch weniger an einer solchen Blindheit liegen als daran, dass die europäische Wirtschaftspolitik von anderen Werten und Zielen angetrieben wurde: Es ging den Europäern zum Beispiel um Wandel durch Handel, nicht primär um das Mehren geopolitischer Macht durch Handel. Konzepte wie der Wandel durch Handel funktionieren so lange, bis andere dazwischengrätschen, in diesem Fall nicht ausschließlich, aber sehr massiv die Chinesen. Eine europäische Strategie zu verfolgen wird schwierig, wenn andere beginnen, die Dinge anders zu machen, und die eigene Strategie dazu führt, dass man ins Hintertreffen gerät. Deshalb hat Europa begonnen, umzudenken – wie gesagt mit Verzögerung.

Zwar geht es hier sowohl auf chinesischer als auch auf europäischer Seite um langfristige Ziele, aber strategisch sinnvoll ist es dennoch nicht, in einem Wettbewerb verspätet an den Start zu gehen. Erst recht nicht, wenn ein Konkurrent wie China offensichtlich den europäischen Einflussbereich übernehmen will. Peking hat dadurch einen Vorsprung von etlichen Jahren bekommen, der nun erst einmal aufgeholt werden muss.

Unter anderem mit »Global Gateway« ist die Europäische Union inzwischen in den globalen Wettbewerb um Investitionen und Handel eingestiegen. Man will weltweit in die Bereiche Digitales, Energie und Verkehr investieren, entsprechende Infrastrukturprojekte fördern, außerdem die Forschung sowie die Gesundheits- und Bildungssysteme in Schwellen- und Entwicklungsländern unterstützen. Es sollen zum Beispiel Internetverbindungen aufgebaut und interkontinentale Datenkabel verlegt werden. Vor allem soll all das nach europäischen Standards geschehen, das heißt: »intelligent, sauber und verlässlich«.[6] Nachhaltigkeit und Umweltschutz spielen eine wichtige Rolle, außerdem will man die Partnerländer nicht in eine finanzielle oder wirtschaftliche Abhängigkeit treiben, sondern diese Länder fördern. Genau in diesen Bereichen wird das chinesische Seidenstraßenprojekt nämlich regelmäßig kritisiert: Es mangelt an Nachhaltigkeit und Umweltschutz und die Situation, in der sich Chinas Partnerländer teils wiederfinden, ist, vorsichtig formuliert, »schwierig«. Die Europäische Union will zeigen, wie es besser geht.

Chinas Neue Seidenstraße ist noch lange nicht vollendet und steht rund zehn Jahre nach ihrem Startschuss vor einer Reihe von Problemen. Dennoch hat Peking mit dieser Strategie bereits jetzt seinen Macht- und Einflussbereich über Zentralasien hinaus in Eurasien ausgebaut. Es hat begonnen, das globale Machtgefüge zu verschieben und das maritime Containment durch die USA zu konterkarieren.

Zugleich erinnert das Seidenstraßenprojekt in Teilen an das Projekt der Bagdadbahn Anfang des 20. Jahrhunderts, eine Zusammenarbeit von Deutschem und Osmanischem Reich. Damals waren Großbritannien und das Deutsche Reich die konkurrierenden Großmächte. Die Deutschen kamen mit ihrer Marine nicht aus dem Binnenmehr heraus; die Briten hatten ein wirksames Containment geschaffen. Die Bagdadbahn war der deutsche Versuch, die maritime Vorherrschaft der Briten auf dem Landweg zu umgehen: durch einen Wirtschaftskorridor von der Türkei bis zum Persischen Golf. Diese Strategie ist nicht aufgegangen.

China in schwieriger Lage: Unsichere Nachbarn und Landgrenzen

Aus Sicht der USA liegt der Rivale China optimal: Auf Seeseite können die Amerikaner das Land mithilfe ihrer Verbündeten zuverlässig in Schach halten. Gleichzeitig hat China in jeder anderen Hinsicht ausreichend mit seinen Nachbarn zu tun: Seine geostrategische Gesamtlage ist mit Blick auf die zahlreichen, insgesamt vierzehn Landgrenzen nicht günstig. Das sind viele Nachbarn für ein einzelnes Land und mit etlichen davon hat China massive Probleme.

Um nur die derzeit größten Nachbarschaftsstreitigkeiten zu nennen: Mit Indien gibt es Grenzkonflikte im Himalaya, die in der Vergangenheit immer wieder zu kriegerischen Auseinandersetzungen führten und bis heute nicht gelöst sind. Wenn man bedenkt, dass sich hier die beiden bevölkerungsreichsten Länder der Erde jederzeit militärisch gegenüberstehen könnten, versteht man, warum alleine dieser Konflikt das Potenzial hat, den Kontinent zu destabilisieren.

Mit Vietnam führte China 1979 einen Krieg mit über sechzigtausend Toten. Heute besteht zwischen China und Vietnam zwar von beiden Seiten großes Interesse an einer wirtschaftlichen Kooperation, aber die Streitigkeiten um Territorium im Südchinesischen Meer sind noch lange nicht behoben.

Auch das Verhältnis zu Japan ist historisch stark belastet – Krieg und Konfrontation waren mehr als einhundertfünfzig Jahre lang an der Tagesordnung. Hinzu kommt der andauernde Streit um die strategisch wichtigen Senkaku-Inseln im Ostchinesischen Meer, durch die sich die Seewege besser kontrollieren lassen. Ein dauerhafter Frieden mit Japan ist mehr als fraglich. Indien fürchtet, im Rahmen des Seidenstraßenprojekts, das ja zu Lande und zu Wasser verläuft, von China strategisch eingekreist zu werden, also schließt man sich militärisch enger an die USA, an Japan, Australien und Neuseeland an.

Und dann wäre da noch Russland. Ein für die Chinesen sehr problematischer Nachbar. Mit Russland hat China mit über viertausend Kilometern Länge eine der längsten gemeinsamen Grenzen der Welt. Das Verhältnis war lange Zeit schwierig, vor allem mit Blick auf die militärische Konfrontation im Jahr 1900, die historische Belastung durch die »ungleichen Verträge« mit ihren immensen Gebietsverlusten sowie die offene Frage, welche der beiden

Mächte die Vormachtstellung in Zentralasien einnimmt. Das künftige strategische Verhalten Russlands ist in diesem »Big Game« ein nicht zu unterschätzender Faktor. Denn nur mit einem guten Verhältnis zu Russland kann Chinas Seidenstraßenstrategie letztlich erfolgreich sein. Allerdings haben sich die Machtverhältnisse in den letzten Jahren umgekehrt. Während früher Russland den Ton angab, ist es heute China. Peking betrachtet Russland – ähnlich wie Obama – wohl vor allem als Regionalmacht und in wirtschaftlicher Hinsicht nicht als ebenbürtigen Rivalen, wahrscheinlich nicht einmal als vielversprechenden Markt für chinesische Waren und Dienstleistungen. Russland seinerseits ist in wirtschaftliche Abhängigkeit von der Volksrepublik geraten: China ist Russlands wichtigster Abnehmer von Gas und Öl, nachdem der Westen als Folge des russischen Angriffs gegen die Ukraine als Handelspartner weggebrochen ist.

Das, was China und Russland verbindet, ist ein gemeinsames Feindbild: die USA. Das erklärt, weshalb sich die beiden Länder im Zuge des Krieges gegen die Ukraine angenähert haben. Russland kämpft dort schließlich auch gegen den Westen unter Führung der Vereinigten Staaten, so Putins Narrativ.

China mag im Vergleich mit Russland am wirtschaftlich längeren Hebel sitzen, aber im ideologischen und geostrategischen Kampf mit Amerika um die Macht kann es das riesige Nachbarland an seiner Seite gebrauchen. Dafür nimmt Peking mit Putins Angriff auf die Ukraine einen Krieg in Kauf, an dem die Volksrepublik im Grunde kein Interesse hat. Aufgrund dieses Zwiespalts hält sich Peking auf der einen Seite mit klaren, russlandkritischen Aussagen zurück und schließt sich auch nicht den westlichen Sanktionen gegen Russland an. Gleichzeitig muss Peking auf sein Image im Westen bedacht sein; es wäre nicht in Chinas Interesse, die Europäer als wichtige Handelspartner zu sehr zu verstimmen.[7]

Zug um Zug: Ein militärischer Kräftevergleich

Um all das militärisch in Perspektive zu setzen: Im Gegensatz zu China haben die USA nur mit zwei Nachbarstaaten gemeinsame Landgrenzen. Von daher sind sie nicht gezwungen, starkc, jederzeit mobilisierbare Landstreitkräfte vorzuhalten. Es verwundert also nicht, dass Chinas Landstreitkräfte mit einer Präsenzstärke von rund zwei Millionen zahlenmäßig den 1,3 Millionen der USA überlegen sind. Strategisch relativiert sich das allerdings angesichts des Landstreitkräftereservoirs Indiens – ein Verbündeter der USA – mit seinen rund anderthalb Millionen Soldaten.

Obwohl China dabei ist, seine Armee umfassend zu modernisieren, und sich von der Massenarmee wegentwickeln will, verfügen die chinesischen Landstreitkräfte hauptsächlich noch über Waffensysteme älterer, ehemals sowjetischer Bauart. Ihre Hauptwaffensysteme umfassen rund sechstausend modernisierte Kampfpanzer, fünftausend Schützenpanzer, neuntausend Artilleriesysteme und etwa dreihundert moderne Kampfhubschrauber.

Die Modernisierung konzentriert sich vor allem auf die Marine, auf die Raketentruppen und die Luftwaffe. So wird China in Kürze über einen dritten Flugzeugträger verfügen. Mit über zwanzig Lenkwaffenzerstörern und mehr als fünfzig Fregatten zeigt die chinesische Marine außerdem eine erhebliche Kampfkraft, die an die der USA heranreicht. Bei der Marineinfanterie, die für weltweite Einsätze militärischer Macht unumgänglich ist, sind die USA jedoch enorm überlegen.

Ähnlich ist die chinesische Luftwaffe trotz laufender Runderneuerung technologisch noch weit davon entfernt, der amerikanischen Paroli zu bieten. Im Gegensatz zur Air Force ist sie zu weitreichenden, offensiven Operationen nur begrenzt in der Lage. Hier fehlen die elf Flugzeugträgerkampfgruppen, über die die USA verfügen, sowie weltweite Militär- und Seebasen wie die der Amerikaner. Grundsätzlich dominieren bei den Chinesen russische Kampfflugzeugtypen, doch inzwischen gibt es Jagdflugzeuge aus eigener Produktion, die den amerikanischen F-22-Maschinen ebenbürtig sind. Zunehmend werden auch die Atombomber durch Marschflugkörper ersetzt. Die chinesische Marschflugkörper-, Raketen- und Drohnentechnologie ist inzwischen so weit, dass sie, wie erwähnt, die militärische Effektivität der US-Flugzeugträger herausfordert.

Zwar sind Flugzeugträger wie die der USA und demnächst auch die drei chinesischen eine gewaltige Machtdemonstration. In der »Gunboat Diplomacy«, zu Deutsch Kanonenbootdiplomatie, sind sie strategisch nützlich und ein bewährtes militärisches Mittel. Das gilt vor allem in der Grauzone zwischen Krieg und Frieden sowie gegenüber militärtechnologisch unterlegenen Kontrahenten; mit Blick auf die schwelenden kleineren Konflikte im Indo-Pazifik sind sie für China deshalb interessant. Doch in Auseinandersetzungen mit einem militärisch gleichwertigen Gegner sind sie verwund- und versenkbar und das mithilfe von weitaus günstigeren Raketen und Marschflugkörpern, deren Reichweite weit über den Küstenbereich hinausgeht. Darauf setzt China, wenn es sich mit der entsprechenden Technologie gegen die amerikanischen Flugzeugträger rüstet.

Insofern haben die imposanten Flugzeugträger etwas mit der Kavallerie im Zweiten Weltkrieg gemein: Auf dem Gefechtsfeld machte die Kavallerie Eindruck, der Hochadel schickte seine Söhne bewusst zur Reiterei. Doch angesichts der neuen Waffensysteme war sie längst obsolet: Gegenüber einem einzigen MG-Nest oder Panzern war sie schutz- und nutzlos. Für die heutigen Flugzeugträger gilt das noch nicht, doch ihre Imposanz wird durch entsprechende Gegenstrategien zunehmend infrage gestellt und ihre Verwundbarkeit aufgezeigt. Da ist es bemerkenswert, dass es noch nie so viele Flugzeugträger in den Flotten der Seemächte – oder solcher, die sich selbst dazuzählen – gab wie derzeit: Insgesamt sind einundfünfzig Flugzeugträger im Dienst von fünfzehn Staaten aktiv, inklusive Hubschrauberträger und solche, die nur für Flugzeuge mit Kurz- und Senkrechtstartfähigkeiten ausgelegt sind.

Zwischen den Verteidigungsausgaben der USA und Chinas liegen Welten: Der chinesische Militäretat wird zwar von Jahr zu Jahr erhöht, dennoch fiel das amerikanische Budget 2023 mit über neunhundert Milliarden US-Dollar mehr als dreimal so hoch aus wie das der Volksrepublik. Während die USA mit ihren militärischen obersten Hauptquartieren und weit über siebenhundert militärischen Stützpunkten weltweit präsent sind, sind die chinesischen Streitkräfte geografisch lediglich in sieben Militärbezirke mit gemeinsamen Hauptquartieren unterteilt, die sich auf dem chinesischen Festland befinden und aus denen heraus die chinesischen Gesamtstreitkräfte geführt werden.

Was Atomwaffen angeht, ist das chinesische Arsenal – im Vergleich zu Russland und den USA – überschaubar. Dennoch verleiht es der Volksrepublik eine gesicherte nukleare Zweitschlagfähigkeit, hauptsächlich sichergestellt durch die Nuklear-U-Boote. Weil China also zurückschlagen könnte, wenn es atomar angegriffen wird, ist ein großangelegter militärischer Konflikt ausgeschlossen. Im Krieg mit einer Nuklearmacht gilt: Wer hier siegreich sein will, stirbt als zweiter. Statt sich in einem nuklearen Krieg gegenseitig zu zerstören, herrscht ein Gleichgewicht des Schreckens, wie die USA und die Sowjetunion es im Kalten Krieg vorexerzierten.

Allerdings ist dieses fragile Gleichgewicht wie erwähnt gefährdet. Dank neuer Waffentechnologien sind inzwischen nukleare Schläge mit nahezu chirurgischer Präzision und entsprechend begrenzter Wirkung möglich geworden. Das macht einen Atomkrieg theoretisch möglich, ohne als beteiligte Kriegspartei automatisch komplett ausgelöscht zu werden. Es wäre jedoch keine gute Idee. Insofern lässt sich hoffentlich auch weiterhin sagen: Die Existenz von Nuklearwaffen und ihre gegenseitig gesicherte Zerstörungskraft garantieren den Frieden zwischen den Großmächten mehr als deklaratorische Bekenntnisse der politischen Akteure. Ihre Nichtexistenz würde unweigerlich in die viel zitierte »Falle des Thukydides« – ein nicht vermeidbarer Konflikt, sobald eine aufstrebende Macht eine etablierte herausfordert – und damit in den Krieg führen.

Auch aus diesem Grund werden militärische Konflikte zwischen Großmächten eher in Stellvertreterkriegen ausgetragen, wie es auch der Krieg in der Ukraine zumindest zum Teil ist. Solche Stellvertreterkriege finden auf begrenztem Raum statt, oft in – aus Sicht der dahinterstehenden Mächte – sicherem Abstand zum eigenen Staatsgebiet und ohne Nuklearwaffen.

Inzwischen bekämpfen sich Konkurrenten außerdem unterhalb der Schwelle bewaffneter Auseinandersetzungen, etwa im Cyberraum. Hier hat China aufgeholt und mit Blick auf Weltraumoperationen und elektronische Kriegführung zumindest Europa hinter sich gelassen. Diese Art der Kriegführung wird in Zukunft zunehmen, egal wie massiv die beteiligten Mächte militärisch aufrüsten. Zudem erinnere ich daran, dass der Aufbau von Streitkräften, egal wie hochgerüstet sie sein mögen, niemals Garant für einen Sieg ist.

Bis zum Jahre 2049, zum hundertjährigen Bestehen der Volksrepublik, will China militärisch und technologisch mit den USA gleichziehen und auch wirtschaftlich und politisch die Nummer eins in der Welt sein. In militär*strategischer* Hinsicht befindet sich China auf einem guten Weg, doch es wird noch Jahre dauern, bis eine militär*technologische* Parität mit den USA erreicht ist. Vor allem wird die Entwicklung auf amerikanischer Seite nicht stillstehen und darauf warten, dass China aufholt. Dennoch ist nicht ausgeschlossen, dass China sein Ziel erreicht.

Russisches Roulette: Regionalmacht, Juniorpartner oder Großreich?

Wenn es heißt, jemand spiele russisches Roulette, ist gemeint, dass derjenige Risiken eingeht, oft solche, die vermeidbar wären. Insofern wird in der Politik generell des Öfteren russisches Roulette gespielt, vor allem dann, wenn man gezwungen ist, die eigene Macht zu demonstrieren.

Barack Obama hat Russland auch deshalb eine Regionalmacht genannt, um innenpolitisch zu punkten und gegenüber seinen republikanischen Kritikern ein Zeichen zu setzen. Gleichzeitig ging er das kalkulierte Risiko ein, Putin mit dieser Erniedrigung herauszufordern.

Ähnliches gilt für Joe Biden, der in einem Interview Tacheles redete und befand, dass Putin ein »Killer« im Sinne eines Mörders wäre. Es war eine Warnung in Richtung Russland, dass in Zukunft wieder stärker mit Amerika zu rechnen sei, aber auch ein Seitenhieb in Richtung seines Vorgängers Donald Trump. Der hatte es in seiner Zeit als Präsident meist umgangen, ähnlich klare Aussagen über Putin zu treffen, und setzte den Begriff »Killer« ambivalent ein: sowohl als Kritik als auch als Lob, zum Beispiel für Menschen, die ihre Ziele mit großer Stärke durchsetzten und die er bewunderte. Bei Putin hätte Bidens Killer-Statement verschiedenste Reaktionen auslösen können, bis hin zu Vergeltungsmaßnahmen unter dem Motto »Jetzt erst recht« – oberflächlich blieb es jedoch bei einer simplen Retourkutsche des Kremlchefs.

Wahrscheinlich hat auch der Westen nach dem Zerfall der Sowjetunion und dem Ende des Kalten Krieges eine Art russisches Roulette gespielt. Im Freudentaumel über Glasnost, Perestroika und den Sieg über den Kommunismus hatte man womöglich angenommen, dass sich die westliche Weltordnung durchgesetzt hätte und nicht mehr hinterfragt werden würde. Happy End für alle, End of Story. Oder sehr salopp gesagt: Klappe zu, Affe tot – die Sache ist erledigt. Diese Redewendung stammt möglicherweise aus dem Zirkus. Neben den Kassenhäuschen saß früher oft ein kleines Äffchen in einer Holzkiste. Es sollte die Menschen anlocken, damals waren Affen eine der Hauptattraktionen im Zirkus. Ähnlich war es auf Jahrmärkten, wo dressierte Affen Kunststücke vorführten. Falls das Äffchen starb, blieb der Deckel der Holzkiste beim Kassenhäuschen zu und die Vorstellung fiel aus. Bei den Schaustellerbuden auf dem Jahrmarkt war es ähnlich, ihre Klappe blieb geschlossen. So weit, so unvollständig. Wussten Sie, dass »Klappe zu, Affe tot« auch der Refrain in einem Lied aus der DDR war? Es wurde anlässlich des Mauerbaus in Auftrag gegeben und spielte auf die Ahnungslosigkeit des Westens an. Eine der Strophen lautet: »Im Sommer einundsechzig, am 13. August, / da schlossen wir die Grenzen und keiner hat's gewusst. / Klappe zu, Affe tot, endlich lacht das Morgenrot. / Klappe zu, Affe tot, endlich lacht das Morgenrot.« Die DDR – ein verlängerter Arm der Sowjetunion – besingt hier die mit dem Mauerbau scheinbar endgültig besiegelte Trennung zwischen West und Ost. Endlich hat man im Osten seine Ruhe vor dem Westen und sieht einer strahlenden Zukunft entgegen.

Es mag unglücklich gewesen sein, dass der Westen nach dem Ende des Kalten Krieges fälschlich und potenziell fahrlässig erwartet hatte, die Weltordnung wäre nun endgültig geregelt und für alles, was nicht westlich wäre, gälte »Klappe zu, Affe tot«. Der Osten hat es knapp dreißig Jahre zuvor jedoch augenscheinlich genauso gesehen. Ironie der Geschichte.

Die damalige westliche Erwartungshaltung ist auf jeden Fall nachvollziehbar. Warum hätte es anders kommen sollen? Hätte der Westen ahnen können oder müssen, dass es aus seiner Sicht keinen Fortschritt, sondern einen Rückschritt geben würde, zurück zu einer autoritären Staatsform? Regeln und Werte, Demokratie, Rechtsstaat, Pluralismus und Marktwirtschaft sind nicht fehlerfrei, aber eine bessere Alternative als Autokratie und Diktatur, sicher nicht nur aus westlicher Sicht.

Während Russland Ende des 20. Jahrhunderts zur unbedeutenden Macht degradiert war und wirtschaftlich wie politisch keine wesentliche Rolle mehr spielte, China sich noch nicht als neuer Rivale abzeichnete und die Führungsrolle der USA beziehungsweise des Westens unangefochten zu sein schien, ist uns entgangen, wie Russland unter Putin wiedererstarkte und mit ihm das Streben nach Macht und Einfluss. Das heißt, entgangen ist es uns nicht. Wir haben es nur nicht entschlossen realisiert und nicht frühzeitig reagiert. Dabei ist Putin schon früh als Kriegsherr aufgetreten, der zwar Verträge mit dem Westen schloss und zur Zusammenarbeit bereit war, aber zugleich gegen Regeln verstieß und seine Ansprüche militärisch durchsetzte. Die von der ehemaligen Bundeskanzlerin Angela Merkel praktizierte und lange erfolgreiche Methode des freundlichen Umgangs und des Vorwärtskommens in kleinen Schritten stieß an ihre Grenzen, als Putin begann, internationale Spielregeln, Verträge und Absprachen zu missachten. Zwar hat sich der Westen auch nicht immer selbstlos verhalten, doch Angela Merkel hat dem Politisch-Diplomatischen stets den Vorrang eingeräumt; das ist auch jetzt der richtige Weg, um den Krieg gegen die Ukraine zu beenden. Gleichzeitig müssen wir Putin, aber auch China als das sehen, was sie sind: eine Gefahr für die Sicherheit Europas.

Aus strategischen Interessen, dem Zugang zur Schwarzmeerregion, hat Russland die Ukraine überfallen. Aber auch, um den eigenen Machtanspruch gegenüber dem Westen zu demonstrieren und ihm, mit Blick auf die einstige sowjetische Flagge, zu zeigen, wo der Hammer hängt. Die russischen Narrative und Putins Propaganda, mit denen er versucht, den Angriff zu rechtfertigen, darf oder besser: muss man guten Gewissens unbeachtet lassen. Da soll die Ukraine von Moskau vom Faschismus, vom Bösen und Antirussischen befreit werden oder der moralisch unterlegene Westen soll an seiner illegitimen Ausweitung Richtung Russland gehindert werden. Es sind Lügen, es ist »PR in eigener Sache« und die klassische Dämonisierung des in diesem Fall westlichen Feindes.

Mit dem Angriffskrieg gegen die Ukraine spielt nun auch Putin russisches Roulette: Bislang sind der Westen und die NATO an der Herausforderung, sich gegen die aggressiven Machtambitionen des Kremls zu wehren, gewachsen statt unter dem Gewicht der eigenen Uneinigkeit einzuknicken, wie es sich Moskau vielleicht erhofft hatte. Gleichzeitig sind Russland und China näher aneinandergerückt. Putin und der chinesische Staatspräsident Xi Jinping werden nicht müde, ihre »grenzenlose Freundschaft« und die »felsenfeste Beziehung« der beiden Länder zu betonen. Man feiert die Partnerschaft, unterzeichnet Abkommen und schließt Vereinbarungen.

Putin mag der Meinung sein, Russlands Rückkehr als Großmacht eindrucksvoll unter Beweis gestellt zu haben. Tatsächlich hat er die Tür zum Westen weitgehend zugestoßen, Russland grenzt sich selbst aus. Selbst wenn der Krieg in der Ukraine durch Friedensverhandlungen beendet werden kann, wird der Westen Russland in den kommenden Jahr(zehnt)en nicht vertrauen. Strategisch und wirtschaftlich muss sich Russland folglich verstärkt dem Osten zuwenden. Aus russischer Sicht mag diese Zuwendung vorteilhaft sein. China dürfte sie mit gemischten Gefühlen sehen. Auf der einen Seite steht das amerikanische Feindbild, das man mit Russland teilt. Hass schweißt zusammen, genau wie die ähnlichen autoritären politischen Strukturen. Auf der anderen Seite unterhält China wichtige Handelsbeziehungen mit Europa, und Europa ist derzeit »not amused«, weder über Pekings mangelnde Verurteilung des russischen Überfalls auf die Ukraine noch über die zur Schau getragene russisch-chinesische Freundschaft.

Auch China spielt russisches Roulette, wenn es durch eine zu offene Annäherung an Russland die westlichen Länder vor den Kopf stößt. Das Ansehen der Volksrepublik hat bereits jetzt durch die Nähe zu Moskau gelitten. Hinzu kommt, dass die Beziehungen nach Europa teils vorher schon belastet waren. Zudem sind die westlichen Länder durch den russischen Angriffskrieg praktisch zum Schulterschluss gezwungen sowie zum massiven Ausbau der europäischen Sicherheit. Europa ist gerade dabei, sich neu zu finden – und könnte sich genötigt fühlen, sich wirtschaftlich teilweise von China abzuwenden. Ein komplettes »decoupling« von China wäre jedoch nicht in unserem Interesse und wird daher nicht erfolgen.

Anders als im Kreml betrachtet man in Peking die Welt umfassend, nicht nur militärisch-strategisch. Das Neue-Seidenstraße-Projekt ist der Beweis. Warum sollte China dieses strategisch wichtige Projekt gefährden, das eigene Wachstum behindern, seine Ambitionen in Afrika und Lateinamerika untergraben? Nur um den USA zusammen mit Russland eine lange Nase zeigen zu können? Dann doch lieber bei den langfristigen Plänen bleiben und im Jahr 2049 die Weltherrschaft übernehmen. Die Handelsbeziehungen mit der westlichen Welt sind dafür essenziell. Wie gesagt: Staaten haben keine Freunde, sondern Interessen. Bei aller Nähe zu Russland wird es für China wohl Vorrang haben, seine wirtschaftlichen Interessen und das eigene Ansehen in Europa zu schützen.

Nicht zuletzt wäre es ein amerikanischer Albtraum (und müsste aus chinesischer Sicht daher auf der eigenen To-do-Liste stehen), wenn China zwischen Russland und der Ukraine vermitteln würde und es Peking gelänge, einen Waffenstillstand zu initiieren oder sogar einen Frieden auszuhandeln. Womöglich würde Europa das chinesische Engagement sogar willkommen heißen, falls die USA als Europas wichtigster Verbündeter aufgrund des 2024 laufenden Wahlkampfes nicht selbst dazu in der Lage wären. Auch Europa beziehungsweise die Europäische Union haben sich als Friedensstifter bisher nicht hervorgetan, von Deutschland ganz zu schweigen. Insofern wäre es in Chinas strategischem Interesse, die neue, gute Beziehung zu Moskau *dafür* zu nutzen. Peking könnte den USA dann heute die lange Nase zeigen, hätte gleichzeitig international an Ansehen gewonnen und mit Blick auf das 2049-Ziel seinen Einfluss zementiert. Für China wäre es ein wichtiger Sieg, für die USA ein Schreckensszenario. Und für Europa sollte bereits der Gedanke an einen »chinesischen Frieden« der Antrieb sein, zügig selbst zu handeln: Wir dürfen die Lösung einer für Deutschland und Europa so zentralen Frage nicht allein Peking überlassen – auch wenn ich, wie erwähnt, befürchte, dass Europa derzeit wenig Einfluss auf

Washington und Moskau hat, wo der Krieg schlussendlich entschieden werden könnte.

Von einer gleichberechtigten Beziehung zwischen Russland und China kann kaum die Rede sein. Für Russland ist China weitaus wichtiger als umgekehrt, es wurde schon erwähnt. Deshalb kann man davon ausgehen, dass die »grenzenlose Freundschaft« dabei ist, Schritt für Schritt in ein Abhängigkeitsverhältnis zu münden. US-Außenminister Antony Blinken hatte recht, als er Russland als Chinas »Juniorpartner« bezeichnete. Putin mag als Juniorpartner agieren, weil es derzeit seine einzige Option ist; Russland ist ökonomisch vergleichsweise zu schwach. Putin ist jedoch kein Staatschef, der ein ungleiches Kräfteverhältnis auf Dauer akzeptiert. Selbst eine Beziehung auf Augenhöhe könnte ihm schwerfallen; sein Bild vom Russland der Zukunft ist das eines mächtigen Großreichs. Einer dauerhaften Juniorpartnerschaft mit China, das im Gegensatz zur ehemaligen Sowjetunion eine aufstrebende Supermacht ist, würde sich Putin kaum unterwerfen. Es würde nicht zum russischen Selbstverständnis passen. Langfristig dürfte es zu Spannungen kommen, wenn sich das Kräfteverhältnis nicht ändert. Oder es kommt andersherum zu einer weiteren Degradierung: Russland könnte wirtschaftlich abhängig werden von China, das im Gegensatz zu Moskau versucht, sich die (Handels-)Türen in den Westen offen zu halten. Es ist unwahrscheinlich, dass Putin es zu einem solchen Abstieg Russlands kommen lässt, aber es ist nicht ausgeschlossen.

Unabhängig davon, wie die strategische Anlehnung Russlands an China konkret aussehen würde: Moskau ist in den vergangenen Jahren nicht untätig gewesen und hat unter anderem die Kooperation mit den BRICS-Staaten intensiviert, denen neben Russland und China derzeit Brasilien, Indien, Südafrika und seit Anfang 2024 Ägypten, Äthiopien, der Iran und die Vereinigten Arabischen Emirate angehören. Der Globale Süden mit den BRICS-Staaten formiert sich immer deutlicher zu einem antiwestlichen politischen, wirtschaftlichen und wahrscheinlich bald auch militärisch abgesicherten Großraum. Auch zu den laufenden Kriegshandlungen und Krisenherden nimmt er eine andere Position ein als der Westen.

Das hat auch das Gipfeltreffen der BRICS-Staaten 2023 gezeigt. Während es in der Vergangenheit um Themen wie wirtschaftliche Zusammenarbeit und Klimaschutz ging, stellte das Bündnis dieses Mal ein demonstratives Selbstbewusstsein zur Schau. Man wolle in der globalen Debatte gleichberechtigt mit der Europäischen Union und den USA am Verhandlungstisch sitzen und die Interessen des Globalen Südens gegenüber dem Westen vertreten. China wurde deutlich: »Es gibt ein Land, das seine Hegemonie aufrechterhalten will und alles getan hat, um die Schwellen- und Entwicklungsländer zu lähmen. Wer sich schnell entwickelt, wird von ihnen eingedämmt. Wer aufholt, wird behindert.«[8] Die USA wurden namentlich nicht genannt, aber es dürfte klar gewesen sein, wer gemeint war.

In dieselbe Richtung deutet auch die »Asian Infrastructure Investment Bank« mit Sitz in Peking. Sie ist das Gegenmodell zum Internationalen Währungsfonds und der Weltbank und verändert die globalen Machtverhältnisse im Finanzsystem. Zusammen mit dem ebenfalls chinesisch dominierten RCEP-Freihandelsabkommen (Regional Comprehensive Economic Partnership) will sie perspektivisch die westlichen Institutionen der liberalen Weltordnung unter Führung der USA ersetzen und die westliche Hegemonie infrage stellen.

Problematisch dürfte es für Russland werden, wenn es sich tatsächlich mit China oder mit dem gemeinsamen Gegenspieler, den USA, auseinandersetzen müsste. Seine geostrategische Lage verschlechtert sich ohnehin: Demografisch wird die russische Bevölkerung, von derzeit etwas über hundertvierzig bis 2050 auf etwas über hundertdreißig Millionen schrumpfen.[9] Allein mit Blick auf die Manpower ist es unmöglich, mit den USA mitzuhalten – und schon gar nicht mit China. Noch schlechter sieht es im wirtschaftlichen Vergleich für Russland aus.

Europa ohne strategische Bedeutung?

Russland könnte sich mit Europa anlegen, es könnte wahrscheinlich langfristig die osteuropäischen Staaten, die einst der Sowjetunion angegliedert waren oder in ihrem Einflussbereich lagen, zurück in ein russisches Großreich zwingen oder ihnen die Souveränität aberkennen wollen und sie von einer Marionettenregierung führen lassen wollen. Anstelle eines Eisernen Vorhangs würde Putin auf diese Weise eine osteuropäische Pufferzone zwischen Russland und der NATO schaffen. Abgesehen von den strategischen Interessen an der Schwarzmeerregion zielt der Angriff auf die Ukraine darauf, die Sicherheitsordnung in Europa neuzugestalten, und zwar zugunsten Russlands.

Auch China versucht, seinen wirtschaftlichen und politischen Einflussbereich nach ganz Eurasien auszudehnen, allerdings nicht mit militärischen Mitteln, sondern indem es die Handelsbeziehungen mit Europa intensiviert. Die europäischen Länder könnten in eine Abhängigkeit geraten. Es wäre keine gute Entwicklung, wenn das von dem ehemaligen deutschen Außenminister Joschka Fischer mehrfach als »reich, alt und schwach« bezeichnete Europa[10] langfristig zum westeurasischen Appendix Chinas verkäme. Mit Blick auf die Neue Seidenstraße ist absehbar, dass China in geoökonomischer Hinsicht eines Tages Nachbar der Europäischen Union werden könnte. In dieser Konstellation könnte sich die Europäische Union – so wie auch Russland – in eine zentrale geopolitische Lage zwischen die USA und China manövrieren beziehungsweise unfreiwillig dort landen.

Besteht also die Gefahr, dass Deutschland und Europa gezwungen sein werden, sich Richtung Osten beziehungsweise Asien zu orientieren? Die USA werden das auf absehbare Zeit verhindern. Allerdings nicht, weil Europa weiterhin die zentrale geostrategische Bedeutung für die USA hat, die es einst hatte – der indo-pazifische Raum hat diesen Staffelstab übernommen. Sondern weil die Vereinigten Staaten das traditionell zum Westen gehörende Europa aus machtpolitischen Gründen nicht an ihre Rivalen China und Russland fallen lassen können. Es wäre ein Schreckensszenario für die USA, wenn sich Europa und China annäherten. Diejenige Macht, die sich anschickt, in Eurasien zur Vormacht aufzusteigen, ist der natürliche Feind der USA, so hat es Henry Kissinger, ehemaliger Außenminister der USA, einmal zusammengefasst. Während des Kalten Krieges war es bis 1990 die Sowjetunion. Heute ist es China mit seinen eurasischen Ambitionen. Eine eurasische Achse Berlin – Moskau – Peking mag daher theoretisch eine Möglichkeit für die Neuordnung in Europa sein, aber sie wird genau das bleiben: theoretisch. Das dürfte auch im deutschen und europäischen Interesse sein.

Die USA, die Europäische Union und Deutschland betonen regelmäßig ihre transatlantische Freund- und Partnerschaft. Doch das scheint mehr aus einem gelernten Reflex auf Basis der gemeinsamen Vergangenheit zu geschehen als aus tiefster Überzeugung, zumindest auf amerikanischer Seite. Dieses transatlantische Bekenntnis ist vielmehr eine unmissverständliche Botschaft an Peking und, seit dem russischen Angriff auf die Ukraine, wieder verstärkt an Moskau. Lasst in Ruhe, was uns gehört, geben die Amerikaner zu verstehen. Das sollte auch Deutschland und Europa zu denken geben. Sicherlich, vielen Deutschen und Europäern wird es ähnlich gehen wie mir: Wir fühlen uns in einer westlich-transatlantischen Welt, in der die USA die Führungsrolle innehaben, wohler als unter russischer oder chinesischer Herrschaft. Deshalb ist die Achse Berlin – Moskau – Peking nicht denkbar. Was jedoch nicht heißen muss, dass es Deutschland und Europa im Umkehrschluss als einzige Wahl bleibt, sich willenlos den Vereinigten Staaten unterzuordnen in der Erwartung, dass die Amerikaner die Weltpolitik für sie regeln.

Die Europäische Union und insbesondere Deutschland sind in dieser weltumspannenden Konfrontation zu einer Art logistischer Drehscheibe für die USA geworden. Rein machtpolitisch betrachtet sind Deutschland und die Europäische Union weniger echte, ebenbürtige Partner, sondern eher Vasallen – im Sinne von Gehilfen – der USA mit Kommissionspräsidentin Ursula von der Leyen als EU- und Generalsekretär Jens Stoltenberg als NATO-Statthalter. Der Begriff »Vasall« stammt von dem lateinischen Wort *vassus*, was »Knecht« bedeutet. Ein Vasall ist (historisch meist) ein Mann, der sich im Mittelalter als Gefolgsmann in den Dienst eines mächtigen Herrn begab. Es war ein beidseitiges Treueverhältnis: Der Vasall verpflichtete sich zu Diensten, oft militärischer Art, für seinen Herrn und erhielt im Gegenzug Privilegien und Schutz von diesem. Das klingt im Prinzip nicht unvernünftig. Dass im *Duden* als zweite mögliche Bedeutung für Vasall der in diesem Fall abwertend gemeinte Begriff »Lakai« steht, verleiht dem Ganzen allerdings eine leicht bittere, jedoch nicht vollkommen unzutreffende Note.

Es lässt sich nicht leugnen: Deutschland und Europa sind in keiner Weise in der Lage, in der geopolitischen Gemengelage militärstrategisch mitzuspielen. Es fehlen die nuklearangetriebenen U-Boote, die strategischen Transportkapazitäten, die Flugzeugträger, global verlegbare Streitkräfte und Kräfte für offensive Luft- und Seeoperationen, ganz abgesehen von der nicht ausreichenden innereuropäischen militärischen Kooperation. Vor allem fehlt jedoch der gemeinsame politische Wille, daran etwas zu ändern.

Dass EU-Europa in sicherheitspolitischer und militärischer Hinsicht noch nie so abhängig von den USA war wie heute, haben zum Beispiel der Abzug aus Afghanistan und die Evakuierungsoperation aus Kabul deutlich gemacht. Gleichzeitig erscheint es gerade jetzt notwendig, sich von den USA zu emanzipieren, schon deshalb, weil Donald Trump, falls er im November 2024 erneut zum amerikanischen Präsidenten gewählt werden sollte, seinen Ankündigungen Taten folgen lassen könnte: Er könnte den Krieg gegen die Ukraine, aber auch die NATO europäisieren und Amerikas Engagement bei beidem zurückfahren. Sollte es dazu kommen, stünden Europa und insbesondere Deutschland militärisch blank da. Zu einer vollständigen strategischen Unabhängigkeit, mit der sich Europa womöglich von den USA lösen könnte, würden die Amerikaner es jedoch nicht kommen lassen; es wäre auch nicht im deutschen und europäischen Interesse. Die Gründe habe ich bereits erläutert. Zudem ist Europa derzeit kaum in der Lage, eine solche fundamentale Eigenständigkeit zu realisieren und zu stemmen.

Insofern ist Europa *nicht* ohne strategische Bedeutung. Es handelt sich lediglich nicht länger um die klare Bedeutung, die unser Kontinent während des Kalten Krieges innehatte. Stattdessen ist eine Mischung aus machtpolitischer, geostrategischer und wirtschaftlicher Bedeutung entstanden. Es geht nicht länger um die Frage, wo die Amerikaner Truppen und Waffensysteme in Europa platzieren, um den Ostblock abzuschrecken. Sondern darum, politisch Einfluss zu nehmen, ökonomische Abhängigkeiten zu schaffen und Macht zu demonstrieren. Darüber hinaus brauchen die USA Europa weiterhin als verbündete Gegenküste auf der anderen Seite des Atlantiks, so wie sie (derzeit allerdings wichtigere) Verbündete im Indo-Pazifik haben.

Es sind zudem nicht mehr nur die USA an Europa interessiert, sondern auch China und, mit Blick auf Osteuropa, auch Russland. Während sich das Säbelrasseln, das einst mitten in Deutschland stattfand, in den indo-pazifischen Raum verlegt hat, ringen die drei Großmächte heute um andere europäische Qualitäten: um Wirtschaftskraft, die Grenzen gen Osten und die Funktion als Bollwerk, das China von einem globalen ökonomischen Durchmarsch abhält.

Europa muss sich für sich entscheiden

Entscheidungsfreude ist keine Stärke Europas beziehungsweise der Europäischen Union. Zu kompliziert ist die Gemengelage zwischen den EU-Mitgliedern, zu unterschiedlich sind ihre nationalen Interessen, zu langwierig die Prozesse. Ein Beispiel: Mit Ausnahme von Österreich, Zypern, Irland und Malta sind alle Mitgliedsstaaten der Europäischen Union auch Mitglieder der NATO, jedoch aus unterschiedlichen Gründen. Die osteuropäischen Partner wie die baltischen Staaten und Polen, sicherlich auch Schweden und Finnland, suchen vor allem den Schutz, weniger der europäischen Verbündeten als vielmehr der USA. Andere Partner wie Frankreich, Deutschland, Italien und Spanien wollen ein Mehr an strategischer Autonomie für Europa, haben aber kaum die militärisch-strategischen Mittel dazu und können daher auch andere Länder (noch) nicht überzeugen und dazu bewegen, mitzuziehen. Abgesehen davon müsste man sich zunächst wohl selbst überzeugen – ein wirklich ernsthafter Wille zur Umsetzung lässt sich derzeit nicht erkennen.

Ausnahmen bestätigen die Regel: Nachdem Russland die Ukraine überfallen hat, hat die Europäische Union, genauso wie die NATO, überzeugende Handlungsfähigkeit und Tatkraft bewiesen: Die EU war daran beteiligt, die Sanktionen gegen Russland zu koordinieren, die sie im Übrigen selbst heftig treffen. Sie hat sich eindeutig an die Seite der Ukraine gestellt, zum Beispiel in Reden, mit Deklarationen und auch durch die Besuche der EU-Kommissionspräsidentin Ursula von der Leyen in Kiew. Die EU hat außerdem bei den Waffen- und Munitionslieferungen geholfen. Deren Koordinierung lag allerdings bei der NATO, während die zentrale politische Zusammenarbeit von Washington aus koordiniert wurde – und das nicht im Zusammenspiel mit der EU in Brüssel, sondern auf nationaler Ebene im direkten Kontakt mit vor allem Paris, Berlin, London und Warschau. Die Europäische Union ist also noch weit davon entfernt, ein sicherheitspolitischer und strategischer Akteur zu sein; doch sie kann offensichtlich schnelle Entscheidungen treffen und geeint handeln, wenn es darauf ankommt.

Im europäischen Alltag fehlt diese Fähigkeit oft. Sicher trägt auch die unterschiedliche kulturelle Verfasstheit der europäischen Nationen dazu bei, dass es in Europa nicht immer so vorwärtsgeht, wie es wünschenswert wäre. Die Deutschen, so heißt es, sind genau, strukturiert und ordnungsliebend – wie sollen Entscheidungen unter diesen Umständen schnell getroffen werden? Zumindest werden sie unter Berücksichtigung aller Eventualitäten getroffen. Deutsche sind, auch politisch und trotz des ihnen nachgesagten polternden Auftretens, eher abwartend und abwägend, vorsichtig und waren seit 1945 in weiten Teilen von einem strukturellen Pazifismus geprägt. Genauso haben andere Länder ihre Eigenarten und nichts davon ist falsch. Es ist nur bisweilen hinderlich.

Ausnahmsweise könnte ihre mangelnde Entscheidungskraft der Europäischen Union jedoch zugutekommen. Es könnte sinnvoll sein, sich der Grundsatzentscheidung zwischen den USA und China, die die Europäer vermeintlich treffen müssen, zu entziehen: Europa hat keinen Vorteil davon, sich zwischen den USA und China zu entscheiden. Zumindest nicht, solange es um Wirtschaft und Technologien geht. Im sicherheitspolitischen Bereich sieht es anders aus, darauf komme ich noch zurück. Aber die Logik, dass es bei sämtlichen Themen nur ein Entweder-oder gibt, beruht nicht auf einer rationalen Analyse der europäischen Interessen, sondern auf der bisherigen Weltordnung: West gegen Ost, USA gegen China, Supermacht gegen Supermacht. Hier waren eine klare Positionierung und die Entscheidung »für den einen und gegen den anderen« ein Muss. Das müssen sie heute, in diesem neuen Zusammenhang, nicht mehr sein.

Das ist keine Aufforderung, die Vereinigten Staaten vor den Kopf zu stoßen. Wir teilen Werte und Lebensweise, deshalb ist es richtig und wichtig, dass Europa und die USA eng verbunden bleiben. Auch sicherheitspolitisch wird es im Interesse der Europäer sein, die transatlantische Partnerschaft mit den USA beizubehalten und weiterzuentwickeln.

Zum einen gäbe es für Europa derzeit keine realistische Alternative, selbst wenn die EU-Mitglieder heute damit begännen, eine eigene Sicherheit und Verteidigung aufzubauen. Angenommen die

USA würden sich aus der NATO zurückziehen oder ihr Engagement herunterschrauben: Es würde Jahre, wenn nicht ein Jahrzehnt brauchen, um die amerikanische Verteidigungslücke auf europäischer Seite militärisch zu schließen. Das weiß auch Moskau. Für Russland ergäbe sich dadurch ein strategisches Fenster, seinen Einfluss in Europa auszubauen, potenziell auch mit militärischen Mitteln. Im Moment braucht Europa die USA also weiterhin für seine Sicherheit. Allerdings werden die USA nicht länger bereit sein, für Europa »die Kohlen aus dem Feuer zu holen«. Die Vereinigten Staaten sind im Indo-Pazifik gebunden und werden erwarten, dass die Europäer alle Sicherheitsinteressen, die ausschließlich Europa betreffen, selbst handhaben. Das hieße zum Beispiel, den Nahen Osten und die nordafrikanische Küstenlinie zu stabilisieren. Die Region ist von essenziellem Interesse für die Sicherheit in Europa und deshalb eine genuin europäische Aufgabe.

Zum anderen wird es selbst dann, wenn Europa eines Tages sicherheitspolitisch auf eigenen Füßen steht, notwendig sein, Synergien zu schaffen und westliche Allianzen zu pflegen, insbesondere mit den Amerikanern. Die USA werden auch in absehbarer Zukunft die dominierende Großmacht im Westen sein.

Es ist also in Europas Interesse, den USA verbunden zu bleiben. Genauso ist es in Europas Interesse, sich wirtschaftlich nicht komplett von China zu entkoppeln. Möchten wir als brave, nibelungentreue Transatlantiker tatsächlich auf den chinesischen Markt verzichten, auf dem wir unseren Wohlstand erwirtschaften lassen? Es ist wichtig und im europäischen Interesse, eine ausgewogene Balance in unseren Beziehungen zu den USA *und* zu China zu finden.

Natürlich darf es nicht sein, dass wir uns in eine Abhängigkeit von China manövrieren. Aber das derzeitige einseitige Verständnis von Transatlantismus (die USA entscheiden, Europa folgt) kann ebenso wenig die Lösung für ein Europa sein, das sich als eigenständiger Akteur aufstellen will. Insofern ist es richtig, dass Deutschland und andere europäische Staaten nicht frag- und willenlos dem amerikanischen »strategic decoupling« von China folgen. Im Zuge einer solchen Entkopplung wird Unternehmen aus anderen Ländern, in diesem Fall aus China, der Zugang zum heimischen Markt, in diesem Fall dem amerikanischen, erschwert oder versperrt. Die Gegenseite reagiert mit entsprechenden Vergeltungsmaßnahmen. Es geht um den Erlass von Regeln und Bestimmungen, um Einfuhr-, Ausfuhr- und Nutzungsverbote oder es kann zum Handelsstreit mit Zöllen und Sanktionen kommen. Ein vormals intensiver Wirtschaftsaustausch wird erschwert oder vollständig abgebrochen.

Mit Blick auf China ist jedoch ebenfalls Vorsicht geboten: Auch Peking betreibt eine Entkopplung, verfolgt dabei aber eine Doppelstrategie: Das, was China aus dem Ausland benötigt, wird ins Land gelassen, zum Beispiel ausländisches Know-how. Kooperationen werden angestoßen und der chinesische Markt geöffnet. In Bereichen, die für die strategische Entwicklung Chinas wichtig sind, schottet man den eigenen Markt hingegen ab. Ausländische Unternehmen haben keine Chance. Stattdessen baut China seine Staatsunternehmen auf und macht sie zu Weltmarktführern.

Überhaupt sind Handelsbeziehungen mit China nicht konfliktfrei. Viele chinesischen Handelspraktiken sind unfair, es herrscht ein Ungleichgewicht zu Ungunsten Europas. Dessen muss man sich bewusst sein. Darüber hinaus spielen sicherheitspolitische Aspekte eine immer zentralere Rolle für jedwede Handelspolitik mit China – die Politik des offenen Handels ist vorbei.

In diesem Spannungsfeld zwischen den USA auf der einen und China auf der anderen Seite müssen Deutschland und Europa eine strategisch sinnvolle politische Lösung finden. Diese muss einerseits berücksichtigen, dass wir Sicherheit und Schutz von den USA brauchen und von den Handelsbeziehungen mit Amerika profitieren. Sie muss andererseits auch einkalkulieren, dass China der wichtigste Handelspartner für Deutschland und die Europäische Union ist. Beides kann in die gesuchte Lösung einfließen, solange diese Strategie nicht als Affront gegenüber den USA missverstanden werden kann oder uns von China abhängig macht. Stattdessen muss deutlich werden, dass es Deutschland und Europa um die Souveränität als strategischer Akteur geht.

Die Weiterentwicklung einer China-Strategie steht seit Jahren auf der Agenda der Europäischen Union. Jetzt muss sich Europa für sich entscheiden: Es ist an der Zeit, die Tatkraft zu nutzen, die Europa im Engagement für die Ukraine wiedergefunden hat.

Europäische Selbstbehauptung

Europa muss sich bewusst machen, welche strategische Bedeutung es für welche Großmacht hat. Dieses Wissen ist die Voraussetzung, um handeln zu können – im eigenen Interesse und ohne notwendigerweise westliche Allianzen zu beschädigen.

Europa muss sich außerdem davon frei machen, den USA in allen Entscheidungen Folge leisten zu müssen. Es muss sich die Freiheit nehmen, geopolitisch eigene Entscheidungen zu treffen, selbst wenn eine vollständige strategische Unabhängigkeit von den USA in absehbarer Zukunft weder möglich noch sinnvoll sein wird. Das wirtschaftliche und politische Gewicht für mehr europäische Eigenständigkeit ist vorhanden. Doch es fehlt die klare strategische Ausrichtung; es fehlt das europäische Bekenntnis zu Europa.

Mit dem Begriff »Europa« meine ich nicht zwingend alle Staaten, die geografisch zu Europa gehören, und auch nicht exklusiv die Europäische Union. Die Idee eines sicherheitspolitisch und strategisch gemeinsam agierenden Europas schlösse im Idealfall zwar alle oder zumindest möglichst viele europäische Staaten ein. Aber es müssen nicht alle sein, kein Land darf gezwungen werden, das würde die Idee ad absurdum führen. Mit der Europäischen Union gibt es bereits eine erprobte, wenn auch durch bürokratische und realpolitische Fesseln teilweise gehemmte Institution, die einen

Großteil der europäischen Staaten repräsentiert. Insofern ist die EU prädestiniert, hier eine einende Funktion zu übernehmen. Deshalb beziehe ich mich viel auf die EU, ohne dass sie zwangsläufig die einzige richtige Lösung sein muss. Genauso gibt es NATO-Europa, dessen Mitglieder größtenteils, aber nicht vollständig deckungsgleich mit der EU sind. Was ich damit sagen will: Ich nutze den Begriff »Europa« bewusst mit einer gewissen Offenheit; es sind schlussendlich die europäischen Staaten selbst, die bestimmen müssen, in welcher Formation sich welche Länder zusammenschließen wollen. Die Europäische Union erscheint mir jedoch grundsätzlich ein guter Ausgangspunkt und eine geeignete Basis für eine strategische und sicherheitspolitische europäische Zusammenarbeit.

Um auf das europäische Bekenntnis zurückzukommen: Sicherheitspolitisch ist der Spielraum zugegebenermaßen gering, ohne die USA geht es wie gesagt nicht. Dabei sind die Voraussetzungen in Deutschland und Europa nicht so schlecht, wie man meinen könnte.

Zum einen hat der russische Angriff gegen die Ukraine europaweit zu einem Umdenken geführt. Für Deutschland hat Bundeskanzler Olaf Scholz am 27. Februar 2022 eine Zeitenwende verkündet. Im Kern geht es darum, dass Deutschland seine Sicherheit nicht weiter aus den USA importiert, sondern selbst dafür sorgen muss. Was durchaus im amerikanischen Sinne ist. Es wird zwar Jahre dauern, bis die Bundeswehr wieder zur Landes- und Bündnisverteidigung in der Lage ist, aber das darf Deutschland nicht davon abhalten, das Problem in Angriff zu nehmen. Angriffen feindlicher Art wären wir ansonsten hilflos ausgesetzt. Mit hundert Milliarden Euro Sondervermögen, das der Kanzler für die Modernisierung der Truppe bereitgestellt hat, ist ein Schritt in die richtige Richtung gemacht. Dieser »Schritt« ist zunächst allerdings ein Tropfen auf den heißen Stein. Darauf komme ich noch zurück.

Im Rahmen der Zeitenwende forderte Scholz auch, dass Deutschland auf die jahrzehntelange, auch in den Krisen des Kalten Krieges zuverlässige Energie- und Technologiepartnerschaft mit Russland verzichten müsse (was zwar umgesetzt wurde, durch den Kauf von russischem Gas und Öl via Indien jedoch teilweise unterlaufen wird). In der Konsequenz müsste Deutschland zu weniger Wohlstandswachstum bereit sein. Anders gesagt: Es müsste seine Wohlstandsmaximierung abbauen, die bislang auch mithilfe des chinesischen Markts möglich ist. Objektiv betrachtet ist das kein guter »Deal« für Deutschland. Aus amerikanischer Sicht wäre er jedoch nachvollziehbar: Die USA gaben und geben Milliarden in Form von NATO-Beiträgen und Ukrainehilfen aus, um Deutschland und Europa zu schützen – nur damit wir unseren Wohlstand in Zusammenarbeit mit denjenigen Mächten mehren, die die Weltordnung herausfordern und die Führungsrolle der USA infrage stellen. Wie schon dargelegt, bräuchte es eine ausgewogene Strategie im Umgang mit China, die deutsche und europäische Interessen berücksichtigt, ohne die amerikanischen aus den Augen zu verlieren. China ist Partner, Wettbewerber und Rivale – eine deutsche und europäische Strategie muss all dem Rechnung tragen.

Zurück zur Sicherheitspolitik: Der Krieg gegen die Ukraine hat zum einen deutlich gemacht, dass Deutschland und Europa in Sachen Sicherheit in die Gänge kommen müssen. Zum anderen verfügen die Mitglieder der Europäischen Union theoretisch über beträchtliche Mittel: Alle EU-Staaten zusammen kommen auf ein stattliches Verteidigungsbudget, das an das chinesische heranreicht und nominal etwa dem Dreifachen des russischen Budgets entspricht. Allerdings wird viel davon verschwendet, weil Synergien zwischen den Staaten fehlen und, salopp gesagt, alle ihr eigenes Süppchen kochen. Mit einer einheitlichen Ausrüstung, kompatiblen Waffensystemen, einer gemeinsamen Logistik und abgestimmten Rüstungskooperation ließe sich das ändern.

So gut das europäische Budget im Vergleich mit Russland und China aussieht, so sehr hinkt es dem amerikanischen hinterher: Zusammen kommen die EU-Länder auf knapp ein Drittel des US-

Verteidigungsetats. Die tatsächliche operative Effizienz liegt noch einmal deutlich darunter, bei rund zwanzig bis dreißig Prozent im Vergleich zur amerikanischen. Auch das hängt unter anderem damit zusammen, dass die europäischen Armeen nicht »einfach« zusammenarbeiten können und die erwähnten Synergien fehlen. Spätestens hier wird deutlich, dass europäische Sicherheit zwar das Potenzial hat, auf eigenen Füßen zu stehen, aber noch weit davon entfernt ist und derzeit erst in Zusammenarbeit mit den USA überzeugend wirkt. Immer vorausgesetzt, dass es den Ländern der Europäischen Union gelingt, ihre Armeen einsatzfähig zu halten, zu modernisieren und im besten Fall aufeinander abzustimmen und im Verbund einsatzfähig zu machen.

Sicherheit ist nicht nur eine Frage von Armeen und ihrer Ausrüstung sowie davon, wie man im strategischen Lufttransport aufgestellt ist. Es geht auch um Digitalisierung, um die militärische Nutzung des Weltraums, um Kommunikation und Aufklärung. Für die Länder der Europäischen Union dürfte es so gut wie unmöglich sein, in diesem Wettbewerb zu den USA aufzuschließen oder alleine mit China konkurrieren zu wollen, während die technologische Entwicklung auf allen Seiten weitergeht. Insofern wäre es auch hier, wie bereits erwähnt, sinnvoll, partnerschaftlich mit den USA zusammenzuarbeiten. Eine Partnerschaft setzt ein Geben und Nehmen voraus: Die Europäische Union dürfte nicht mit leeren Händen vor die Amerikaner treten.

Insofern ist die strategische und sicherheitspolitische Selbstbehauptung Europas möglich und nötig. Hinzu kommt, dass sich die USA, wie dargelegt, in Maßen aus Europa zurückziehen. Ein strategisch und sicherheitspolitisch stark aufgestelltes Europa, das sich als ernst zu nehmender, attraktiver Partner anbietet, könnte daran etwas ändern – zumindest was das schwindende Engagement der Amerikaner in der NATO angeht.

Fazit

Drei Supermächte sind dabei, die Weltordnung neu zu gestalten: China, weil es als aufstrebende Macht versucht, seinen Einflussbereich auszudehnen. Die USA, weil sie sich von China in ihrer Rolle als herrschende Führungsmacht bedroht sehen und gleichzeitig Putin in Schach halten müssen. Russland, weil es seinen Status als Großmacht wiederherstellen will und dafür nicht zuletzt den Zugang zur Schwarzmeerregion braucht und sich zudem, so das russische Narrativ, durch die Ost-Erweiterung der NATO bedroht fühlt.

Dazwischen droht Europa, aufgerieben zu werden: Jede der drei Supermächte hat aus eigenen Gründen Interesse an Europa. Alle wollen Einfluss nehmen, entweder politisch, ökonomisch oder militärisch. Die Spielregeln, die bis zum Ende des Kalten Krieges eindeutig waren und Europa eine klare Funktion und Position in der Weltordnung sicherten, gelten nicht mehr.[11]

Während also die USA, China und Russland das globale Machtgefüge neu formen, muss Europa seinen Platz darin finden. Mehr noch: Es muss die Chance nutzen, sich als souveräner Akteur im geopolitischen Spiel aufzustellen. Dafür braucht es eine klare strategische Ausrichtung auf Basis der europäischen Interessen. Das, was für Europa heute und in Zukunft wichtig ist, muss sich in der europäischen Politik widerspiegeln – auch in der Haltung den drei Großmächten gegenüber.

Abhängigkeiten gibt es bereits heute viele: Europa ist ohne den Schutz der USA militärisch nicht sicher und nicht verteidigungsfähig. Während Russland in militärischer Hinsicht eine Bedrohung für die Sicherheit in Europa ist, ist es China vor allem in ökonomischer. Europa läuft Gefahr, durch den Handel mit China wirtschaftlich eng an die Volksrepublik angebunden zu werden – mit möglicherweise politischen Konsequenzen. Wer Angst davor hat, dass Putins Panzer durch Europa rollen, dem muss es auch Sorge bereiten, wie und in welchen Mengen chinesische Waren und Technologien nach Europa kommen (und was umgekehrt an europäischem Wissen und Entwicklungen nicht immer freiwillig nach China gelangt). China gewinnt dadurch Einfluss auf Europa und wird diesen für sich nutzen. Gleichzeitig könnten sich die USA aufgrund eigener, veränderter strategischer Interessen von Europa abwenden und dessen wirtschaftliche Nähe zu China kritisch sehen, ohne Europa allerdings komplett aufzugeben. Ein »strategic decoupling« vom chinesischen Markt, wie es die USA von Europa erwarten, ist jedoch keine Lösung, die für Europa Sinn macht.

Handelspolitik mit China ist insofern Sicherheitspolitik für Europa: Sie kann europäische Technologien, Know-how und den Cyberraum schützen; sie kann wirtschaftliche Abhängigkeiten und politische Einflussnahme zu einem gewissen Grad verhindern; sie kann dafür sorgen, dass das Verhältnis zu den USA als wichtigstem europäischem Verbündeten trotz »non-decoupling« stabil bleibt; und sie kann den Wohlstand in Europa sichern. Handel mit China bedeutet Wohlstand für Europa und dieser sorgt wiederum für einen funktionierenden Staat. Nur ein funktionierender Staat kann (neben vielen anderen wesentlichen Bereichen) eine zuverlässige Verteidigung aufbauen und seinen Bürgerinnen und Bürgern Sicherheit garantieren. Das ist eine bewusst vereinfachte, auf die wesentlichen Punkte reduzierte Darstellung des Zusammenspiels von Handel- und Sicherheitspolitik. Natürlich geht das Thema weit darüber hinaus.

Es braucht eine ausgewogene europäische Strategie, um eine solche China-Politik umzusetzen und Abhängigkeiten zu vermeiden oder sie, im Falle der Allianz mit den USA, in eine echte sicherheitspolitische Partnerschaft zu verwandeln.

Die Voraussetzungen sind grundsätzlich nicht schlecht, wie ein Blick auf das Verteidigungsbudget aller Staaten in der Europäischen Union zeigt. Auch politisch und wirtschaftlich haben die EU-Länder gemeinsam ein Gewicht, das sich im internationalen Machtgefüge bemerkbar(er) machen könnte.

Ein Problem ist, dass die Europäische Union nicht eine einzelne, souveräne Macht ist, sondern aus derzeit siebenundzwanzig Mitgliedsstaaten besteht. Diese haben Interessen, die die Mitglieder vereinen, genauso wie solche, die sie voneinander trennen. Das wirkt sich auf die Entscheidungsfreude und -fähigkeit der EU aus und unterscheidet Europa von den USA, China und Russland.

Es mag erklären, warum Europa nicht längst strategisch und sicherheitspolitisch ernst zu nehmend aufgestellt ist. Aber es ist keine Entschuldigung. Europa muss anfangen, sicherheitspolitische Themen, die uns unmittelbar betreffen, eigenständig zu handhaben, und die können auch fern der europäischen Grenzen liegen: im Südchinesischen Meer (wichtig für den Handel mit China, aber auch für unsere Allianz mit den USA), im Nahen Osten und an der nordafrikanischen Küstenlinie (Migration nach Europa). So, wie auch der Krieg gegen die Ukraine ein europäisches und deutsches Problem ist.

Es ist keine Aufforderung, militärisch im Indo-Pazifik aufzumarschieren, wozu Europa ohnedies nicht in der Lage wäre (zumindest eine europäische Beteiligung beim Schutz der Handelswege werden die USA jedoch möglicherweise erwarten). Es ist auch nicht der laut ausgesprochene Wunsch, Soldaten in die Ukraine zu entsenden. Es ist allerdings die Forderung, die Europäische Union endlich in den viel versprochenen »Global Player« zu verwandeln, der seine Interessen selbstbewusst vertritt und sicherheitspolitische Herausforderungen souverän in Angriff nimmt, statt anderen die Lösung zu überlassen – eine Lösung, die schlussendlich nicht immer im Sinne Europas sein wird.

Das Zeug dazu hat Europa.

Europa hat überdies noch etwas anderes, nämlich die Voraussetzungen, den befürchteten Ausbruch eines (Welt-)Krieges im Südchinesischen Meer zu verhindern. Der Westen befindet sich dort in einer überlegenen Position: Militärstrategisch ist China im Indo-Pazifik in einer ungünstigen Situation gefangen. Das Land befindet sich im Konflikt mit etlichen seiner vielen Nachbarn, die zu einem großen Teil mit den USA verbündet sind. Die Amerikaner sind als Hauptgegner zwar involviert, aber im Gegensatz zu China nicht vor der eigenen Haustür, sprich: nicht vor der eigenen Küste, sondern vor der gegnerischen. In der Summe ist der Westen einschließlich Europa gegenüber China im Vorteil. So bedrohlich, wie die militärische Situation im Indo-Pazifik scheint, ist sie daher womöglich nicht tatsächlich, selbst wenn sich die Konfrontation zwischen China und den USA mit seinen Verbündeten weiter zuspitzen sollte. Der Westen kann und muss seine Überlegenheit nutzen, um vernünftig, klug und besonnen zu handeln und politische Lösungen zu finden, mit denen sich ein Krieg vermeiden lässt. Auch das gehört zur sicherheitspolitischen Verantwortung eines starken Europas.

Kapitel 5

Lebensversicherung, Kriegsrisiko oder Overstretch

Wie wichtig ist die NATO für Europa?

Am 4. April 2024 ist die NATO fünfundsiebzig Jahre alt geworden. Gegründet wurde sie nach dem Zweiten Weltkrieg, »[to] keep the Soviet Union out, the Americans in, and the Germans down«. So hatte es Hastings Ismay formuliert, der später und zunächst widerstrebend der erste Generalsekretär der NATO und im weiteren Verlauf seiner Karriere einer ihrer größten Verfechter werden würde.[1] Es heißt, Ismay habe sich vor einer NATO-Tagung, an der erstmals Vertreter der Bundesrepublik Deutschland teilnahmen, grippekrank gemeldet, weil er 1945 versprochen habe, sich nie mit Deutschen an einen Tisch zu setzen.

Das Hitler-Deutschland des Zweiten Weltkrieges gibt es nicht mehr; davon ging in den letzten Jahrzehnten kein Risiko mehr aus. Wenn die Deutschen trotzdem noch eine Bedrohung für die NATO gewesen sein sollten, dann weil sie trotz der Teilnahme an militärischen Auslandseinsätzen des Westens auf dem Balkan, in Afghanistan oder in Mali mehrheitlich Strukturpazifisten sind. An den Einsatz militärischer Macht als Instrument von Außenpolitik geht Deutschland grundsätzlich sehr vorsichtig heran. Ein kriegsunwilliges und kriegsuntaugliches Volk also, in den eigenen Augen und in denen der ganzen Welt? Ich würde eher sagen: eine Nation, die sehr wertegeleitet ist.

Mit Blick auf die künftige Verteidigungsplanungen von Europa-Mitte ist diese spezielle Mentalität des deutschen Strukturpazifismus nicht mehr so kritisch wie im Kalten Krieg, in dem Deutschland Frontstaat war. Damals mag die deutsche Mentalität eine Grundhaltung gewesen sein, die die übrigen Bündnispartner möglicherweise beunruhigen konnte. In der Landes- und Bündnisverteidigung der Zukunft ist Deutschland jedoch kein Frontstaat mehr, sondern vorrangig eine Art unterstützender, logistischer Drehscheibe für alliierte Truppenaufmärsche in Richtung gefährdeter Frontabschnitte des ostwärtigen NATO-Vertragsgebietes. Davon abgesehen, dass Deutschland geeignete Kampfverbände stellen wird, wie die deutsche Brigade, die in Litauen stationiert werden soll, geht es bei dem »Operationsplan Deutschland« prioritär eher darum, den möglichen Kriegseinsatz von NATO-Truppen an gefährdeten Frontabschnitten zu ermöglichen, als selbst in den Krieg zu ziehen.

Dennoch wird Deutschland nicht darum herumkommen, selbst einsatz- und kriegsfähig zu sein. Tatsächlich rüstet Deutschland seit dem russischen Überfall auf die Ukraine auf und hat mit der überfälligen Modernisierung der Bundeswehr begonnen.

»To keep the Germans down« hat sich insofern vorerst erledigt. Die beiden übrigen Bestandteile des von Ismay formulierten Gründungsmythos der NATO sind hingegen wieder aktuell – bloß, dass an die Stelle der Sowjetunion ihr Nachfolger Russland getreten ist. Durch den russischen Überfall auf die Ukraine konnte die NATO ihren ureigenen Lebenszweck im Sinne ihres ersten Generalsekretärs unter Beweis stellen: Sie hält Russland draußen. Sie hat überzeugend reagiert und agiert; ihre strategische Lage hat sich verbessert: Die NATO wirkt (wieder) abschreckend. Sie hat ihr Image aufpolieren und zeigen können, wie wichtig sie für die westliche Welt und insbesondere für Europa ist. Es verwundert wenig, dass Schweden und Finnland als Reaktion auf den russischen Angriff postwendend die NATO-Mitgliedschaft beantragten. Putin hat Europa in Unsicherheit gestürzt, der NATO dadurch aber die Gelegenheit gegeben, sich als sicherer Hafen zu beweisen.

Auch die USA haben profitiert. Sie haben in der NATO eine Führungsrolle inne und konnten sie jetzt ausspielen: Amerika hat – in und mit der NATO – gezeigt, was es kann. Das hat die USA als die unangefochtene Führungsmacht in der westlichen Welt bestätigt. Oder in Ismays Worten: »to keep the Americans in«. Gleichzeitig ist nach über zwei Jahren Krieg gegen die Ukraine, nach finanziellen Streitigkeiten mit europäischen Mitgliedern und einer generellen Änderung in der amerikanischen Außen- und Sicherheitspolitik erkennbar, dass die USA im NATO-Bündnis nicht länger führen wollen oder zumindest ihr Engagement reduzieren werden.

Da wäre zum einen Donald Trump, der schon vor seiner ersten Amtseinführung Mitte Januar 2017 öffentlich erklärte, die NATO sei hinfällig, weil sich die europäischen Mitgliedsstaaten zu wenig um ihre Verteidigungsfähigkeit kümmern würden. Im laufenden Wahlkampf um die US-Präsidentschaft hat er diesen Vorwurf wiederholt und ging sogar noch darüber hinaus: Trump betonte, dass die USA im Verteidigungsfall nur den Ländern beistehen würden, die ihre Bündnisverpflichtungen (sprich: die Erhöhung ihres Verteidigungsetats) erfüllten. Ob das tatsächlich geschehen wird, bleibt abzuwarten. Trump scheint im Übrigen vergessen zu haben, dass die Amerikaner bis dato die einzigen sind, die jemals die Beistandsklausel in Anspruch genommen haben. Das war nach den Terroranschlägen vom 11. September 2001. Die USA baten ihre Verbündeten zu Recht um Unterstützung im Kampf gegen das Terrornetzwerk al-Qaida, was unter anderem zum Afghanistaneinsatz der Bundeswehr führte.

Dennoch wird Trumps Argumentation wahrscheinlich vielen Amerikanern einleuchten: Warum dreißig deutlich kleinere und aus amerikanischer Sicht relativ unbedeutende Länder im weit entfernten Europa verteidigen (sowie Kanada auf dem amerikanischen Kontinent), sollte eines dieser Länder angegriffen werden? Dass diese dreißig Nationen umgekehrt auch den USA zur Hilfe verpflichtet sind, etwa falls die Vereinigten Staaten im Südchinesischen Meer angegriffen werden sollten, scheint für Trump wenig Bedeutung zu haben. Vielleicht deshalb, weil NATO-Europa im

Vergleich schon länger keinen substanziellen militärischen Beitrag mehr leistet. Warum sollten die Amerikaner jetzt damit rechnen? Vielleicht aber auch, weil das amerikanische Militär stets für den schlimmsten Fall plant und sich im Konflikt mit China auch ohne die Unterstützung der europäischen NATO-Mitglieder gut gerüstet sieht. Allerdings steigt mit der ständigen Erwartung des »worst case« die Gefahr, von anderen, asymmetrischen Bedrohungen überrascht zu werden. Das hat die jüngere amerikanische Vergangenheit mit ihren gescheiterten Militäraktionen in Syrien, in Libyen, im Irak und in Afghanistan gezeigt.

In jedem Fall genügt Trumps Ankündigung, um die amerikanische Beistandsgarantie für Europa zu hinterfragen. Werden die USA uns wie vereinbart tatsächlich zur Seite stehen, falls es zum Beispiel zu einem russischen Angriff auf ein europäisches NATO-Land kommen sollte? Trumps Äußerungen haben Europas Sicherheit untergraben. Sie haben Russland und China Aufwind gegeben und sie indirekt dazu eingeladen, ihr eurasisches Engagement zu intensivieren. Das heißt zum Glück jedoch (noch) nicht, dass Europa mit sofortiger Wirkung Freiwild wäre oder Moskau und Peking einen Freifahrtschein von Donald Trump bekommen hätten. Denn selbst wenn sich die Amerikaner in der NATO künftig bedeckt halten sollten, gäbe es noch weitere einunddreißig Mitglieder, die auch ohne die USA nicht völlig wehr- und schutzlos wären. Ich sage »nicht völlig«, weil NATO-Europa (mit Kanada) ohne die USA militärisch zwar nicht komplett, aber doch in großen Teilen handlungsunfähig wäre. Eine solche europäisierte NATO müsste sich zuerst neu aufstellen und abstimmen, um sich gegen einen Aggressor wehren, ihn abschrecken und von einem Angriff abhalten zu können.

Donald Trumps vollmundige Ankündigungen sind das eine. Zum anderen sehen die USA ihre strategischen Sicherheitsinteressen im Indo-Pazifik herausgefordert: Dort müssen sie präsent sein. Im Gegenzug haben sie ihr Engagement in den aktuellen

Krisengebieten des Nahen Ostens und erst recht in Europa reduziert. Selbst die USA können nicht überall gleichzeitig aufgestellt sein, zumindest nicht, wenn sie ihre Gegner überzeugend abschrecken wollen.

So unwahrscheinlich es nach fünfundsiebzig Jahren NATO erscheinen mag und so erfolgreich das Bündnis im Zuge des russischen Angriffs gegen die Ukraine jüngst wiederbelebt wurde und zu alter Stärke zurückgefunden hat: Europa muss im Hinterkopf behalten, dass die USA das Bündnis vernachlässigen und es Europa überlassen könnten, die NATO am Leben zu erhalten. Zumindest die theoretische Gefahr besteht. Das verleiht der Zukunft der NATO und der Stabilität des euro-atlantischen Sicherheitsraumes derzeit eine gewisse Unberechenbarkeit. Im äußersten Fall könnte es tatsächlich so weit kommen, dass die NATO mit den USA als militärischer Antriebskraft nicht länger zur Verfügung steht, um Konflikte zu verhindern, Krisen einzudämmen oder Brandherde zu bekämpfen. Ein solcher Komplettausfall der NATO ist kein sehr wahrscheinliches Szenario, dennoch muss Europa es mitbedenken, wenn es darum geht, mehr Sicherheit aufzubauen.

Europa muss etwas springen lassen: Steigende Ausgaben

Wie wichtig ist die NATO für Europa – mit oder ohne die USA? Kann sie noch das richtige Mittel sein, um Sicherheit und Stabilität in und für Europa zu bewahren? Was macht Europa, wenn ein künftiger Präsident der USA das transatlantische Bündnis aufkündigt? Oder falls er mehr Engagement von NATO-Europa fordert? Könnte Europa allein bestehen, vor allem gegenüber dem mächtiger werdenden China, einem unkalkulierbaren Russland und mit Blick auf die sicherheitspolitischen Herausforderungen an der Südflanke Europas? Ein guter Teil dieser Fragen dreht sich (auch) um das Thema Geld.

Das finanzielle Engagement der NATO-Mitglieder ist in der Vergangenheit immer wieder ein Streitpunkt gewesen. Eigentlich soll jedes NATO-Land zwei Prozent seiner Wirtschaftsleistung für Verteidigung und Militär ausgeben, denn jedes Mitgliedsland stellt Teile seines Militärs für NATO-Aufgaben zur Verfügung. Nicht nur Donald Trump ist es ein Dorn im Auge, dass das nicht allen Mitgliedern gelingt und zuweilen gar der Willen dazu fehlte.

Nachdem Russland die Ukraine angegriffen hat, hat sich dies geändert. Selbst die widerspenstigen Deutschen sind bereit, ihren Verteidigungsetat auf die seit Jahren geforderten zwei Prozent des Bruttoinlandsprodukts zu erhöhen, und sie machen ihre Streitkräfte wieder einsatzfähig, was allerdings Jahre dauern wird.

Vor zehn Jahren, 2014, erreichten lediglich drei von damals achtundzwanzig NATO-Mitgliedern das angestrebte Zwei-Prozent-Ziel. Und das, obwohl 2014 laut dem damals neu antretenden Generalsekretär Stoltenberg ein Jahr der »Aggression, Krisen und Konflikte«[2] war. Unter anderem hatte Russland die Krim völkerrechtswidrig annektiert. Das wurde 2014 zwar noch als Ukraine-Russland-Krise und nicht als Krieg bezeichnet. Das Verhältnis zwischen dem Westen beziehungsweise zwischen der NATO und Russland war zu diesem Zeitpunkt jedoch so kühl wie seit dem Kalten Krieg nicht mehr. Angesicht der Bedrohung durch Russland erklärte der damalige US-Präsident Obama: »Europäer und die NATO sind unsere engsten Partner auf der Weltbühne.«[3]

Im Februar 2024 verkündete Stoltenberg, dass dieses Mal achtzehn der einunddreißig NATO-Bündnisländer (seit dem Beitritt Schwedens im März 2024 sind es zweiunddreißig) das Zwei-Prozent-Ziel erfüllen. Das sind sechsmal so viele wie noch vor zehn Jahren. Deutschland ist erstmals seit Langem wieder dabei.

Es ist ein wichtiger Schritt, dass mehr Länder ihrer Zahlungsverpflichtung gegenüber dem Bündnis nachkommen. Allerdings werden die Ausgaben, vor denen die NATO unter anderem mit Blick auf den Krieg gegen die Ukraine und seine Folgen steht, steigen. Die NATO-Länder werden in Zukunft also wohl verstärkt zur Kasse gebeten werden müssen. Gleichzeitig wird es für den Westen im Indo-Pazifik nicht billiger, im Gegenteil. Ob der Westen – die USA und ihre europäischen beziehungsweise indo-pazifischen Verbündeten – diese strategische Zweifrontenlage gegen Russland in Europa und gegenüber China im Indo-Pazifik militärisch und wirtschaftlich durchhalten kann? Es wird in jedem Fall eine Herausforderung.

Zweifrontenlage China und Russland: Wird sich die NATO überheben?

Als das Römische Reich unterging, gab es nicht den einen Moment, der über Auf- oder Abstieg entschieden hätte. Es gab nicht die eine falsche Entscheidung, keinen gewaltigen Knall, keinen Stichtag, an dem der Untergang besiegelt gewesen wäre. Was es gab, war eine Großmacht, die sich selbst überfordert hatte. Das Römische Reich war zu groß geworden, um es zu verwalten, zu sichern und zu finanzieren. Es brauchte eine unfassbare Menge an Geld, Material und Menschen, die irgendwann nicht (mehr) vorhanden waren. Die schiere Größe des Reichs wurde zu einer nicht mehr zu stemmenden Herausforderung. Die Römer begegneten dieser Herausforderung mit Lösungen, die, wie sich herausstellen sollte, nicht immer zum Vorteil waren – darunter Steuererhöhungen, innenpolitische Machtkämpfe, Wohlstand, der die Geburtenrate sinken und Lücken im Militär entstehen ließ, und der daraus folgende Bedarf an germanischen Söldnern, die wenig mit Rom verband. All das schwächte das Imperium, das in der Folge Stück für Stück zerfiel.

Die Römer hatten zu viel auf einmal gewollt, hatten sich von ihren militärischen Erfolgen und Eroberungen zu immer neuen Feldzügen und größerer Ausdehnung ihres Reichs verleiten lassen, ohne dass ihre Ressourcen hätten mithalten können. So wie sie sind in der Geschichte viele Mächte und Imperien am Overstretch, also an der Überdehnung ihrer Möglichkeiten und Fähigkeiten gescheitert.

Ist es daher aus europäischer Sicht langfristig klug, sich in ein geostrategisches Zweifrontenszenario mit Russland und parallel mit China bringen zu lassen – und das an unterschiedlichen Enden der Welt? Denn wenn die USA in der NATO bleiben und auch in Zukunft die Führung übernehmen sollten, kann es sein, dass sich NATO-Europa im Indo-Pazifik wird engagieren müssen.

Schon vor dem russischen Angriff gegen die Ukraine waren in Europa NATO-Grenzen zu sichern, es wurden NATO-Truppen stationiert und gemeinsame militärische Übungen abgehalten. Seit Putins Überfall ist der Bedarf massiv gestiegen. Im indo-pazifischen Raum könnte ein ähnliches NATO-Engagement nötig werden. Daran könnte sich der Westen überheben. Es wäre nicht Hochmut, sondern die NATO-Mitgliedschaft, die vor dem Fall kommt. Ein mögliches *Drei*frontenszenario, das entstehen könnte, wenn sich der Globale Süden offen gegen den Westen stellt, ist bei diesen Überlegungen noch gar nicht berücksichtigt.

Europa muss sich die Frage stellen, inwieweit das in seinem Interesse und in seinen Möglichkeiten liegt. Ließen sich durch ein solches Engagement im Indo-Pazifik Stärke und Sicherheit demonstrieren, was derzeit das strategische Hauptziel der Europäer sein sollte? Oder würden wir im Gegenteil Gefahr laufen, uns selbst zu schwächen und somit angreifbar zu machen?

Es ist darüber hinaus möglich, dass sich im Südchinesischen Meer ein militärischer Konflikt zwischen den USA und China entzündet. Die Beistandsverpflichtung gegenüber den USA würde Europa in diesen Krieg hineinziehen; die NATO-Mitgliedschaft würde zum Kriegsrisiko. Das ist natürlich schon immer so gewesen, erst recht zur Zeit des Kalten Krieges. Damals war Europa jedoch unmittelbar involviert, die Sowjetunion war eine direkte militärische Bedrohung für die Europäer, was im Indo-Pazifik momentan etwas anders aussieht. Daher verwundert es nicht, dass die Europäer die NATO hauptsächlich als leicht antiquierte Lebensversicherung statt als Sicherheitsrisiko wahrnehmen.

Bei allen Überlegungen zu einem Engagement im indo-pazifischen Raum ist zudem wichtig, dass die NATO ein Verteidigungsbündnis bleibt und nicht zum Amboss für weltweite Militärschläge degeneriert.

Doch welchen Beitrag könnten die Europäer im Indo-Pazifik überhaupt leisten? In seinem jetzigen Zustand hat Europa militärisch nicht viel zu bieten, es müsste massiv aufrüsten. Das muss es allerdings in jedem Fall, wenn die Europäer als eigenständiger strategischer Akteur wahrgenommen werden und Sicherheit für Europa aufbauen wollen. Es würden jedoch umso mehr Mittel nötig, an je mehr Fronten Bedarf bestünde: gegenüber Russland in Europa, gegenüber China im Indo-Pazifik und, aus europäischer Sicht am drängendsten, der Aufbau einer glaubwürdigen Abschreckung zu Hause.

Vielleicht ist es jedoch möglich, innerhalb der NATO den »Geist von Harmel« zu reaktivieren: militärische Stärke und Verteidigungsbereitschaft einerseits und die Fortsetzung des Dialogs sowie das Wiedererlangen einer (soweit möglich) vertrauensvollen Basis mit Russland andererseits. Schließlich ist die NATO auch ein politisches Instrument. Sie soll die Freiheit und Sicherheit ihrer Mitglieder mit politischen und militärischen Mitteln garantieren, sich für friedliche Konfliktlösungen einsetzen, Vertrauen schaffen und langfristig Konflikte vermeiden. Mit der Harmel-Doppelstrategie könnte es gelingen, militärische Drohpotenziale in Europa abzubauen und alte Sicherheitskonzepte zu reaktivieren. Das würde nicht notwendigerweise Geld sparen, könnte Europa aber zu mehr Sicherheit verhelfen und die Zweitfrontenlage zumindest in Europa entspannen.

Neue Aufgaben, neue Grenzen, neue Kriegführung

Im April 2023 ist Finnland der NATO beigetreten. Das Land hat mit rund eintausenddreihundertvierzig Kilometern eine substanzielle Landgrenze mit Russland ins Bündnis mitgebracht. NATO-Europa steht damit vor der gewaltigen Aufgabe, eine überlange Ostgrenze vom Nordkap bis zum Schwarzen Meer zu sichern. Angesichts des aggressiven Auftretens Russlands ist das keine Aufgabe, die das Bündnis auf die leichte Schulter nehmen kann.

Mit der Verlegung von Truppen an die Ostgrenze im Baltikum hat die NATO folgerichtig ein klares politisches Zeichen gesetzt, dem es jedoch im Falle eines Angriffs an militärischer Durchhaltefähigkeit mangeln würde.

Von Norwegen und Finnland bis zum Schwarzen Meer wird die NATO folglich eine neue Form der Vorneverteidigung aufbauen müssen – auch mit konventionellen, mechanisierten Streitkräften, die die Ostflanke des NATO-Vertragsgebiets schützen müssen. Diese Aufgabe wird nicht einfacher, wenn in unmittelbarer Nachbarschaft der Krieg gegen die Ukraine tobt, der möglicherweise noch andauern oder sogar eskalieren wird. Und selbst wenn der Krieg in naher Zukunft enden würde, könnte weiterhin Konfliktpotenzial zwischen Russland und der Ukraine bestehen, je nachdem mit welcher Lösung und welchem Ausgang der Krieg zu Ende geht. Die Ostflanke der NATO ist ein heißes Pflaster und sie wird es wohl noch Jahre bleiben.

»Von Finnland bis zum Schwarzen Meer« war im sogenannten Dritten Reich der Titel eines Propagandaliedes, das von Joseph Goebbels in Auftrag gegeben wurde, vielleicht besser bekannt als »Russlandlied«. Es sollte die Deutschen und insbesondere die Soldaten der Wehrmacht für den Krieg gegen die Sowjetunion motivieren. Es scheint mir tragisch, dass sich die NATO heute auf der gleichen Linie gegen Russland verteidigen muss, über die Hitler-Deutschland im Zweiten Weltkrieg gegen die Sowjetunion einen

Vernichtungskrieg führte. Dass diese Linie heute unter umgekehrten Vorzeichen wieder Krieg bringen könnte, dieses Mal aus Russland in Richtung Westen, ist schlimm für Europa.

Die NATO hat es jedoch nicht nur mit neuen Grenzen zu tun, sondern auch mit einer neuen Art der Kriegführung. Da sind zum einen die irregulären Kämpfer, die die Grenze zwischen Soldaten und Zivilisten verschwimmen lassen: In heutigen Kriegsszenarien kämpfen reguläre Soldaten immer öfter gegen einen für sie unsichtbaren Feind, der tagsüber als harmloser Zivilist erscheinen mag, aber nachts, tageweise oder »saisonal« als kompromissloser, fanatischer Kämpfer auftreten kann – sozusagen eine Teilzeitkraft. Darauf müssen die NATO-Truppen vorbereitet sein, um effektiv handeln zu können.

Hinzu kommen die Möglichkeiten digitaler Kriegführung, die sich gegen die NATO selbst oder gegen deren Mitgliedsländer richten können. Angenommen, von russischer Seite würde eine Attacke im Cyberraum gegen beispielsweise Deutschland gestartet. Dies geschieht meist in einer Grauzone: Trolle oder Hacker, die in keiner direkten, nachweisbaren Verbindung zum Kreml stünden, könnten den Angriff ausführen und Deutschland lahmlegen. Kann, muss und wird die NATO ihre Mitglieder auch in einem solchen Fall verteidigen? Inwieweit darf sie reagieren, wenn man zwar weiß, dass die russische Regierung hinter dem Angriff steckt, es aber kaum beweisen kann? Selbst wenn die NATO reagieren wollte, auf welche Weise würde sie es tun? Würde sie Truppen über die Grenze nach Russland schicken? Könnte sie einen digitalen Vergeltungsschlag im Cyberraum ausführen? Wäre sie dazu in der Lage? Und noch wichtiger: Dürfte sie es? Wahrscheinlich könnte der NATO-Konsultationsmechanismus nach Artikel 4 des Nordatlantikpaktes in Gang gesetzt werden, das heißt, die Mitgliedsländer würden sich beraten. Ob jedoch der Bündnisfall nach Artikel 5 ausgerufen würde, vor allem dann, wenn sich Russland (oder ein anderer Aggressor) hybrider und digitaler Methoden der Kriegführung bedient, erscheint eher zweifelhaft.

Hier muss die NATO aufrüsten und von ihren Mitgliedern entsprechend ausgestattet und bevollmächtigt werden. Jeder Staat und jede Organisation, die heute und in Zukunft in Konflikte verwickelt werden könnte, muss sich auch in den Bereichen hybrider Kriegführung verteidigen können.

Wie gut kann die NATO jonglieren?

Ich habe es bereits angesprochen: In den letzten Jahren hat die NATO neue Mitglieder aufgenommen und ihre Grenzen dadurch nach Osten verschoben. Putin behauptet, das bereite ihm Sorge. Die NATO würde sich Russland aggressiv annähern, könne Truppen stationieren, die Russland zügig überrennen könnten, und Waffen platzieren, die ausreichend Reichweite hätten, um Russland zu treffen.

Der Kremlchef weiß genau, dass die NATO grundsätzlich ein *Verteidigungs*bündnis ist, also im Prinzip nur reagiert, falls ein Mitgliedsland angegriffen wird. Hier mag man einwenden, dass die NATO nicht mehr das klassische Verteidigungsbündnis ist, als das sich ihre Mitglieder einst zusammengeschlossen haben; schließlich gab es in der jüngeren Zeit Stabilisierungseinsätze der NATO auf fremdem Boden. Bedrohungen sind jedoch längst nicht mehr an einzelne Staaten, deren Grenzen und Armeen gebunden; stattdessen steht die NATO heute vor globalen Aggressionen, die sich gegen die Werte der westlichen Gemeinschaft wenden, zum Beispiel in Form von Terrorismus. Insofern ist es logisch, dass die NATO auch über das eigene, rein geografische Territorium hinausdenken und -gehen muss, um die Sicherheit ihrer Mitglieder zu gewährleisten. Sie verteidigt nicht mehr nur Grenzen im konventionellen Sinne, sondern greift zum Schutz ihrer Mitglieder ordnend und stabilisierend ein – weltweit, wenn es sein muss. Ich erinnere jedoch daran, dass hier eine Grenze eingehalten werden muss: Die NATO darf trotzdem nicht zum militärischen Werkzeug werden, mit dem überall auf der Welt (Einzel-)Interessen durchgesetzt werden.

Dass Putins Hacker und Trolle Cyberattacken ausführen und damit NATO-Länder angreifen und herausfordern, sei einmal dahingestellt. Bis die NATO jedoch »ordnend und stabilisierend« *in Russland* eingreifen würde, wie Putin angeblich fürchtet, müsste einiges passieren. Mit Blick auf Russland darf die NATO folglich weiterhin als Verteidigungsbündnis im ursprünglichen Sinne gelten, solange sie nicht in der russischen strategischen Interessensphäre, was auch die geografische Peripherie Russlands einschließt, eingreift.

Wenn Putin also die Nähe der NATO fürchtet, bräuchte er folglich nur eins tun, um sich sicher zu fühlen: kein NATO-Land überfallen. So einfach es theoretisch ist, so kompliziert wird es in der Praxis. Zum einen sieht Russland seine strategischen Interessen in Gefahr und sich daher im Recht, wenn es das Nicht-NATO-Land Ukraine angreift. Putins Logik: Russland darf in die Ukraine einfallen, weil es der Ukraine die Souveränität abspricht; weil es die Krim und den Donbass als russisches Territorium ansieht, das es nach Russland zurückzuholen gilt; und vor allem, weil es den Zugang zur Schwarzmeerregion braucht und sich nur so den Status einer Weltmacht erhalten kann. Nicht zuletzt aber auch deshalb, weil der Westen über eine mögliche NATO-Mitgliedschaft versuche, die Ukraine an sich anzugliedern.

Zum anderen meint Russland, dem Westen nicht vertrauen zu können, wenn dieser Zusagen macht. Der Westen hat seine Interessensphäre durch die Ost-Erweiterung der NATO in der Vergangenheit tatsächlich in die russische Interessensphäre verschoben, dies jedoch politisch abgefedert, zum Beispiel durch Zusagen und Verträge mit Russland. In den Folgejahren ist dieses Abfedern jedoch immer weniger geworden. Der Westen verweigerte zum Beispiel eine Anpassung des KSE-Vertrages, weil vor allem die USA keine Rüstungskontrollbegrenzungen wünschten und sich insbesondere im gefährdeten Baltikum die Möglichkeit offenhalten wollten, ihre Truppen und Waffensysteme im Krisenfall doch zu verstärken.

In Bulgarien und Rumänien stationierte die NATO US-Truppen und in Polen und Tschechien sollten Raketenabwehrsysteme installiert werden. 2008 griffen georgische Truppen russische »Peacekeeping«-Truppen an. Die Georgier waren zwar provoziert, aber eben auch von den Amerikanern ausgebildet worden. Auf dem NATO-Gipfel 2008 sollten zudem die Ukraine und Georgien NATO-Mitglieder werden, was Putin erzürnte und schlussendlich von Deutschland und Frankreich verhindert wurde.

Dass auch Putin selbst Vereinbarungen, Verträge und sogar Völkerrecht bricht, lässt er außen vor oder verteidigt es mit dem Hinweis auf das westliche Vorgehen: Der Westen habe schließlich angefangen. Der Westen mag vermeintlich »angefangen« und Russland provoziert haben, als er eine NATO-Mitgliedschaft für die Ukraine und Georgien in Erwägung zog. Putin drohte und protestierte, der Westen schob (nicht unbedingt Putin zuliebe) die NATO-Aufnahme auf, Moskau schien seinen Willen bekommen zu haben und marschierte keineswegs vertrauensbildend postwendend in Georgien ein. So viel zu Putins Glaub- und Vertrauenswürdigkeit und seinem Vorwurf, dem Westen und der NATO sei alles zuzutrauen. Andersherum scheint es der Fall zu sein.

Auf jeden Fall gehört all das (und einiges mehr) zur Vorgeschichte, wenn man verstehen will, warum Putin behauptet, der NATO und dem Westen nicht trauen zu können. Nichts davon rechtfertigt jedoch ernsthaft Putins »Sicherheitsbedenken« gegenüber der NATO. Es rechtfertigt auch nicht den russischen Überfall auf die Ukraine im Februar 2022, die ihm vorhergegangene und ebenfalls völkerrechtswidrige Annexion der Krim 2014 oder die hybriden Aktionen Russlands in der Ostukraine und sogar gegen NATO-Mitgliedsländer – zum Beispiel Cyberangriffe und Desinformationskampagnen. Niemand darf die Landkarte Europas gewaltsam ändern. Jedoch kann diese Vorgeschichte das russische Vorgehen erklären, was nicht bedeutet, es zu akzeptieren – das kann ich nicht oft genug betonen.

Im Umgang mit dieser Gemengelage aus Vorgeschichte, Schuldzuweisungen, russischer Interessensphäre und russischen Narrativen, mangelnder Glaub- und Vertrauenswürdigkeit und der Missachtung von Vereinbarungen wird die NATO gewisse Jonglierkünste benötigen. Europa braucht keine Neuauflage des Kalten Krieges, sondern eine NATO, die Stärke und Widerstandskraft zeigt, aber auch die russischen strategischen Interessen mit einbezieht. Auch wenn das, was Putin getan hat, völkerrechtswidrig und in keiner Weise zu entschuldigen ist, so ist die russische Interessensphäre trotzdem ein Faktum – objektiv betrachtet. Sie wird nicht verschwinden, egal, wie lange der Krieg in der Ukraine andauern wird, wie umfassend die NATO und Europa die Ukraine unterstützen werden und wie sehr der Westen moralisch im Recht sein mag. Nicht zu vergessen: In Afghanistan, Syrien und Libyen wird langfristig nichts ohne Russland gehen. Hier braucht der Westen die Kooperation mit Moskau, auch mit Blick auf das Zurückdrängen des militanten Islamismus.

Die NATO und Europa werden einen Ausweg aus dieser Gemengelage finden müssen. Dazu sind allerdings eine Änderung der russischen Politik, Reformbereitschaft und Integrationswilligkeit nötig, die Russland unter Putin derzeit nicht zeigt. Mit den richtigen Ansatzpunkten könnten die NATO und Europa hier vielleicht jedoch eine Änderung anstoßen.

Nummer dreiunddreißig?

Die Aufnahme der Ukraine in die NATO ist schon seit Jahren Thema. Seit dem russischen Überfall hat die Frage, ob die Ukraine das dreiunddreißigste Bündnisland werden sollte, neue Aktualität und Brisanz bekommen. Fest steht: Die Sicherheitsgarantien, die der Ukraine im Rahmen des Budapester Memorandums 1994 gegeben wurden, haben offensichtlich nicht gewirkt. Damals verpflichtete sich die Ukraine dazu, auf Nuklearwaffen zu verzichten. Im Gegenzug garantierten Russland, Großbritannien und die USA, dass sie die politische und wirtschaftliche Unabhängigkeit sowie die existierenden Grenzen der Ukraine respektieren würden.

Russland hat sich nicht an diese Zusage gehalten. Insofern ist es verständlich, dass die Ukraine jetzt erst recht und schnellstmöglich NATO-Mitglied werden will – das Bündnis böte einen ungleich besseren Schutz als den, den das Budapester Memorandum ermöglicht hat. Ich habe es angesprochen: Möglicherweise könnte der Krieg gegen die Ukraine mit Verhandlungen beendet werden. Diese könnten vorsehen, dass die Krim und der Donbass an Russland fallen. Im Gegenzug würde der Weg für eine NATO-Mitgliedschaft der Ukraine frei gemacht, eventuell verbunden mit der Zusage, dass keine NATO-Truppen und Waffensysteme, die Russland erreichen könnten, permanent in der Ukraine stationiert würden.

Unter solchen Voraussetzungen könnte – ähnlich wie die Sowjetunion die NATO-Mitgliedschaft des wiedervereinigten Deutschlands akzeptierte – eine NATO-Mitgliedschaft als eine Art Sicherheitsstrategie sowohl für die Ukraine als auch für Russland fungieren und die Stabilität in der Region erhöhen.

Allerdings könnte umgekehrt die Kriegsgefahr auch steigen, je nachdem wie sich der Konflikt zwischen Russland und der Ukraine politisch weiterentwickelt. Das Misstrauen zwischen den beiden Ländern sitzt tief. Selbst wenn die Russen aus der Ukraine abzögen und der Krieg enden würde, ist das keine Garantie dafür, dass sich die Beziehung zwischen den beiden Ländern nachhaltig entspannt. Das wäre jedoch nötig. Ansonsten bestünde die Gefahr, dass die unterliegenden Konflikte weiter schwelen würden, jederzeit erneut ausbrechen und zu einer militärischen Auseinandersetzung führen könnten. Wäre die Ukraine zu diesem Zeitpunkt ein Mitglied der

NATO, müssten die Bündnisländer ihr beistehen. Die NATO und damit EU-Europa würden Kriegspartei.

Insofern ist eine Aufnahme der Ukraine in die NATO jetzt oder in naher Zukunft ein Dilemma: Die bestehenden Konflikte würden quasi in die NATO transportiert, was de jure gegen Artikel 10 des NATO-Vertrages verstieße. Das heißt nicht, dass die Ukraine niemals Bündnisland werden wird. Es heißt lediglich, dass eine Mitgliedschaft mit all ihren Konsequenzen gut durchdacht und die Vor- und Nachteile abgewogen werden müssen. Es heißt auch, dass eine Mitgliedschaft der Ukraine eine Herausforderung für eine unabhängige europäische Sicherheitspolitik wäre und erst einmal auch bleiben würde.

Die offene Südflanke

Wenn es um Sicherheit geht, hat die Europäische Union ein zentrales Problem: die uneinheitliche Bedrohungswahrnehmung und Interessenausrichtung seiner Mitgliedsstaaten. In der nationalen Sicherheitsstrategie Polens ist zum Beispiel Russland omnipräsent, während es im letzten italienischen Weißbuch zur Verteidigung überhaupt keine Erwähnung findet. Was für die Europäische Union gilt, überträgt sich in die NATO. So blicken die osteuropäischen NATO-Partner gebannt und beinahe zwanghaft nach Osten auf Russland, während es an der Südflanke der NATO regelrecht brennt. Dabei hat der Schutz der südlichen Flanke von Portugal und Spanien über Italien und Griechenland bis zur Türkei nicht nur Bedeutung für die angrenzenden südeuropäischen NATO-Länder, sondern für ganz Westeuropa.

In vielen Ländern Nordafrikas und des Nahen Ostens entwickeln sich seit Jahren Krisen und Konflikte, die zeigen, wie fragil die europäische Südflanke ist. Die Folgen von Flucht und Migration, von desolaten wirtschaftlichen Verhältnissen, von Klimakrise, Wassermangel und Hungersnöten, von politischer Instabilität und militärischen Auseinandersetzungen, von Gewalt, Bürgerkriegen, Verfolgung und Vertreibung sind nicht an Landesgrenzen gebunden, sondern schwappen nach Europa über. Die Probleme mögen den Europäern diffus und regional sehr unterschiedlich erscheinen, doch sie beeinträchtigen die gesamte Region und haben Auswirkungen auf den Mittelmeerraum. Die See- und Handelswege werden unsicherer, die Flüchtlingsströme unkontrollierbar, ein nach Nordeuropa exportierter Extremismus wird wahrscheinlicher. Es sind sehr konkrete Bedrohungen, die zusätzlich eine Gefahr für Europa und die NATO als Wertegemeinschaft sind. Denn viele dieser Entwicklungen führen in der Folge zu einer Spaltung der europäischen Gesellschaften. Eines der eindringlichsten Beispiele dürfte die Migration sein: In Deutschland gehen die Meinungen zwischen Aufnahme und Abschreckung von Flüchtlingen weit und vehement auseinander. Es wird nicht mehr sachlich, sondern emotional und aggressiv diskutiert – teils mit einem Hass, der weder das eigentliche Problem löst noch Platz in einer Demokratie hat. In den anderen europäischen Ländern sieht es ähnlich aus.

Was an der Gegenküste des Mittelmeeres passiert, nur einen Steinwurf weit von Europa entfernt, *muss* uns folglich interessieren. Es mögen regionale Krisen sein; sie haben jedoch überregionale Wirkung und werden damit zu sicherheitspolitischen Herausforderungen für Europa und die NATO. Für den Umgang damit müssen NATO-Europa und die Europäische Union eine Strategie finden. Dabei geht es nicht darum, einen Schutzwall um Europa zu ziehen – damit sind schon die Römer mit dem Hadrianswall und dem Limes gescheitert. Wobei ein moderner Schutzwall nicht notwendigerweise ein Bauwerk sein muss, sondern von der Marinepatrouille im Mittelmeer bis zur Überwachung des Cyberraums alles umfassen kann. Statt sich jedoch bildlich gesprochen auf Jahre einzukesseln, muss Europa daran arbeiten, den Mittelmeerraum mit der nordafrikanischen Küste und dem Nahen Osten zu stabilisieren. Es braucht Luft zum Atmen für Europa, kein selbst errichtetes Gefängnis.

Dazu gehört auch, die auseinanderdriftenden Lager innerhalb der NATO und der Europäischen Union wieder zusammenzuführen; bislang haben die USA diese Fliehkräfte gebändigt. Russland ist für die baltischen Staaten eine unmittelbare Bedrohung – also müssen auch die südeuropäischen Länder diese Bedrohung ernst nehmen. Die Entwicklungen in Nordafrika und im Nahen Osten fordern die Südeuropäer heraus – also müssen sich auch Ost- und Nordeuropa mit diesen Entwicklungen auseinandersetzen. Erst wenn Europa – ob in Form der NATO oder einer noch aufzubauenden eigenen europäischen Sicherheit – an einem Strang zieht, können wir mehr Sicherheit erreichen. Denn Sicherheit funktioniert nicht, wenn sie ausschließlich in eine Richtung fokussiert; sie muss mit einer 360-Grad-Ausrichtung auf allen Seiten Schutz bieten und Herausforderungen im Blick behalten.

Noch etwas, das angesprochen werden muss: Mit Blick auf den Mittelmeerraum ist die Türkei geopolitisch wichtiger denn je. Gleichzeitig hat sie sich zu einem höchstproblematischen NATO-Partner entwickelt, der zumindest in seiner Innenpolitik die westliche Wertegemeinschaft mehr als herausfordert. Die derzeitige Entwicklung, insbesondere der Umbau von Staat und Gesellschaft unter Erdoğan hin zu einem islamischen Präsidialsystem, ist besorgniserregend. Gleiches gilt für die Annäherung der Türkei an Russland im Sicherheits- und Ausrüstungsbereich, was nicht viel Gutes verspricht.

Auch der Umgang mit den Kurden, die anfängliche Zurückhaltung Ankaras gegenüber einer Terrororganisation wie dem »Islamischen Staat« und die türkische Position hinsichtlich des Krieges in Gaza haben bereits zu Dissens zwischen der Türkei und NATO-Europa beziehungsweise der Europäischen Union geführt. Es stellt sich die Frage, ob die Türkei zukünftig eine eigene sicherheitspolitische Herausforderung für den Westen, für Europa und für den Zusammenhalt innerhalb des NATO-Bündnisses werden könnte.

Das Problem ist, dass die Türkei auf absehbare Zeit die strategische Drehscheibe des Westens für die Konflikte im Nahen Osten bleiben wird, insbesondere für die Bewältigung der Bürgerkriege im Irak und in Syrien. Für den Schutz der europäischen Südflanke ist das Land unerlässlich. Beispiel Migration: Angesichts der Flüchtlingsströme in Richtung Europa sind die Europäer, allen vorweg die Deutschen, auf die Türkei und ihr Militär angewiesen. Die Türkei kooperiert mit der EU-Grenzschutzagentur Frontex und stellt Schiffe für die maritime NATO-Operation in der Ägäis. Zudem überwachten AWACS-Aufklärungsflugzeuge der NATO erfolgreich das türkisch-syrische Grenzgebiet – ohne die Zustimmung und Unterstützung der Türkei wäre das nicht möglich gewesen. Nicht zuletzt besitzt die Türkei die zweitgrößte Armee in der NATO und ist das türkische Militär – im Gegensatz zur Bundeswehr – in einem überzeugend guten Zustand.

Aus strategischen Gründen braucht Europa eine handlungsfähige Türkei als sicherheitspolitischen Partner. Allerdings kann nur die NATO die wachsende geopolitische Bedeutung der Türkei mithilfe der USA strategisch ausbalancieren und konstruktiv ausgestalten. Die Europäische Union wäre in ihrer jetzigen Konstitution hoffnungslos überfordert. Auch hier zeigt sich, welche Bedeutung das NATO-Bündnis für die Europäer hat.

Ein Debattierklub?

Es heißt, Soldaten entwickeln einen eigenen Humor, weil sie die immanente Bedrohung im Dienst dadurch leichter nehmen können und außerdem ein Zugehörigkeitsgefühl entsteht. Dieser Humor spiegelt sich in der Sprache wider: Kartoffelbrei schweißt die Truppe als »NATO-Zement« zusammen und im Gefecht wird nicht einfach ein Helm getragen, sondern ein »NATO-Knitterfreier«. Als ich in Brüssel bei der NATO stationiert war, stand die Abkürzung

NATO deshalb nicht nur für »North Atlantic Treaty Organization«, sondern für »No Action, Talk Only«. So scherzten vor allem die amerikanischen Offiziere.

Das war nicht bloß ein Witz. Dahinter verbarg sich der Vorwurf, dass die NATO militärisch nichts tat. Angesichts dessen, dass die NATO ein Schutz- und Verteidigungsbündnis ist, muss man im Prinzip zufrieden sein, wenn militärisch nichts passiert oder passieren muss. Heißt es doch, dass es keine akute Bedrohung gibt.

Natürlich war und ist es nicht so einfach. Wer damals »No Action, Talk Only« über die NATO sagte, meinte vor allem, dass das Bündnis nicht in die Gänge käme, sich nicht von der Stelle bewegen und statt zu handeln lediglich debattieren würde. Die NATO war satt, träge und – wenn man 2019 dem französischen Präsidenten Macron Glauben schenkte – »hirntot«. Ich kann es nachvollziehen, wenn man die NATO als langsam und schwerfällig empfindet. Denn die NATO-Mitglieder müssen Entscheidungen – auch die, den Bündnisfall auszurufen, also einem angegriffenen Land militärisch zu Hilfe zu eilen – einstimmig treffen. Je mehr Mitglieder und je unterschiedlicher deren Interessen und Blickwinkel, umso schwieriger wird es mit der Einstimmigkeit, und eine Entscheidung bleibt aus. Das hat seinen Grund. Über Krieg und Frieden, die Entsendung von Truppen und die Beteiligung an einem militärischen Konflikt soll nicht eine Mehrheit an Mitgliedern bestimmen können, wenn andere NATO-Staaten dagegen sind. Auch die NATO als Organisation kann sich nicht über einzelne Staaten hinwegsetzen. Denn anders als bei der Europäischen Union haben die Mitglieder keine Hoheitsrechte an die NATO abgetreten und ihr somit auch keine Entscheidungsgewalt gegeben. Man ist einstimmig für die Einstimmigkeit.

Der Krieg gegen die Ukraine hat gezeigt, dass die NATO trotzdem überraschend schnell handeln kann, wenn ihre Mitglieder es wollen. Auch wenn das nicht immer der Fall war und ist, macht es Hoffnung: Vielleicht bleibt es der NATO trotz ihrer inzwischen zweiunddreißig Mitglieder erspart, in Zukunft (wieder) zu einem Debattierklub zu werden. Angesichts der aktuellen Sicherheitslage in Europa und der Welt wäre es wünschenswert, wenn die Beratungs- und Entscheidungsprozesse innerhalb der NATO nicht schwieriger werden und das Bündnis hemmen, sondern ihm im Gegenteil eine Stärke verleihen, die in der Welt Gewicht hat, weil zweiunddreißig Nationen mit einer Stimme sprechen.

Fazit

Die NATO steht vor einigen Herausforderungen. Oder besser gesagt: NATO-Europa steht vor einigen Herausforderungen. Erstens: Die USA mögen nur eines von zweiunddreißig Mitgliedern im Bündnis sein, aber momentan steht und fällt die (militärische) Durchschlagkraft der NATO mit den Amerikanern. Daran müssen die europäischen Staaten etwas ändern. Nicht, weil die NATO ohne die Vereinigten Staaten auskommen möchte, denn dem ist nicht so. Sondern weil die USA weitaus besser ohne die NATO auskämen als umgekehrt und derzeit das Risiko besteht, dass die Amerikaner ihr Engagement im Bündnis reduzieren. NATO-Europa muss sich folglich wappnen, eines Tages möglicherweise auf eigenen Beinen stehen zu müssen. Dieser amerikanische »Warnschuss« kommt im Grunde nicht ungelegen, denn es ist höchste Zeit, dass Europa aufhört, seine Sicherheit aus den USA zu beziehen, so bequem es auch sein mag. Europa muss selbst für seine Sicherheit und Verteidigungsfähigkeit sorgen, auch, aber nicht nur im Rahmen der NATO. Ein starkes Europa, das für sich selbst sorgen und darüber hinaus für seine Bündnispartner einstehen könnte, würde attraktiv für die USA sein und könnte sie dazu bewegen, sich auch weiterhin stark im Bündnis einzubringen.

Zweitens: Im Hinblick auf Russland ist die NATO eine Lebensversicherung für Europa, mit Blick auf den Indo-Pazifik ist sie ein

Kriegsrisiko. Über die NATO-Beistandsverpflichtung könnte NATO-Europa gezwungen sein, sich militärisch an dem Machtkampf zwischen den USA und China im indo-pazifischen Raum zu beteiligen. Die NATO kann auf politischer Ebene einiges dafür tun, dass es nicht so weit kommt; außerdem könnte sie, wenn sie sich im Indo-Pazifik an der Seite der USA stark aufstellen würde, zur Abschreckung beitragen und so für Frieden und Stabilität sorgen. Grundsätzlich muss jedoch von Fall zu Fall abgewogen werden, wie weit man sich von den Ursprungsaufgaben der NATO, nämlich der Verteidigung des nordatlantischen Vertragsgebietes, entfernen will. Abgesehen davon würde ein Engagement im Indo-Pazifik wie schon beim ersten Punkt voraussetzen, dass NATO-Europa bei der Sicherheit und bei seinem Engagement im Bündnis aufstockt. Von nichts kommt nichts – erst recht nicht mehr Sicherheit.

Zum Dritten hat die NATO zu lange und fast ausschließlich besorgt in den Osten geblickt. Das war viele Jahrzehnte ihre ureigene Aufgabe und einer der Gründe für ihre Entstehung. Doch der Gründungsmythos, »[to] keep the Soviet Union out, the Americans in, and the Germans down«, ist überholt. Er muss überarbeitet und dringend erweitert werden: NATO-Europa muss verstehen, dass die nordafrikanische Küstenlinie und der Nahe Osten eine neue, zusätzliche Schlüsselregion für die europäische Sicherheit sind. Es genügt nicht, dort außen- und sicherheitspolitisch nur »ein bisschen« tätig zu werden. Die Südflanke Europas mag nicht das neue Russland sein, die Bedrohung sieht anders, vielfältiger und diffuser aus, als es die Europäer aus dem Kalten Krieg gewohnt sind. Es sind keine Panzer, die von dort aus über die Grenzen rollen, sondern es sind gewalttätige Auseinandersetzungen, politische Instabilität, Unsicherheit auf den Meeren, Terrorismus, Schmuggel, unkontrollierte Flüchtlingsströme, die nach Europa schwappen. All das sind Probleme, die Europa schwächen, spalten und unsicherer machen können.

Viertens lässt sich aus all dem eines schließen: Die NATO hat etliche »Baustellen«, um die sie sich gleichzeitig kümmern muss – mit

Bedacht, aber vor allem mit einer langfristigen, nachhaltigen und mit Blick auf die USA auch einer unabhängigeren Strategie. Dabei darf NATO-Europa nicht die eigenen Interessen aus dem Blick verlieren: Was ist wichtig für Europa? Was kann und will Europa stemmen? Wie können wir einen Overstretch vermeiden? Wie soll unser Verhältnis zu den USA in Zukunft aussehen? Wollen wir Vasallen sein oder den Amerikanern eine echte, starke Partnerschaft anbieten? Wie können wir die NATO stärken und sie zugleich in eine neue, eigene europäische Sicherheitsarchitektur einbinden? Denn ausschließlich auf die NATO in ihrer derzeitigen Verfassung zu setzen, wird für Europa in Zukunft nicht ausreichend sein. Last but not least gilt es zu klären, ob, wann und wie die Ukraine Mitglied im Bündnis werden könnte.

Fünftens: Wenn es um Krieg und Frieden geht, ist es richtig, keine überhasteten Entscheidungen zu treffen. Es ist auch richtig, die nationalen Interessen und Perspektiven aller Mitglieder zu berücksichtigen. Zugleich trägt jedes einzelne Mitglied Verantwortung dafür, dass die NATO nicht zum Debattierklub verkommt. Genauso liegt es in der Hand jedes einzelnen Mitglieds, dass die NATO handlungsfähig bleibt. Es wird in Zukunft nicht billiger werden, NATO-Mitglied zu sein, sondern teurer. Vielleicht ist es ein Trost zu wissen, dass Deutschland im Kalten Krieg nicht etwa zwei Prozent seines Bruttoinlandsproduktes ins Militär investierte, wie es die NATO-Vereinbarung verbindlich vorsieht, sondern die Quote meist bei etwa drei Prozent lag. Mit dem Ergebnis, dass der Frieden gewahrt wurde und die Weltordnung sich stabilisierte. Unser Geld war gut angelegt.

Zum Sechsten lassen sich Sicherheit und Verteidigung heute nicht mehr ausschließlich territorial definieren. Der Weltraum, der Cyberraum und auch der grenzüberschreitende Raum, in dem sich Millionen von Migranten, aber auch Tausende von Gefährdern bewegen, die unsere Sicherheit bedrohen, können nicht statisch gesichert werden. Terrorismus, Cyber- und Informationskriege sowie neue, hybride Möglichkeiten der Kriegführung halten sich nicht an Landesgrenzen. Heute geht es nicht mehr nur um Armeen, die sich gegenüberstehen, sondern um Themen wie Energie-, Kommunikations- und Versorgungssicherheit, um digitale und technologische Entwicklungen.

Eine Loslösung von der NATO und den USA wäre perspektivisch für ein unabhängigeres Europa politisch möglicherweise wünschenswert – jedoch, wenn überhaupt, erst in ferner Zukunft realisierbar. Solange dies nicht geht, braucht die NATO eine neue, umfassende politische Strategie, um allen Entwicklungen Rechnung zu tragen. Strategie und Streitkräfte müssen sich anpassen, genauso aber auch das europäische Verantwortungsbewusstsein: Das Bündnis wird nicht um eine gewisse Europäisierung herumkommen, wenn es aus Sicht von NATO-Europa weiterhin für Sicherheit und Frieden sorgen soll, was derzeit nur zusammen mit den USA gelingt. Insofern muss den Europäern ein Spagat gelingen: Einerseits müssen sie den Blick der NATO verstärkt auf europäische Interessen richten. Andererseits müssen sie den Amerikanern mehr Partnerschaft und Übernahme von Verantwortung innerhalb des Bündnisses bieten. Die NATO braucht dafür ein politisch, finanziell und militärisch starkes Deutschland, das das Bündnis in eine zukunftsfähige Richtung mitlenkt.

Kapitel 6

Dienstuntauglich?

Für Deutschland und Europa: Was die Bundeswehr leisten kann

Wenn Soldatinnen und Soldaten aus gesundheitlichen Gründen dienstuntauglich werden, können sie unter anderem in den Ruhestand versetzt werden. Wenn jedoch die Truppe als solche nicht einsatzfähig ist, darf die Ruhestandslösung keine Option sein. Blickt man auf die Entwicklung der deutschen Streitkräfte in den letzten Jahrzehnten zurück, bekommt man jedoch den Eindruck, dass genau das geschehen ist: Die Weiterentwicklung der Bundeswehr zu einer modernen, zukunftsorientierten Armee ruhte in vieler Hinsicht – genauso wie die Sicherstellung ihrer Einsatzfähigkeit mit Blick auf den verfassungsgemäßen Auftrag der Landesverteidigung.

In diesem Zusammenhang denke ich manchmal an meine erste Zeit in der Bundeswehr zurück. Ich beaufsichtigte einen Trupp Rekruten, es wurden Leibesübungen gemacht. Einer meiner Rekruten war ein junger Mann einfacher Herkunft, dünn, schlaksig, eifrig, aber in keiner Weise sportlich. Ein Riesenkerl, der mit seiner Größe jeden Zug durcheinanderbrachte. Bei seinen Liegestützen hing der Rücken durch, zwischen Bauch und Boden war höchstens ein Zentimeter Luft, während er sich bemühte, die Arme durchzustrecken und das Kinn vorzurecken, als wollte er sich am Kopf selbst nach oben ziehen. »Scheise, Herr Gefreider«, kommentierte er seine Bemühungen mit moselfränkischem Einschlag. Aber er gab nicht auf.

»Scheise, Herr Gefreider« – das habe ich in den letzten Jahren selbst das eine oder andere Mal gedacht, wenn mich der Blick auf den Zustand der Bundeswehr erschreckte. In seinem Buch *More on War* schreibt Martin van Creveld: »War is the most important thing in the world.«[1] Creveld liefert eine hervorragende Analyse, warum ein Staat zu seiner eigenen Verteidigung jederzeit darauf vorbereitet sein muss, Krieg zu führen, um eben diesen Krieg durch einen hohen Grad an militärischer Abschreckungsfähigkeit zu verhindern. Deutschland und die Bundeswehr können das nicht.

Seit Ende des Kalten Krieges hat Deutschland seine Armee vernachlässigt, sogar heruntergewirtschaftet. Eine Institution, die dann »reformiert« wurde, wenn es darum ging, die Kosten zu senken. Statt jedoch bekannte Probleme bei der Ausrüstung, in der Struktur und bei der Bürokratisierung ernsthaft anzugehen und zum Beispiel wirtschaftlich effiziente Großstandorte einzurichten oder Ausbildungsstätten zusammenzulegen und zu konzentrieren, wurde ziemlich fantasielos, linear und quer durch die Bank in allen Bereichen gekürzt.

Natürlich hat es seit dem Kalten Krieg Auslandseinsätze gegeben, etwa auf dem Balkan, in Afghanistan und in Mali. Was die militärische Intensität angeht, waren das jedoch Einsätze im Low-Level-Bereich und diese hat Deutschland »gerade so« stemmen können. Für die Landes- und Bündnisverteidigung ist die Bundeswehr hingegen derzeit nicht gewappnet, weder personell noch materiell oder finanziell. Sollte die Situation an der Ostflanke des NATO-Bündnisses oder im indo-pazifischen Raum heute eskalieren, stünde die Bundeswehr vor massiven Problemen und könnte weder Deutschland noch das NATO-Vertragsgebiet mit schützen – trotz Sondervermögen von hundert Milliarden Euro, das die Bundesregierung als Reaktion auf den Einmarsch der Russen in die Ukraine für die Bundeswehr bereitgestellt hat.

Dabei ist zum Beispiel die deutsche wehrtechnische Industrie sehr gut. Wir haben die besten U-Boote und einen der besten Kampfpanzer der Welt, doch in den vergangenen Jahren war nur ein Bruchteil des Großgeräts in Heer, Luftwaffe und Marine einsatzbereit. Die schnelle Instandhaltung des Geräts und die Versorgung mit Ersatzteilen sind jahrelang ein Problem gewesen. Stellenweise hatten wir weniger Kampfpanzer einsatzbereit als die Schweiz und weniger Schiffe auslaufklar als die Niederlande.

Wenn die gesamte Einsatzbereitschaft infolge des russischen Krieges gegen die Ukraine gestiegen ist, ist das eine positive Entwicklung. Wichtig ist, dass die Politik der Bundeswehr das gibt, was diese zur Erfüllung ihres Auftrags braucht – aber auch, dass die Bundeswehr deutlicher macht, was fehlt. Es gibt im Verteidigungsbereich nämlich die Tendenz, Potemkinsche Dörfer zu schaffen. Dann sieht die Welt auf dem Papier hervorragend aus mit vielen guten Zahlen, Plänen und Maßnahmen; nur hat die Realität damit stellenweise wenig zu tun. Das Primat der Politik darf nicht zu Wunschdenken und Schönreden führen.

Fakt ist: Nur sehr wenige der Kampfhubschrauber und Mehrzweckhubschrauber sind in den vergangenen Jahren einsatzbereit gewesen. Teilweise kamen Bundeswehr und Industrie mit den Inspektionen nicht hinterher; man sprach davon, dass es einige Jahre dauern könnte, bis mehr Maschinen einsatzbereit seien. Für die Pilotenausbildung musste die Bundeswehr zeitweise Hubschrauber beim ADAC anmieten. Von den Schützenpanzern des Heeres rollte stellenweise weniger als ein Viertel. Von manchen Kampfflugzeugen blieben im Schnitt drei Viertel am Boden. Wenn es nicht am Materiellen lag, war die prekäre personelle Lage der Bundeswehr mitverantwortlich dafür, dass zum Beispiel von den U-Booten der Marine zeitweise kein einziges auslaufklar war. Ich befürchte, die meisten zivilen deutschen Motorbootvereine oder Motorflugklubs hatten einen besseren Klarstand. Für eine der größten Volkwirtschaften der Welt ist das ein nicht hinnehmbarer Zustand. Zum Glück ist das Ausmaß erkannt und vieles wird kontinuierlich verbessert.

Zuletzt haben wir von den einsatzbereiten Geräten achtzehn Leopard-2-Panzer an die Ukraine gegeben. Von diesen dürfte kaum einer mehr einsatzbereit sein, weil die komplette technisch-logistische Begleitung fehlt. Außerdem müsste der Leopard im Verbund eingesetzt werden. Man braucht begleitende Infanterie, Luftverteidigungsbefähigung, Pioniere oder Minenräumkapazitäten, damit das Waffensystem optimal zur Geltung kommt. Das ist nicht gegeben und deshalb kann ich mich nur wiederholen, wenn ich sage, dass Waffensysteme alleine keinen Krieg entscheiden, sondern deren Einsatz durch Streitkräfte – und deutsche Streitkräfte können wir nicht in die Ukraine mitliefern. In der Zukunft mag das anders aussehen, dann steht und fällt die Einsatzbereitschaft von Leopard und Co. vielleicht nicht mehr mit dem Menschen – spätestens, wenn Künstliche Intelligenz menschliche Aufgaben übernimmt oder die Soldaten anleitet. Möglicherweise werden Reparaturen dann mit einer Schritt-für-Schritt-Bedienungsanleitung, die KI uns liefert, ausgeführt werden können, ohne dass wir selbst wissen müssen, was wir tun. Aber davon sind wir momentan noch entfernt.

Es ist richtig, dass Deutschland die Ukraine unterstützt, auch mit Waffenlieferungen, soweit sie Sinn machen. Wir haben allerdings so wenige einsatzfähige Großgeräte, dass unsere Waffenlieferungen an Kiew zulasten unserer eigenen Verteidigungsfähigkeit gehen. Zeitweise fuhr, schwamm, tauchte und flog kaum etwas in unserer teuren und immer teurer werdenden Truppe. Wie kann und soll man unter diesen Umständen ausreichend Waffen abgeben, mit denen sich die Ukraine tatsächlich umfassend verteidigen könnte, und gleichzeitig sicherstellen, dass man selbst geschützt ist?

Kurz gesagt: Für die Landesverteidigung fehlt Deutschland derzeit das einsatzfähige Großgerät, hauptsächlich Panzer, Schützenpanzer, Kampfflugzeuge, Schiffe und U-Boote.

Die Bundeswehr hat bereits große Mühe, eine einzige Brigade zu alimentieren, die voll einsatzfähig ist. Im Falle der Landesverteidigung würden wir ad hoc maximal eine Brigade auf die Beine stellen können und die Munition würde nur für etwa zwei bis drei

Tage reichen. Eine Situation wie der russische Überfall, gegen den sich die Ukraine ohne nennenswerte Vorlaufzeit wehren musste, wäre für Deutschland fatal.

Jede Menge Mangelware

Mithilfe des bereitgestellten Sondervermögens erreicht Deutschland 2024 das von der NATO seit Langem geforderte Zwei-Prozent-Ziel. Diese zwei Prozent vom Bruttoinlandsprodukt entsprechen knapp vierundsiebzig Milliarden Dollar.[2] Eine imposante Summe, mit der Deutschland einen der führenden Plätze unter den weltweit größten Verteidigungsetats einnimmt.

Dennoch reicht das Geld gerade für das Nötigste. Es wird Jahre dauern und sehr viel mehr Geld kosten, bis die Armee wieder einsatzbereit ist. Neben dem fehlenden Großgerät beziehungsweise dessen mangelnder Einsatzbereitschaft wird allein die dringend benötigte Munitionsbevorratung zunächst zwanzig Milliarden Euro verschlingen. Weitere Milliarden im zweistelligen Bereich werden nötig sein, um die Kasernen zu sanieren.

Noch vor einigen Jahren genügte jede zweite Kaserne nicht den von der Bundeswehr selbst gesetzten Standards, wie eine Untersuchung des Verteidigungsministeriums zeigte: »Das erste Lagebild ergab, dass über fünfzig Prozent der Gebäude in einem guten bis mittleren Allgemeinzustand sind.« Im Umkehrschluss bedeutet das, dass die andere Hälfte es aufgrund erheblicher Mängel nicht ist, wobei ganze neun Prozent überhaupt nicht nutzbar seien, so der Untersuchungsbericht.[3]

Im zweiten Jahr der von Bundeskanzler Scholz ausgerufenen Zeitenwende sieht es nicht viel besser aus. Die Infrastruktur sei teilweise weiterhin desaströs, der schlechte Zustand der Kasernen beschämend und dem Dienst, den die Soldatinnen und Soldaten leisten, unangemessen, kritisierte im März 2024 die Wehrbeauftragte Eva Högl in ihrem Jahresbericht. »Mich erreichen Schreiben von Eltern, deren Kinder soeben den Dienst angetreten haben – in Kasernen mit maroden Stuben, verschimmelten Duschen und verstopften Toiletten.«[4]

Geld allein wird unsere Sicherheit allerdings nicht erhöhen, das zeigt der Blick auf andere Länder. Israel steht zum Beispiel nur weniger als ein Drittel unseres Etats zur Verfügung, trotzdem sind die israelischen Streitkräfte einsatzbereit. In der Bundeswehr hakt es nämlich noch an anderer Stelle: Wir brauchen eine klare Kontrolle der Ausgaben, straffere Beschaffungsprozesse und vor allem eine konsequente Führung des jeweiligen Ressorts.

Die Zeit für lange Entwicklungs- und Beschaffungsprozesse und generalstabsmäßige »Goldrandlösungen« ist vorbei. Es darf nicht sein, dass Sonderwünsche und Spezialanforderungen hohe Kosten verursachen, die Produktionszeiten ins Unendliche verlängern und das Ergebnis zu allem Überfluss anfälliger für Pannen ist. Ein unrühmliches Beispiel: Obwohl die Marine neue Einsatzboote für ihre Spezialkräfte brauchte, wurde bei der Auftragsausschreibung eine Maximalgeschwindigkeit der Boote verlangt, die nicht umsetzbar war. Mit dem Ergebnis, dass Unternehmen erst gar kein Angebot für den Bau der Boote abgaben oder im Laufe des Prozesses aussteigen mussten.[5]

Die Bundeswehr muss lernen, von der Stange zu kaufen. Marktverfügbarkeit ist besser als neue *never ending stories* in der Beschaffung. Ausschreibungsverfahren und bürokratische Prozeduren müssen vereinfacht und beschleunigt werden. Das Bewusstsein ist inzwischen vorhanden: Man will künftig in erster Linie Rüstungsgüter bestellen, die sofort produzierbar und schnell verfügbar sind – umso zügiger wird die Truppe kriegstüchtig oder besser: verteidigungstüchtig sein. Wenn man dabei auf eine weltweit geachtete, wehrtechnische Industrie wie die deutsche zurückgreifen kann, darf man sich glücklich schätzen. Wir müssten die deutsche Rüstungsindustrie jedoch stärker als bisher in die Pflicht nehmen, die Bundeswehr einsatzbereit zu machen. Wir können nicht deshalb vermehrt amerikanische Waffensysteme und Großgeräte kaufen, weil sie gerade verfügbar sind, und uns dadurch abhängig von den USA machen. Hier muss und wird es, da bin ich zuversichtlich, zukünftig auch heimische Lösungen geben. Eine Voraussetzung wäre es, langfristige und verbindliche Aufträge an die deutsche Rüstungsindustrie zu vergeben, die dadurch vorausschauend produzieren könnte.

Darüber dürfen wir jedoch nicht vergessen, dass wir (auch) europäische, länderübergreifende Lösungen brauchen werden, wenn Europa eine eigene, unabhängigere Sicherheit aufbauen will. Die europäischen Streitkräfte müssen Synergien schaffen, ihre Ausrüstung aufeinander abstimmen und harmonisieren. Eine Vielzahl unterschiedlicher Kampf- und Schützenpanzertypen mit unterschiedlicher Artillerie und einer jeweils hochkomplexen, unterschiedlichen Bedienbarkeit parallel in unterschiedlichen EU-Staaten zu entwickeln, zu produzieren und zu unterhalten, kann einfach nicht effizient sein. Wie es die *Neue Zürcher Zeitung* einmal zusammenfasste: »Das [Maß] an Ineffizienz lässt sich an dem berühmt-berüchtigten Beispiel ablesen, dass die Europäer über siebzehn verschiedene Kampfpanzer verfügen, während das amerikanische Militär nur ein einziges Modell im Einsatz hat.«[6]

Ich prangere übrigens nicht das Beschaffungsamt an, im Gegenteil. Das Bundesamt für Ausrüstung, Informationstechnik und Nutzung der Bundeswehr (BAAINBw) ist besser als sein Ruf. Es ist ausgesprochen kompetent, wenn die politischen Vorgaben vom Bundesverteidigungsministerium klar kommuniziert werden. Mit dem Sondervermögen wurden nun auch viele Beschaffungen »von der Stange« angestoßen – es wird trotzdem dauern, bis sie in der Truppe ankommen.

Im Verteidigungsministerium und in der Bundeswehr hat man inzwischen verstanden, dass die Uhr tickt. Das ist der erste Schritt. Man hat auch damit begonnen, die Sinnhaftigkeit von Regeln zu hinterfragen und die Regeldichte in der Bundeswehr kritisch zu beleuchten. Auch das ist ein wichtiger Schritt, denn die Bundeswehr ist teilweise in bürokratischen Fesseln gefangen, die zu Ineffizienz und Dysfunktionalität führen, vor allem aber dazu, dass nur wenige bereit sind, Verantwortung zu übernehmen.

Seit Jahren steht dazu einiges in den Berichten der Wehrbeauftragten, ohne dass sich faktisch umfangreich etwas geändert hätte. Ein unrühmliches Beispiel ist die EU-Arbeitszeitrichtlinie. Sie wurde unkritisch übernommen und hat das ohnehin massive Personalproblem der Bundeswehr potenziert.

Regeln müssen vereinfacht und vor allem realistisch an die Begebenheiten angepasst werden. Erfüllen sie einen Zweck? Erleichtern sie die Arbeit? Oder existieren sie nur um ihrer selbst willen? Hier gilt es, vom Ende her zu denken: Eine Regel ist sinnvoll, wenn sie hilft, nicht hindert. Die bürokratisierte Bundeswehr muss sinnvoll entbürokratisiert und verschlankt werden. Statt aufgeblähten Stäben und einer übergroßen Anzahl an Ämtern und Kommandobehörden sowie zahlreichen unsinnigen Doppelstrukturen braucht Deutschland »boots on the ground« – ein altbekanntes Thema, das zwar erkannt ist, aber im Rahmen der Zeitenwende nun hoffentlich aktiv und effektiv angegangen wird.

Schreckgespenst Uniform?

Als die deutsche Armee am 12. November 1955 gegründet wurde (die Bezeichnung »Bundeswehr« bekam sie erst ein halbes Jahr später), ernannte Theodor Blank, der erste Bundesminister für Verteidigung, die ersten Freiwilligen der neuen deutschen Streitkräfte. Es waren einhundertundein Mann. Im Vergleich dazu ist die Truppe substanziell gewachsen, aber an Personal mangelt es ihr trotzdem. Seit Jahren fehlen der Bundeswehr mindestens zwanzigtausend Soldatinnen und Soldaten; derzeit gehören ihr nur gut einhundertachtzigtausend Uniformierte an. 1990, bei der Wiedervereinigung Deutschlands, lag die Truppenstärke noch bei über fünfhunderttausend Soldaten. Mit Ende des Kalten Krieges wurde diese Zahl Schritt für Schritt reduziert – bis man schließlich ins heutige Minus rutschte.

Die zwanzigtausend Dienstposten sind unbesetzt, trotz Werbemaßnahmen und der Einführung des »Bundeswehrattraktivitätssteigerungsgesetzes« mit Teilzeitarbeit, geregelter Arbeitszeit, Kita-Plätzen, Flachbildschirmen, Flatrates, kostenlosem Surfen im Internet und weiteren Maßnahmen, die jedoch wenig Effekt zeigten und die Einsatzbereitschaft der Bundeswehr kaum substanziell verbesserten.

Eine Armee braucht idealerweise Masse, das hat der Krieg gegen die Ukraine gezeigt. Mindestens braucht sie jedoch ausreichend Soldatinnen und Soldaten, um wenigstens ihren ureigenen Aufgaben nachkommen zu können. Sollte es beispielsweise der Marine an voll ausgestatteten Besatzungen fehlen, könnte Deutschland nicht alle verfügbaren Schiffe gleichzeitig in den Einsatz schicken. Wenn durch alltägliche Dinge wie Erkrankungen oder schwerwiegende Ereignisse wie eine kriegerische Auseinandersetzung zusätzliche Ausfälle hinzukommen würden, ginge nichts mehr. Dieses »nichts mehr« ist hausgemacht, das Personalproblem ist seit Langem bekannt. Beim Heer und bei der Luftwaffe sieht es ähnlich aus.

In meiner Zeit als Gruppenleiter im Kanzleramt von 2006 bis 2013 war von Russland als Bedrohung weniger die Rede; es ging in erster Linie um Afghanistan. Doch schon damals hatten wir große Mühe, fünf- bis sechstausend Soldatinnen und Soldaten im Jahr dort im Einsatz zu halten. Und das war, wenn man es mit der Situation in der Ukraine vergleicht, ein militärisch weniger gefährlicher Einsatz. Trotzdem mussten wir Personal und Material aus Hunderten von Standorten im wahrsten Sinne des Wortes zusammenklauben, um den Einsatz zu ermöglichen. Es ist uns knapp gelungen, mehr wäre nicht möglich gewesen.

Als sich die Bundeswehr anschließend an dem internationalen Einsatz gegen die Terrororganisation »Islamischer Staat« im Irak beteiligte, reiste zwar die damalige Verteidigungsministerin Ursula von der Leyen in den Nordirak. Was nicht reiste, waren deutsche Waffen und deutsche Soldatinnen und Soldaten: Wegen defekter Flugzeuge hatte sich der Transport in die Krisenregion verzögert. Zuvor hatten die Inspekteure von Heer, Marine und Luftwaffe eine eklatante Mängelliste vorgelegt. Auch der Bund der Steuerzahler forderte eine durchgreifende Reform und konstatierte, der Zustand der Streitkräfte sei katastrophal und ihr Umgang mit Geld fragwürdig: Fast zwei Milliarden Euro für militärische Beschaffungen seien gar nicht erst ausgegeben worden, während die Personal- und Verwaltungskosten das Plansoll überschritten hätten.

Zum Personalmangel gesellte sich der fehlende politische Wille: Bei den jährlichen Mandatsverlängerungen der Auslandseinsätze wurde von verschiedenen Seiten kräftig auf die Obergrenze des Streitkräfteumfangs in Afghanistan gedrückt. Das ist innenpolitisch und wahltaktisch verständlich, aber in militärisch-operativer Hinsicht unsinnig. Dennoch wurde die Obergrenze deutscher Truppen im Auslandseinsatz bei den Debatten im Bundestag stets zum umkämpften Politikum und der jeweilige Verteidigungsminister verteidigte vor allem sich selbst.

An den personellen Problemen, vor denen wir schon vor Jahren standen, hat sich im Grunde nicht viel geändert. Das zeigt ein Blick auf die neue, geplante »Brigade Litauen«, die an der Grenze zu Belarus stationiert werden soll. Deutschland will mit der Brigade eine aktivere Rolle in der NATO übernehmen. Wenn wir in Europa eine eigene Sicherheit – im Zusammenspiel mit der NATO – aufbauen wollen, ist es wichtig, dass Deutschland diese Verantwortung annimmt.

Doch die Brigade mit ihren rund fünftausend vorgesehenen Kräften ist noch längst nicht einsatzbereit, die Finanzierung und die Rahmenbedingungen sind noch nicht klar. Dabei wird es (auch) davon abhängen, wie viele Soldatinnen und Soldaten sich für den

Dienst in Litauen entscheiden werden. Immerhin soll nicht rotiert werden, sondern die Soldatinnen und Soldaten sollen, teilweise mit ihren Familien, länger vor Ort stationiert sein. »Dienen und leben« nennt es die Bundeswehr und betritt damit Neuland: Eine schwere Kampfbrigade, die auf Dauer ins Ausland entsendet wird, gab es so noch nicht. 2025 will man sie mit einem Aufstellungsappell in Dienst stellen, bis Ende 2027 soll sie voll einsatzbereit sein. Man darf gespannt sein, ob dieses Ziel erreicht wird. Wie in meinen Jahren als Gruppenleiter im Kanzleramt müssen wohl auch dieses Mal wieder Personal und Material, soweit verfügbar, aus anderen Dienststellen und Verbänden abgezogen werden, die dann in der Tat blank wären und im Grunde nur auf dem Papier existierten.

Es hängt nicht nur mit der jahrelangen Unterfinanzierung der Bundeswehr zusammen, dass es grundsätzlich an Personal mangelt. Es hat auch viel damit zu tun, dass es in Deutschland an Motivation und Überzeugung fehlt, was den Dienst an der Waffe angeht. In ideeller Hinsicht hat die Bundeswehr kein tragfähiges Narrativ, das junge Menschen motivieren könnte, Soldatin oder Soldat zu werden. Gesellschaftlich ist der Gedanke der Wehrbereitschaft jahrelang nicht vorhanden gewesen, obwohl eine Mehrheit der Deutschen grundsätzlich positiv gegenüber der Bundeswehr eingestellt ist – allerdings handelte es sich in den letzten Jahrzehnten um eine Friedenswehr, um Entwicklungshelfer in Uniform, nicht um eine waffenstarrende Armee. Insofern war es schwierig, ein militärisches Selbstverständnis der Bundeswehr zu pflegen, von gesellschaftlicher Anerkennung ganz zu schweigen.

Die internen Probleme der Bundeswehr sind da wenig hilfreich, wurden aber möglicherweise durch den fehlenden gesellschaftlichen Status und die überbordende Bürokratie begünstigt. Da wären zum Beispiel die weit verbreitete Absicherungs- und Geltungsmentalität samt Schönfärberei; die bereits erwähnte fehlende Bereitschaft, Verantwortung zu übernehmen und sie stattdessen abzuschieben; die Entstehung von Seilschaften oder die Tendenz zum

Mikromanagement statt effizienter Auftragstaktik. Nicht zuletzt ist das Verteidigungsministerium stets der traurige Spitzenreiter im politischen Berlin, wenn es um das illoyale Durchstechen interner Papiere an die Medien geht.

All das trug dazu bei, dass die Armee lange als eher friedliche und bisweilen inkompetente, überbürokratisierte Nebensächlichkeit wahrgenommen wurde. Sobald die Bundeswehr in den letzten Jahren jedoch militärisch handeln musste, was immerhin eine der zentralen Aufgaben einer Armee ist, ging ein Aufschrei durch Deutschland. So wurde zum Beispiel der Afghanistaneinsatz unter Führung der NATO ein Politikum. Der Einsatz war eine direkte Folge der Terroranschläge am 11. September 2001 gegen die USA und eine Beistandsverpflichtung nach Artikel 5 der NATO-Vereinbarung, der Deutschland entschieden hatte zu folgen. Die Bundeswehr wurde nach Afghanistan entsandt; mehrere Male reiste auch die damalige Bundeskanzlerin Angela Merkel mit mir dorthin. Dabei musste sie teilweise gefährliche Bedingungen in Kauf nehmen, wie sie in einem Land herrschen, in dem militärisch gekämpft wird.

Bei ihrer ersten Afghanistanreise im November 2007 wurde zum Beispiel ein Selbstmordattentäter am Flughafen gestellt, zum Glück bevor Schlimmeres geschehen konnte. Am Tag zuvor war eine Straßenbombe gefunden worden.

Auch als die Kanzlerin im April 2009 nach Afghanistan reiste, um sich in Kundus ein Bild der Lage zu machen – immerhin kämpften und fielen dort deutsche Soldatinnen und Soldaten erstmals seit 1945 wieder wie in einem Krieg –, kam es zu mehreren gefährlichen Situationen. Unter anderem flogen wir mit zwei CH-53 Hubschraubern der Bundeswehr im Tiefflug, nur ein paar Meter über Grund, von Usbekistan aus über die afghanische Grenze nach Kundus. Bordtüren und Verladerampe waren offen, Maschinengewehre mit Gefechtsmunition im Anschlag. Aus Sicherheitsgründen wusste niemand von der Reise. Im Anflug auf das deutsche Feldlager Kundus ertönte plötzlich ein Alarmsignal, die Bordelektronik hatte Lichtreflexe aufgenommen. Es knallte, die Maschinen wurden erschüttert, rauchende Täuschkörper wurden ausgestoßen und die Hubschrauber gingen in ein waghalsiges Ausweichmanöver über. Im Moment war nicht klar, ob wir beschossen wurden oder nicht. Angela Merkel blieb vollkommen ruhig und gefasst; sie vertraute auf die Fähigkeiten der Soldatinnen und Soldaten, die für ihre Sicherheit verantwortlich waren. Vor allem war sie der Überzeugung, dass diejenige, die Tapferkeit von »ihrer« Truppe fordert, mit gutem Beispiel vorangehen muss. Deshalb war es für Angela Merkel auch selbstverständlich, ihren Besuch und das Programm im Feldlager trotz des Zwischenfalls wie geplant fortzusetzen. Nachdem die Kanzlerin im Anschluss weitergereist war, wurde das Feldlager übrigens von den Taliban mit Raketen beschossen.

Bei einer anderen Reise war Angela Merkel nach Afghanistan gekommen, um die deutschen Soldatinnen und Soldaten im Lager Masar-e Scharif zu besuchen. Während der mächtige Gouverneur Atta die Kanzlerin in seinem pompösen Palast im Zentrum der Stadt empfing, kam es draußen zu einer lauten Explosion, die die deutschen wie afghanischen Sicherheitsleute zu Recht massiv beunruhigte. Viel hätte passieren können.

Vielleicht kann man sich anhand dieser wenigen Beispiele ein Bild davon machen, mit welchen Bedrohungen die Bundeswehr in Afghanistan rechnen musste. Ich erinnere in diesem Zusammenhang daran, dass ein Krieg, wie er derzeit in der Ukraine stattfindet, noch weitaus fordernder ist – dessen sollten sich alle bewusst sein, die auf eine militärische Lösung pochen und jede politische Herangehensweise ablehnen, selbst wenn diese mit Waffenlieferungen und umfassender westlicher Unterstützung Hand in Hand ginge.

Zurück nach Afghanistan: In der Nacht vom 3. auf den 4. September 2009, wenige Tage vor der Bundestagswahl, befahl der deutsche Kommandeur in Kundus einen Luftangriff auf zwei von Taliban entführte Tanklastzüge. Er ließ die Wagen zerstören, damit sie nicht als fahrende Bomben gegen deutsche Soldatinnen und

Soldaten eingesetzt werden konnten – ein damals wahrscheinliches Szenario. Die Afghanen, die um die Fahrzeuge standen, nachdem diese zuvor in einem Fluss stecken geblieben waren, kamen bei dem Luftangriff ums Leben.

Angela Merkel gab kurz nach dem Luftangriff die erste Regierungserklärung zu Afghanistan ab und bekannte sich zur Notwendigkeit des deutschen Engagements. Gleichzeitig brachte sie erste Abzugsüberlegungen ins Spiel, was auch der bevorstehenden Bundestagswahl und dem zu erwartenden Auseinanderbrechen der damaligen Koalition mit der SPD geschuldet war.

Ein Untersuchungsausschuss wurde eingesetzt. In den Medien entbrannte eine sehr deutsche, in erster Linie wertegeleitete Debatte. Wie viele Menschen Deutschland in jener Nacht umbringen ließ, wurde später zum Beispiel gefragt. *Der Spiegel* sprach in der Folge von einem »deutschen Verbrechen«[7] und stellte den Bundeswehreinsatz bei Kundus damit suggestiv in die Nähe historischer Verbrechen – eine beliebte Verurteilungsform in Deutschland, dem Land der Moralweltmeister. Medien und nicht zuletzt die politische Opposition, die kurz vorher noch für den Afghanistaneinsatz in der Regierungsverantwortung stand, behandelten das Thema wie einen aus der Kontrolle geratenen, überzogenen Polizeieinsatz in Deutschland.

Auch ich bin, nicht nur mit Blick auf Afghanistan, menschlich betroffen, wenn Kriege und Konflikte Opfer fordern. Dass die Streitkräfte einer politischen und gesellschaftlichen Kontrolle unterstehen, ist ebenfalls richtig und ein essenzieller Teil der deutschen Demokratie. Aber ich sehe auch militärische Überlegungen und Notwendigkeiten: Die Bundeswehr ist im wahrsten Sinne des Wortes eine *Streit*kraft, eine auf den Kampfeinsatz ausgelegte Armee. Wenn, wie infolge des Luftangriffs in der deutschen Debatte geschehen, militärische Rahmenbedingungen und Besonderheiten des Einsatzes in Afghanistan größtenteils einfach ausgeblendet werden, macht man sich etwas vor. Die Bundeswehr kann keine pazifistisch angelegte Friedensarmee sein, sie muss – wie es auch der deutsche Verteidigungsminister Boris Pistorius formulierte – »kriegstüchtig« sein und wird auch in Zukunft in militärischen Auseinandersetzungen Opfer produzieren und Menschenleben fordern – auch auf der eigenen Seite.

Am Ende forderte die emotionsgeladene, von alten Vorurteilen gegen die Bundeswehr getragene Debatte nur weitere Opfer, wenn auch anderer Art. Die Truppe bekam den Verbrecherstempel aufgedrückt; Verteidigungsminister Franz Josef Jung, Generalinspekteur Wolfgang Schneiderhan und Staatssekretär Peter Wichert mussten ihre Ämter aufgeben.

Die Bereitschaft in der Gesellschaft, die Bundeswehr auch als kämpfende Truppe anzunehmen, dürfte sich mit dem Überfall auf die Ukraine geändert haben. Soldatinnen und Soldaten erfahren mehr Wohlwollen und Sympathie und die Bundeswehr gesteigerten Zuspruch, weil man ihre Wichtigkeit für die Freiheit und den Frieden in Deutschland und Europa drastisch vor Augen geführt bekommen hat. »Eine große Mehrheit befürwortet den Einsatz von Waffengewalt durch die Bundeswehr, um einen militärischen Angriff auf Deutschland (…) oder ein verbündetes Land (…) abzuwehren«, heißt es in der Auswertung der Bevölkerungsbefragung 2023 des Zentrums für Militärgeschichte und Sozialwissenschaften der Bundeswehr.[8]

Die meisten jungen Deutschen möchten dennoch keinen freiwilligen Wehrdienst leisten. Und wie viele Deutsche wären bereit (von der Fähigkeit ganz zu schweigen), notfalls mit der Waffe in der Hand für das eigene Land zu kämpfen? Vielleicht liegt es daran, dass wir nicht (mehr) wissen, was Krieg bedeutet. Das ist im Prinzip etwas, für das wir uns glücklich schätzen dürfen. Zum Problem wird es, wenn wir glauben, Kriege würden auf technischer Ebene ausgetragen, wie die Drohne, die gegnerische Panzer ferngesteuert in Rauch aufgehen lässt, oder die Rakete, die feindliche Nachschubwege aus der Distanz zerstört. Es mag sein, dass sich Drohnenpiloten weit entfernt in Sicherheit befinden. In dem Panzer, den die

Drohne ins Visier nimmt, sitzen jedoch Menschen, die verwundet werden und sterben.

In dieser Hinsicht sind die modernen Medien Fluch und Segen zugleich. Ein Segen, weil wir uns umfassend und relativ unabhängig informieren können. Zum Fluch werden sie, weil wir Krieg – ähnlich wie bei den ferngesteuerten Drohnen und Raketen – wie ein TV-Ereignis verfolgen, das weit entfernt stattfindet. Erst fliegen Bomben, dann gibt es Interviews dazu, es folgt eine kurze Werbung. Schon scheint der Krieg ein wenig von seinem Schrecken und seiner Intensität zu verlieren. Es zeugt von friedlichen Zeiten, wenn der Krieg aus dem Bewusstsein einer Bevölkerung verschwunden ist, aber es ist gefährlich, wenn wir gleichzeitig keine einsatzbereite Armee haben, die uns im Falle des Falles schützen könnte.

Wenn Deutschland wieder wehr- und verteidigungsfähig werden möchte, muss sich folglich auch unsere Mentalität ändern. Das heißt nicht, dass wir zu kriegsbegeisterten Falken werden sollten, beileibe nicht. Wir müssen lediglich zu Realisten werden. Der beste Panzer, das beste U-Boot, der beste Kampfjet ist nichts ohne einsatzbereite Streitkräfte. Soldatinnen und Soldaten müssen wieder mehr sein dürfen als uniformierte Streetworker, Brunnenbohrer, Katastrophenhelfer und Pandemiebekämpfer. Und denjenigen, die für Deutschland zum Beispiel auf dem Balkan im Einsatz waren oder in Afghanistan gekämpft haben und es eines Tages vielleicht an anderen Orten der Welt oder womöglich auf heimischen Boden tun werden, darf nicht das Wort »Mörder« ins Gesicht geschrien werden, nur weil sie den Streitkräften angehören.

In diesem Zusammenhang eine Diskussion über eine allgemeine Wehrpflicht anzufangen, ist jedoch weder zielführend noch sinnvoll, zumindest nicht zum jetzigen Zeitpunkt. Ja, die zwanzigtausend offenen Stellen bei der Bundeswehr müssen besetzt werden. Aber über die Wehrpflicht lohnt es sich dann zu sprechen, wenn erstens die notwendige Infrastruktur aufgebaut worden ist und zum Beispiel die Kasernen modernisiert und saniert worden sind, und das kann noch Jahre dauern. Zweitens muss die Bundeswehr – oder besser: die deutsche Gesellschaft – dem Soldatsein eine positive Bedeutung verleihen, sonst wird es aufgrund von Personalmangel und Überalterung in der Bundeswehr auf absehbare Zeit keine einsatzfähigen Streitkräfte geben. Drittens gibt es bereits die Möglichkeit, freiwillig Wehrdienst zu leisten. Nur wird sie nicht genutzt. Wer will auch in ein Unternehmen eintreten, dem jahrzehntelang kaum gesellschaftliche und politische Wertschätzung entgegengebracht wurde?

Trotzdem sollten wir in einem ersten Schritt versuchen, die freiwillige Wehrpflicht zu einer attraktiven Option zu machen. Sollte das Erfolg haben, braucht es möglicherweise gar keine allgemeine Wehrpflicht. Dumm ist nur, dass sich die Katze hier in den Schwanz beißt: Ohne neues Personal wird es nicht besser. Und solange es nicht besser wird, kommt kein neues Personal.

Sollte sich die sicherheitspolitische Landschaft jedoch ändern und Russland zu einer nochmals gesteigerten, massiven Bedrohung für NATO-Europa werden, dann wird Deutschland wieder zur allgemeinen Wehrpflicht zurückfinden müssen. Inwiefern es dann eine Wehrpflicht für Männer und Frauen sein wird, wie beispielsweise in Israel, wird zu diskutieren sein.

Lebensversicherung der Demokratie

Der mangelhafte Zustand der Streitkräfte und der in der Vergangenheit nicht immer tadellose Umgang mit den Steuergeldern, die in die Bundeswehr gesteckt wurden, waren viele Jahre lang gleichermaßen skandalös – und oft gepaart mit einem politischen und gesellschaftlichen Unverständnis für die besonderen Belange der Bundeswehr. Sichtbare Konsequenzen gab es keine, stattdessen ging man zügig zur Tagespolitik über. Während die Truppe in den Medien bisweilen skandalisiert wurde und einzelne Themen übergroß aufgebläht wurden, fielen die großen, systemischen Mängel unter den Tisch. Dass die Berichte der verschiedenen Wehrbeauftragten in den vergangenen Jahren keine politischen Skandale auslösten, ist das eigentlich Skandalöse – es hätte einen politischen und gesellschaftlichen Aufschrei geben müssen.

Doch keiner der letzten Verteidigungsminister hatte das Zeug (oder das Geld) dazu, die Streitkräfte einer der größten Wirtschaftsnationen der Erde nachhaltig zu formen. Fairerweise muss man festhalten, dass diese Missstände nicht allein aufgrund der mangelnden Kompetenz oder des fehlenden Willens eines einzelnen Ministers entstanden sind. Sie sind auch den faktischen Rahmenbedingungen des Berliner Politikbetriebs geschuldet und natürlich der Tatsache, dass die Gesellschaft der Bundeswehr weitgehend gleichgültig gegenüberstand – der ehemalige Bundespräsident Horst Köhler nannte es einmal »freundliches Desinteresse«.[9]

Hinzu kommt, dass der Posten des Verteidigungsministers in Berlin hochriskant ist. Oft ist er oder sie der »Buhmann«. Sicherheitspolitik ist ressortübergreifend, doch wenn etwas schiefgeht, ist immer der Verteidigungsminister verantwortlich. Nur er oder sie muss sich rechtfertigen; nur er oder sie sitzt auf dem Schleudersitz der Republik.

Es ist kein Zufall, dass diejenigen, die Kanzlerambitionen zeigen, sich in der Regel schnell auf diesem Posten wiederfinden: Amtierende Kanzler schicken gern ihre politischen Rivalen auf den Posten, denn nicht wenige stranden dort oder erleiden politischen Schiffbruch. Auch junge, ambitionierte Bundestagsabgeordnete zieht es selten in den Verteidigungsausschuss. Nach den Reduzierungsbeschlüssen und Standortschließungen der letzten Jahre ist die Bundeswehr in vielen Wahlkreisen kaum noch präsent. Entsprechend hält sich das Interesse von Abgeordneten in Grenzen. Zudem wissen sie, dass man mit den unbeliebten harten »facts and figures« der Sicherheits- und Verteidigungspolitik in den Umfragen hierzulande schnell im Keller landet und damit auch keine Wahlen gewinnt.

Überhaupt kann man mit öffentlichen Äußerungen zu Fragen der Sicherheitspolitik schnell ins mediale Schussfeld geraten. Als der damalige Bundespräsident Horst Köhler im Mai 2010 in einem Interview zum Einsatz der Bundeswehr in Afghanistan auf die Bedeutung militärisch gesicherter Handels- und Transportwege für eine Wirtschaftsmacht wie Deutschland hinwies, löste dies heftige mediale Kritik aus, die wenige Tage später zu seinem Rücktritt führte. Und das, obwohl sich seine Aussage beinahe wörtlich mit dem damaligen Weißbuch deckte und insofern der politischen Linie der Regierung entsprach.

Oder Ursula von der Leyen, damals Verteidigungsministerin, die aufgrund von medialem und politischem Druck das Sturmgewehr G36 aus dem Verkehr ziehen ließ und dafür hohe Kosten in Kauf nahm – obwohl die exzellente Waffe von Eliteeinheiten weltweit gerühmt wurde und sich nie ein Soldat im Einsatz über sie beklagt hatte, sondern sie im Gegenteil als bedienfreundlich und zuverlässig bewertet wurde.

Man bekam in der Vergangenheit öfter den Eindruck, dass sowohl in Berlin als auch in den Medien das Verständnis für das Militärische oft nur schwach ausgeprägt ist. Um das zu ändern, bräuchte es langfristiges, strategisches Denken in der Politik und gesellschaftliche Annahme der Bundeswehr; nicht bloß Toleranz, sondern Akzeptanz. Stattdessen wurde sie als seelenlose, fast überflüssige Maschine betrachtet, in der es zudem mächtig hakt, statt als Lebensversicherung unserer Demokratie.

Mehr wollen, mehr machen, mehr können: Von Enthaltsamkeit zur Leistungsbereitschaft

Zumindest politisch scheint die deutsche Enthaltsamkeit überwunden zu sein: Ein Einsatz der Bundeswehr ist denkbar und im Falle des Falles sogar wünschenswert. Der Bundeskanzler hat die Zeitenwende ausgerufen und die Truppe mit neuem Geld ausgestattet. Man kann die hundert Milliarden Euro eine imposante Summe nennen – oder einen Tropfen auf den heißen Stein. Ich habe beides getan und beides ist richtig. Denn die Zeitenwende kommt zu einem Zeitpunkt, an dem die deutschen Streitkräfte in einem nie dagewesenen, schlechten Zustand sind. Die Wiederbelebung der Bundeswehr kostet Geld, und dieses Geld wird zunächst hauptsächlich in die materielle Einsatzbereitschaft fließen, also in Rüstungsgüter und alles, was dazugehört. Es geht insbesondere um neue Korvetten für die Marine, um das schwere Großgerät des Heeres einschließlich neuer schwerer Transporthubschrauber sowie um Mehrzweckkampfflugzeuge des Typs F-35 für die nukleare Teilhabe der Luftwaffe sowie um Eurofighter der neuesten Version. Außerdem stehen bewaffnete Drohnen auf der Einkaufsliste der Bundeswehr, denn diese sind aus fast keinem Konflikt mehr wegzudenken.

Geld allein wird die Sicherheit, wie gesagt, jedoch nicht erhöhen, solange Deutschland nicht mehr »boots on the ground« hat. Deutschland braucht einsatzbereite Streitkräfte – nicht nur einsatzbereite Waffen – als politische Rückversicherung und gesellschaftliche Lebensversicherung. Zudem erinnere ich daran, dass militärische Imposanz, vor allem in Form scheinbar überlegener Waffensysteme, nicht gleichbedeutend ist mit Effektivität. Die personelle Trendwende muss kommen, auch wenn die Personalgewinnung schwierig ist.

Eigentlich bräuchten die deutschen Landstreitkräfte dringend drei einsatzbereite, voll ausgestattete, kampffähige Divisionen. Davon ist das Heer meilenweit entfernt. Das Jahr 2031 ist als Ziel angedacht, wird aufgrund der fehlenden finanziellen, personellen und materiellen Rahmenbedingungen aber immer unrealistischer.

Mit Blick auf die neue Vorneverteidigung der NATO an der Ostgrenze müsste die Bundeswehr perspektivisch jedoch mindestens eine kampffähige Division vorhalten können. Die Voraussetzungen dafür fehlen noch. Wenn wir Glück haben, wird in ein paar Jahren jedoch wenigstens eine Division einsatzbereit sein.

Zudem wird das verfügbare Geld, zumindest das aus dem Sondervermögen, zur Neige gehen: Die Extra-Finanzierung wird 2027 vorerst enden. Zwar heißt es aus der Bundesregierung, dass Deutschland das Zwei-Prozent-Ziel der NATO auch 2028 einhalten wird. Wie genau die Finanzierung aussehen soll, ist jedoch noch nicht klar. Zudem ist es mit einem Ausblick bis 2028 nicht getan: Die Bundeswehr ist nach jahrelangem Abbau und politischer Vernachlässigung an ihrem Tiefpunkt angekommen. Genauso wird ihr Aufbau etliche Jahre brauchen, weit über 2028 hinaus. Gleichzeitig wird der Bedarf der NATO steigen, unter anderem mit Blick auf ein mögliches Engagement im Indo-Pazifik. Hinzu kommt die offene Südflanke, die ebenfalls Kapazitäten von der Bundeswehr fordern wird, sei es im Rahmen der NATO oder einer unabhängigen europäischen Sicherheitspolitik.

Mit Blick gen Osten werden es sich die Bundeswehr und die NATO erst recht nicht leisten können, auf absehbare Zeit die Schultern zu senken. Russland könnte einige Jahre verstreichen lassen, um sich nach dem Krieg gegen die Ukraine (so er denn enden sollte) militärisch zu regenerieren und für einen Angriff auf ein NATO-Land zu rüsten, zum Beispiel im Baltikum – und wenn es nur ein »Test« wäre, um herauszufinden, ob die NATO-Länder einander wirklich beistehen und wie der Westen reagieren würde. Umso wichtiger ist es, dass die Bundeswehr sofort komplett einsatzfähig wäre. Es würde in einem solchen Fall sicher nicht ausreichen, nur Teile der Truppe zu mobilisieren, um zu stabilisieren, zu unterstützen und abzuschrecken.

Der Krieg gegen die Ukraine hat darüber hinaus gezeigt, wie wichtig Digitalisierung und Vernetzung für die Kriegführung sind, das habe ich bereits erwähnt. In Zukunft könnten ein geschützter Informationsraum sowie ein von Künstlicher Intelligenz gestütztes militärisches Internet der Dinge die Führungsfähigkeit moderner Streitkräfte erheblich verbessern. Geschützte, abhörsichere Kommunikation und das geschützte Übermitteln von Daten und Sprache müssen bei der Modernisierung der Bundeswehr eine wichtige Rolle spielen. Auf europäischer Ebene könnte so zudem die Interoperabilität gewährleistet werden; die Streitkräfte von Partnernationen könnten zusammenarbeiten.

Fazit

Wenn das Heer maximal eine einsatzbereite, vollausgerüstete Brigade auf die Beine stellen kann und zeitweise weniger Kampfpanzer einsatzbereit hat als die Schweiz, wenn unsere Luftwaffe stellenweise nur rund ein Drittel ihrer Kampfflugzeuge startklar hat, wenn die deutsche Marine die kleinste ihrer Geschichte ist und weniger Schiffe in den Einsatz schicken kann als unser kleines Nachbarland, die Niederlande, dann steht Deutschland in der Tat »blank« da, wie es der Heeresinspekteur Alfons Mais formulierte, kurz nachdem Russland in die Ukraine einmarschiert war.

Die Bundeswehr kann ihrem Verfassungsauftrag so nicht nachkommen. Sie hat nicht die einsatzbereiten und aus dem Stand verfügbaren Großverbände, die es dafür braucht. Zu der mangelhaften Einsatzfähigkeit gesellen sich ein verschleppendes Beschaffungswesen, überbordende Bürokratie, schwerfällige Strukturen, fehlende Attraktivität und massive Personalprobleme.

All diese Probleme sind seit Langem bekannt. Das ist, wenn man so will, die gute Nachricht. Immerhin wissen wir ziemlich sicher, an welcher Stelle es woran hakt. Umso zügiger haben Bundeswehr und Politik nach dem russischen Überfall auf die Ukraine anfangen können, die Probleme in Angriff zu nehmen. Die Regierung stellte Geld bereit, die Bundeswehr begann, aufzurüsten und sich intern neu aufzustellen.

Natürlich hat man in den Jahren zuvor viel Zeit verschenkt. All das hätte längst geschehen können. Deutschland hat seine Landes-

und Bündnisverteidigung vernachlässigt und muss nun in kürzester Zeit große Versäumnisse aufholen. Weil Jammern in sicherheitspolitischen Fragen und militärischen Auseinandersetzungen jedoch selten hilft, zählt jetzt der Blick nach vorn. Das Bewusstsein für die nötige Veränderung ist da, der Wille zu handeln ebenfalls. Und mit dem Sondervermögen ist auch finanziell ein Anfang gemacht. Wichtig ist, dass es so weitergeht: Deutschland braucht Durchhaltevermögen. Zügiges, entschlossenes Handeln, und das über einen längeren Zeitraum hinweg. Sprint- und Marathonqualitäten sind gleichermaßen gefragt. Denn über Nacht wird sich die Situation der Bundeswehr nicht verbessern, wohl aber über Jahre – wenn wir dranbleiben.

Etwas anderes als dranzubleiben, können wir uns ohnehin nicht erlauben. Dafür ist die Bedrohungslage zu massiv und zu vielseitig mit Russland im Osten, der offenen europäischen Flanke im Süden, der angespannten Lage im Indo-Pazifik und nicht zuletzt mit dem schwelenden Konflikt zwischen Israel und dem Iran.

Deutschland benötigt insgesamt mehr militärische Kampfkraft, derzeit vor allem an den ostwärtigen Grenzen der NATO. Das Bündnis braucht eine neue Vorneverteidigung, zu der wir beitragen müssen. Die Einschränkungen, die wir uns im Rahmen der NATO-Russland-Grundakte aus den 1990er-Jahren auferlegt haben, stehen zur Disposition, darunter die Zusage, keine substanziellen Kampftruppen dauerhaft auf dem Territorium ehemaliger Mitglieder des Warschauer Paktes zu stationieren. Deutschland hat sich bisher an die Vereinbarung gehalten. Wir müssen jedoch prüfen, ob rotierende, nicht substanzielle militärische Verbände – wie bisher – ausreichen, um die Sicherheit unserer östlichen Bündnispartner auf Dauer und nachhaltig zu gewährleisten. Insbesondere die Sicherheit der drei baltischen Staaten, Estland, Lettland und Litauen, ist stark gefährdet. Als frühere Sowjetrepubliken haben sie russische Minderheiten, die von Putin, wie in seinem politischen Drehbuch auf der Krim und im Donbass, politisch missbraucht werden könnten. Putin hat vor dem Einmarsch in die Ukraine die politische Souveränität des Landes einfach und völkerrechtswidrig negiert. Das Risiko besteht, dass er es im Fall der baltischen Staaten ebenso handhaben könnte.

Mit der »Brigade Litauen« macht Deutschland einen entscheidenden Schritt, hin zu mehr Verantwortung für die Sicherheit an der NATO-Ostgrenze, aber auch weg von der NATO-Russland-Grundakte. Die Brigade wird kampffähig und dauerhaft in Litauen stationiert sein. Das ist nicht nur symbolisch, sondern vor allem strategisch wichtig, denn eine effektive Verteidigung der baltischen Staaten ist nicht einfach: Ein nur gut fünfundsechzig Kilometer langer Landstreifen (Luftlinie) zwischen Litauen und Polen verbindet die baltischen Mitglieder mit den übrigen NATO-Ländern. Diese sogenannte »Suwałki-Lücke« könnte von russischen Streitkräften im Kriegsfall schnell geschlossen werden. NATO-Verstärkungskräfte für das Baltikum wären also mit Masse auf den Luft- und Seeweg angewiesen. Folglich brauchen wir gerade im Baltikum eine glaubwürdige militärische Abschreckung.

Auch die langen Ostgrenzen Polens und Rumäniens werden besser geschützt werden müssen. Neben konventionellen Angriffen müssen wir außerdem auf die von Putin ins Spiel gebrachte nukleare Option vorbereitet sein, auch wenn es zuallererst immer darum gehen muss, einen atomaren Krieg zu verhindern. Vorbereitet zu sein, heißt daher auch, eine glaubhafte europäische nukleare Abschreckung aufzubauen – immerhin besteht die Möglichkeit, dass NATO-Europa ohne die atomare Schlagkraft und den nuklearen Schutzschirm der USA auskommen muss. Zusätzlich müssen wir die NATO-Raketenabwehr so strukturieren, dass das Bündnis so lückenlos wie möglich abgedeckt ist und wir in Zukunft nicht von Russland erpressbar sein werden.

Wichtig ist es aber auch, parallel zu allen militärischen Mitteln wie dem Wiederaufbau der Bundeswehr nach politischen Strategien zu suchen, die verhindern, dass es zu einem Krieg oder einer militärischen Auseinandersetzung kommt – weder mit Russland noch mit China oder aufgrund der Herausforderungen, vor denen Europa im Nahen Osten steht.

Wenn Deutschland Verantwortung zeigen und eine Führungsrolle beim Aufbau für mehr Sicherheit in Europa übernehmen will, dann muss das auf beiden Ebenen geschehen: zum einen mit einer politischen Strategie und zum anderen mit dem zukunftsorientierten Aufbau der Bundeswehr. Deutschland braucht Strategiefähigkeit und Wehrhaftigkeit für unser Land und für unsere Partner im Bündnis. Nicht zuletzt braucht unser Land den Segen seiner Bevölkerung, es braucht eine Gesellschaft, die eine kampffähige Bundeswehr bejaht und sich für ein sicheres Europa starkmacht.

Kapitel 7

Wie Europa sicher werden kann

Eine Aufgabe auch für Deutschland

Erinnern Sie sich an die To-do-Liste Chinas? Ganz oben steht: bis 2049 die Weltherrschaft übernehmen. Zum Vergleich: Europa hat sich auf die Fahnen geschrieben, zum gleichen Zeitpunkt klimaneutral zu sein. An diesem Ungleichgewicht »Weltherrschaft versus Klimaneutralität« lässt sich das Dilemma ablesen, in dem wir stecken.

Natürlich hat Europa ähnlich wie China strategische, machtpolitische und wirtschaftliche Ziele. Europa hat aber auch Werte, an die wir uns gebunden fühlen. Zum Beispiel werkelt China an der neuen Seidenstraße, egal, was das Projekt für die Umwelt bedeutet. Das Gegenprojekt der Europäischen Union nimmt hingegen Rücksicht, die Europäer sehen es gar als strategische Chance, ein Bewusstsein für Nachhaltigkeit zu schaffen. Auf kurze Sicht macht es sich Europa dadurch schwerer. Langfristig ist es jedoch die erfolgreichere, zukunftsfähigere Vorgehensweise. Vorausgesetzt, es gelingt, in einem solch ungleichen Wettbewerb zu bestehen. Das gilt für alle Bereiche europäischen Handelns und ist insofern unser Dilemma.

Andererseits verleihen uns eben jene Werte, die uns hier und da hemmen mögen, zugleich eine überlegene Stärke: Wenn wir über Sicherheit und Abschreckung sprechen, über unseren Frieden und unsere Freiheit, über Mitbestimmung und Menschenrechte, über Demokratie, Stabilität und Rechtsstaatlichkeit, dann wissen wir sehr genau, was es zu verteidigen gilt. Wir wissen, was auf dem Spiel steht.

Bundeskanzler Olaf Scholz hat recht: Der russische Angriff auf die Ukraine am 24. Februar 2022 markierte eine Zeitenwende. Man kann sie von ihrer Bedeutung für die Weltordnung nach dem Zweiten Weltkrieg nur mit dem 9. November 1989 vergleichen, als der Kalte Krieg in Europa beendet wurde; leider mit unterschiedlichen Vorzeichen. Die Jahre dazwischen werden einst als eine friedliche Epoche Europas oder auch als Zwischenperiode erscheinen. Mit dem Überfall Russlands hat sie ihr Ende gefunden.

Wenn Deutschland und Europa jetzt militärisch aufrüsten, wenn wir anfangen, mit den Säbeln zu rasseln und unsere Muskeln zu trainieren, um diese anschließend spielen zu lassen, dann nicht, weil wir Krieg den Weg ebnen wollen. Es geht im Gegenteil darum, dafür Sorge zu tragen, dass die Weltordnung, die sich derzeit neu entwickelt, eine – trotz bestehender sicherheitspolitischer Divergenzen – friedliche Ordnung sein wird. Um dieses Ziel zu erreichen, reicht allgemeine Aufrüstung allerdings nicht aus. Sie kann Interessenausgleich, Verständigung, Dialogbereitschaft und Vertrauensbildung nie ersetzen.

Es ist umso paradoxer, dass Europa, als integratives Friedensprojekt, Geschichte zu sein scheint. Die Idee, zusammenzuwachsen und zusammenzuarbeiten, dadurch Grenzen – im buchstäblichen wie übertragenen Sinn – abzubauen und ein friedliches Miteinander zu schaffen, war großartig, sinnvoll und lange Zeit erfolgreich. Doch die Gegebenheiten haben sich geändert. Russland spielt nicht mehr friedlich mit, China möchte Europa in die Abhängigkeit treiben und seinen Machtbereich ausdehnen. Derweil ist unsere offene, sichere Gesellschaft zum Anziehungspunkt für Flüchtende geworden – gleichzeitig aber auch zum Objekt der Verachtung und der Bedrohung, was Extremismus über unsere Südflanke verstärkt nach Europa bringt. Die europäische Idee kann sich folglich nicht mehr in erster Linie um das friedliche Zusammenleben der europäischen Nationen drehen. Es muss heute und in Zukunft auch um den Schutz, um die Verteidigung und die Sicherheit Europas gehen.

Europa muss mehr Strategie wagen

Mit Russland, China und unserer offenen Flanke im Süden steht Europa vor Problemen, die zur Herausforderung für unsere Sicherheit geworden sind. Es sind vor allem *europäische* Probleme, die für die USA eine andere strategische Gewichtung haben als für uns. Insbesondere die Problematik der Südflanke, die lange bekannt gewesen ist, aber bisher nicht mit der nötigen, umfassenden Strategie in Angriff genommen wurde, muss von Europa lösungsorientiert angegangen werden, nicht von den USA. Auch Russland wird weiter aus dem Blick der Amerikaner verschwinden, falls sich der Konflikt im Indo-Pazifik aufheizen sollte. Bisher importiert Europa seine Sicherheit – über die NATO – aus den USA, gibt damit aber auch Entscheidungs- und Gestaltungsgewalt ab. Dadurch laufen wir Gefahr, entweder schutzlos dazustehen oder zum Spielball zu werden.

»Die Großen tun, was sie können, die Kleinen, was sie müssen.« Das hat Thukydides, Athener Stratege und einer der bedeutendsten antiken griechischen Geschichtsschreiber, vor fast zweieinhalbtausend Jahren in seinem berühmten Melierdialog festgehalten.[1] Das heißt: Wenn wir gegenüber neuen strategischen Herausforderungen, wie sie sich durch die aktuelle Zeitenwende abzeichnen, gleichgültig bleiben, werden wir übergangen. Denn Europa beziehungsweise die Europäische Union gehört derzeit zu den »Kleinen«. Dessen muss man sich bewusst sein.

Wir mögen politisches und ökonomisches Gewicht haben, und wenn man die Verteidigungsetats aller Länder der Europäischen Union zusammennähme, käme eine staatliche Summe heraus, die uns allerdings nicht zwangsläufig militärische Überlegenheit verleihen würde. Im Vergleich mit den USA, mit China und eingeschränkt auch mit Russland sind wir jedoch strategisch und sicherheitspolitisch keine Großmacht. Die Europäische Union ist kein »Global Player«, kein unabhängiger strategischer Akteur, obwohl wir das Zeug dazu hätten. Unsere Strategie im globalen, geopolitischen Wettbewerb ist (noch) zu unharmonisch, zu uneindeutig, zu wenig zielorientiert und interessengeleitet. Auch deshalb, weil es bislang schwierig war, die teils gegenläufigen nationalen Einzelinteressen der EU-Mitgliedsländer unter einen Hut zu bringen.

Zumindest sicherheitspolitisch könnte sich das durch den russischen Überfall geändert haben: Wachgerüttelt durch Putins »Weckruf« hat ganz Europa verstanden, warum Abschreckung, Sicherheit und Verteidigung wichtig sind. Die EU- und NATO-Länder sind momentan so bereit wie lange nicht, an einem Strang zu ziehen. Dafür müssen wir klären, wie eine europäische Strategie aussehen kann und soll. Wir müssen definieren, wie die Europäische Union der Zukunft aussehen soll; ob und wenn ja, wie wir die europäische Zusammenarbeit in und mit der NATO gestalten wollen; was wir langfristig für Europa erreichen wollen; was die zentralen geopolitischen Interessen Europas sind.

Dabei sind zwei Dinge wichtig: Wir müssen vom Ende her denken, pragmatisch, realistisch, zielorientiert, ausgehend vom gewünschten Ergebnis und wie wir es erreichen können. Nicht politisches Wunschdenken darf uns leiten, sondern strategischer Realismus muss es tun. Zum anderen dürfen wir nicht ausschließlich auf unsere eigenen Interessen schauen, sie dürfen keine Scheuklappen sein, die unseren Horizont einschränken. Ja, die Durchsetzung unserer Interessen muss das Ziel sein. Wir erreichen es jedoch dann, wenn wir auch die zentralen strategischen Themen aller anderen geopolitischen Akteure sehen. So können wir dem einen bieten, was er braucht, im Tausch gegen etwas, das für uns essenziell ist. Wir können vermeiden, dem anderen auf die Füße zu treten, ihn zu provozieren und herauszufordern – oder genau das mit voller Absicht zu tun. Wir wissen, wer sich als Verbündeter anbietet, wer sich nicht auf eine Zusammenarbeit einlassen will, wer sich womit ködern lässt, wessen Interessen konträr zu unseren sind. Wenn man so vorgeht, hat Europa die Chance, die strategische Rolle eines »Global Players« einzunehmen.

Strategischer Exkurs

Wenn man etwas über Strategie wissen will, ist man – wenig überraschend – bei Generälen wie Clausewitz und Sunzi oder dem Diplomaten und klassischen politischen Denker Niccolò Machiavelli richtig. Ein guter Plan ist zum Beispiel noch keine Strategie. Und zwar deshalb nicht, weil man einen Plan unabhängig von anderen umsetzen kann. Eine Strategie ist es hingegen, ein langfristiges Ziel zu verfolgen und sich dabei mit Gegnern und Konkurrenten auseinandersetzen zu müssen – so wie es geopolitisch auf der Weltbühne geschieht. Es geht um Interaktion, um Wettbewerb, um das Handeln und Gegenhandeln von mindestens zwei Parteien, von denen jede versucht, ihre Ziele durchzusetzen und für sich den Sieg zu erringen. Insofern ist strategisches Handeln die Kunst, seine Ziele gegen den Widerstand anderer, die ihrerseits Gegenstrategien verfolgen, mit den verfügbaren Mitteln zu erreichen.

Führt man diesen Gedanken zu Ende, dann ist eine Strategie erst dann eine Strategie, wenn sie zum gewünschten Ergebnis führt. Erfolg muss sein; ohne Ziel braucht es keine Strategie. Deshalb erwähne ich immer wieder, dass Europa wissen muss, was es will. Es muss seine Ziele kennen. Allerdings – hier erinnere ich an das Wunschdenken – sollte eine Strategie das Gewünschte mit dem Möglichen zusammenführen.

Natürlich können wir uns vieles zum Ziel setzen, aber wie realistisch ist es, unser Ziel zu erreichen? Wenn uns die Mittel und Möglichkeiten fehlen, kann es auch keine Strategie geben. Dass die Europäische Union die USA als westliche Führungsmacht ablöst, mag zum Beispiel von dem einen oder anderen gewünscht sein, ist aber unmöglich. Dass wir hingegen eine sicherheitspolitische Zusammenarbeit aufbauen, in der Europa weniger abhängig sein und von den USA stattdessen als ernst zu nehmender Partner wahrgenommen wird, ist durchaus im Bereich des Möglichen.

In dem ersten Beispiel wären übrigens die USA unsere Widersacher. Im zweiten Beispiel wären es andere globale Akteure, die eine solche Autonomie Europas und eine gleichberechtigtere Partnerschaft verhindern wollen. Dazu gehört China, das vorhat, sich Europa machtpolitisch selbst einzuverleiben. Eine selbstbewusste, unabhängige Europäische Union und eine gestärkte westliche Allianz mit den USA würden es China nahezu unmöglich machen, dieses Ziel zu erreichen.

Das Verzwickte an jeder Strategie ist, dass Widersacher ebenfalls eine Strategie haben und die eigene zu durchkreuzen versuchen. Es nutzt also nichts, ausgereifte Pläne innerhalb einer Strategie zu entwerfen, weil man ihnen im Endeffekt nicht wird folgen können. Stattdessen geht es darum, mit- und vorauszudenken, Schachzüge des Gegners vorauszusehen, flexibel zu bleiben, schnell zu handeln und stets zur Improvisation bereit zu sein. Strategie ist folglich die – zuweilen unberechenbare – Aktion und Reaktion gegen einen gleichwertig agierenden, gegenhandelnden Akteur.

Hilfreich ist es, jederzeit alle Eventualitäten mitzubedenken und möglichst viele Informationen über den Gegner zu sammeln und auszuwerten. Die klare Analyse harter Fakten, ein rationales, kontrolliertes Vorgehen, die Fokussierung und klare Zielorientierung sind essenziell. Genauso wichtig sind Intuition, Einfühlungsvermögen und Empathie, denn nur so kann man sich in einen Gegner hineinversetzen, seine Schwachstellen erspüren und seine Motive ausmachen, um dann die passende Gegenstrategie zu entwerfen. Es geht um das Erkennen der Gesamtsituation und das Verstehen des Gegenübers – nicht darum, ihn zu akzeptieren. Nur wer seinen Widersacher kennt, kann ihn besiegen. »Wer den Gegner kennt und sich selbst, wird in hundert Schlachten nicht in Not geraten«, schrieb Sunzi.[2] Erst die Analyse, dann die Aktion. Erst denken, dann handeln.

Hier wird vielleicht noch einmal deutlich, warum ich deutsche Waffenlieferungen an die Ukraine dann hinterfrage, wenn sie nicht mit einem eindeutigen strategischen Ziel verbunden sind. Dass die Ukraine mit unseren (wenigen) Waffen Russland besiegen könnte, ist nicht wahrscheinlich und daher kein realistisches Ziel – eher würde Putin wohl Nuklearwaffen einsetzen. Dass die Ukraine sich mithilfe westlicher Waffen und anderer Unterstützung eine bessere Verhandlungsposition in Friedensgesprächen mit Russland erkämpfen kann, ist hingegen realistisch – wird von der deutschen Politik als Option aber abgelehnt. Hier fehlt es auf deutscher Seite an einer Strategie, was man im eigenen Sinne und im Sinne der Ukraine erreichen will.

Ein zentraler Punkt allen strategischen Handelns, der hier ebenfalls hineinspielt: Bei einer Strategie geht es nie um moralische Fragen, um schwarz oder weiß, sondern ausschließlich um Erfolg oder Misserfolg. David, der Goliath besiegte, hat genauso strategisch gehandelt wie Deutschland, das seine Nachbarstaaten im Zweiten Weltkrieg mit einem Blitzkrieg überzog, oder wie der »Islamische Staat«, der brutalen Terror verbreitet. Man kann diese sehr unterschiedlichen Beispiele hier im selben Atemzug nennen, weil sie zeitlosen strategischen Prinzipien folgen, die in sich wertfrei sind – jeder kann und wird sich diese Prinzipien zunutze machen, egal ob »gute« oder »schlechte« Absichten dahinterstehen.

Dennoch steht es jedem Akteur frei, seine Strategie an Werte anzulehnen – wie etwa die Europäische Union in ihrem Gegenprojekt zur chinesischen Seidenstraße. Im Falle des Falles kann eine solche Wertegebundenheit zum Erfolg einer Strategie beitragen, zum Beispiel weil Verbündete dieselben Werte teilen, Widersacher hingegen für gegensätzliche Werte stehen.

Ein sichtbarer Akteur

Mir geht es in diesem Buch um eine europäische Sicherheitsstrategie, die jedoch Teil eines großen Ganzen sein muss. Es bedarf nicht nur militärischer und sicherheitspolitischer Maßnahmen, sondern eines gesamtstrategischen Ansatzes der europäischen Staaten. Die Europäische Union kann ein Instrumentarium sein, um auf dieses Ziel hinzuarbeiten. Ich bin jedoch überzeugt, dass die Initiative dafür unter anderem aus Deutschland kommen muss.

Otto von Bismarck hat mit Blick auf die negativen Auswüchse deutscher Kleinstaaterei im 19. Jahrhundert gesagt, es käme darauf an, »Deutschland in den Sattel zu bringen«. Heute geht es in außen- und sicherheitspolitischer Hinsicht darum, Europa als Akteur in den Sattel zu bringen, das heißt handlungsfähig zu machen. Das wird nicht gelingen, indem man auf Brüsseler Bürokratie setzt. Stattdessen müssen souveräne europäische Staaten, wie Deutschland im Verbund mit Frankreich und Polen, das Europa der Zukunft formen und gestalten.

Deutschland muss stärker – und selbstbewusster – den sicherheitspolitischen Takt vorgeben und verstärkt eigene Initiativen ergreifen, was seinem politischen und wirtschaftlichen Gewicht entspräche. Der polnische Außenminister Radosław Sikorski, dem man nicht nachsagen kann, er sei in besonderem Maße »German-minded« gewesen, sagte bereits 2011 bei einem Besuch in Berlin: »Deutsche Macht fürchte ich heute weniger als deutsche Untätigkeit.« Sikorski hatte recht. Es gibt kaum einen anderen Kandidaten in Europa dafür, Führungsstärke auch im Bereich der Sicherheitspolitik zeigen zu müssen.

Damit es keine Missverständnisse gibt: Niemand will Deutschland wieder in einer hegemonialen Machtstellung in der Mitte Europas sehen, auch ich nicht. Es geht vielmehr darum, dass sich Deutschland als stärkste Wirtschafts- und Finanzmacht des Kontinents der Aufgabe stellen muss, Frieden, Freiheit und Stabilität in Europa mit zu sichern.

Das bereits erwähnte Weimarer Dreieck wäre ein möglicher, weil starker Ausgangspunkt, um eine solche Zusammenarbeit anzustoßen und eine europäische Strategie maßgeblich auf den Weg zu bringen. Das Weimarer Dreieck ist ein Forum, in dem sich Deutschland, Frankreich und Polen zu gemeinsamen Herausforderungen abstimmen, also zu grenzüberschreitenden, europapolitischen und internationalen Angelegenheiten. Es wurde 1991 ins Leben gerufen; heute ist es wichtiger denn je. Damals standen »kulturelle und geistesgeschichtliche Gedanken der europäischen Einheit« im Mittelpunkt, so der damalige Außenminister Hans-Dietrich Genscher. Heute geht es um die Verteidigungsfähigkeit Europas.

Berlin, Paris und Warschau könnten zunächst in einem »Top Down-Approach« die politischen und strategischen Fragen klären, mit denen Europa konfrontiert ist, allen voran die Frage, was Europa sicherheitspolitisch allein erreichen kann und will, welche NATO wir brauchen und wollen, wie Europa sich in Zukunft in der NATO ausrichten will und wie folglich ein europäischer Pfeiler im Bündnis aussehen könnte. Gemeinsame Antworten müssten gefunden werden.

Derzeit hat Europa – und Deutschland – geopolitisch nur die Wahl zwischen der ungleichen Allianz mit den USA, die auch mit Blick auf die NATO in ihrer jetzigen Form wahrscheinlich nicht weiterbestehen kann; dem Dasein als machtpolitisch schwacher und stark gefährdeter Appendix eines zunehmend von China und Russland beherrschten Eurasiens; oder der dringlicher werdenden Option eines strategisch autonomen Europas zwischen den großen Machtblöcken dieser Welt.

Europa muss sich für die dritte und letzte Option entscheiden, denn es reicht nicht mehr, sich in der Ausgestaltung der Außen- und Sicherheitspolitik hinter den USA zu verstecken und sich ausschließlich im Fahrwasser unseres wichtigsten Verbündeten zu bewegen. Es gibt Überschneidungen unserer Interessen, aber auch vitale Unterschiede. Das zeigt sich insbesondere mit Blick auf Russland und China, sei es im »strategic decoupling« von China, das die USA anstreben, das für Europa jedoch nachteilig wäre. Oder sei es die größere Gelassenheit der USA gegenüber der russischen Bedrohung, weil diese eben nicht auf amerikanischen Boden stattfindet, sondern auf europäischem. Für die Europäer ist diese Bedrohung hingegen sehr unmittelbar.

Dennoch wird auch ein strategisch autonomes Europa den USA eng verbunden bleiben (müssen). Die Antworten auf die von Berlin, Paris und Warschau diskutierten Fragen müssten die Europäer daher nach den amerikanischen Wahlen im November 2024 mit der neuen US-Regierung diskutieren, um zu gemeinsamen strategischen Ergebnissen zu kommen.

Zur europäischen Strategie muss auch ein gemeinsames strategisches Narrativ gehören. Bislang hat Europa so etwas nicht, doch es wird unbedingt gebraucht. Eine europäische Sicherheitspolitik kann nicht gebannt nach Washington schauen und auf strategische Weisungen einer Großmacht warten, die ihr eigenes strategisches Narrativ hat.

Die Europäer brauchen ein Narrativ, die Amerikaner europäischen »Input«: Angesichts der sich verändernden Weltordnung warten die Amerikaner auf europäische Vorstellungen und Initiativen. Sie wollen, dass die Europäer endlich klar und unmissverständlich ihre strategischen Interessen definieren. Was im Übrigen nicht heißt, dass alle europäischen Interessen bei den Amerikanern Zustimmung finden oder gar Jubel auslösen werden.

Um noch einmal das »strategic decoupling« aufzugreifen, das von den USA vorangetrieben wird, aber aus europäischer und vor allem deutscher Sicht nicht wünschenswert ist. Deutschland verdankt seinen Wohlstand nicht unerheblich dem chinesischen Markt. Aus deutscher Sicht ist daher ein undifferenziertes »strategic decoupling« gegen unsere nationalen Interessen gerichtet.

Wir können nicht eins zu eins eine (in diesem Fall amerikanische) Politik mitmachen, die unsere Wirtschaft und die politische und soziale Stabilität unseres Landes untergräbt. Hier müssen Europa und Deutschland einen anderen, klügeren und nachhaltigen Weg finden; sie müssen sich strategisch eigenständig aufstellen, ohne allerdings im Umkehrschluss von China abhängig zu werden.

Ein kurzer Einschub: Bei allen Vorbehalten, die gegenüber dem türkischen Präsidenten Erdoğan bestehen können, muss man beachten: Die Türkei hat die zweitstärkste Armee im NATO-Bündnis, Erdoğan betreibt eine Art »imperialer« Interessenpolitik in Zentralasien und in der Ägäis, unterstützt die Ukraine mit Waffen, verurteilt die russische Aggression, bezieht zugleich aber russische Waffen, russisches Gas und Öl, handelt mit Russland ein Wirtschaftsabkommen aus und war maßgeblich an der Aushandlung des Getreideabkommens mit Russland beteiligt.

In seiner Gesamtheit erscheint all das auf den ersten Blick widersprüchlich. Aber es ist das, was in Deutschland mit seiner eher werteorientierten Außenpolitik derzeit nicht stattfindet: nämlich eine an nationalen Interessen orientierte Außenpolitik, die primär das Wohlergehen des eigenen Landes im Blick hat.

Das Beispiel zeigt leider auch das gravierendste Defizit der Deutschen auf: Im Gegensatz zur Türkei ist Deutschland kein strategisch wichtiger Partner mit einer einsatzbereiten, leistungsfähigen Armee. Wir hätten sicherlich weitaus mehr Spielraum in unserer Außenpolitik, vor allem gegenüber den USA, wenn wir in der Sicherheits- und Verteidigungspolitik ein souveräner, verlässlicher Partner wären. Schließlich erwarten die USA von den Europäern seit Jahren – auch schon vor der ersten Amtszeit Donald Trumps – mehr militärische Befähigung und Eigenständigkeit, mehr sicherheitspolitisches Engagement und weniger Lippenbekenntnisse.

Was für Deutschland gilt, lässt sich auf Europa übertragen: Wir brauchen eine klare Sicherheitsstrategie für unser Land beziehungsweise unseren Kontinent, die definiert, was wir im Sinne unserer nationalen und europäischen Interessenlage wollen und was nicht. Wir müssen den Mut haben, unsere Interessen, auch gegenüber unseren Verbündeten und politischen Freunden in dieser Welt, zu artikulieren.

Warum eine EU-Armee derzeit eine Illusion ist

Ein Land, das für Sicherheit und Stabilität sorgen will, muss seine Gegner abschrecken. Es muss diese nicht nur daran hindern, »klassisch« in das Territorium des Landes einzufallen, sondern es muss auch seine Interessen schützen und Verbündeten beistehen. Dafür braucht es Streitkräfte, die bisweilen auch »am Hindukusch« im Einsatz sind, um die Aussage des ehemaligen deutschen Verteidigungsministers Peter Struck noch einmal aufzugreifen.

Ein Beispiel: Mit seinen vielen Handelsnationen bleibt Europa auf die Freiheit der Meere und internationalen Handelswege angewiesen. Es müsste folglich zu den Aufgaben europäischer Sicherheitspolitik gehören, diese Handelswege vom Horn von Afrika bis ins Südchinesische Meer offen zu halten. Das kann nicht nur Aufgabe der USA sein, die sich dort mit China um die Vormachtstellung streiten. Insofern sind die Entwicklungen im Südchinesischen Meer von Bedeutung auch für Europa. Die Europäer dürfen nicht zulassen, dass vollendete Verhältnisse geschaffen werden, die nicht im europäischen Interesse sind. Also muss sich Europa – geografisch weit von der Heimat entfernt – dort einbringen, potenziell mit Truppen, die dazu beitragen, die Region zu stabilisieren. Eine frühzeitige, vorausschauende europäische Sicherheitspolitik ist unabdingbar, wozu auch eine einsatzfähige Armee gehört. Militär ist nicht alles, aber ohne Militär ist alle Außenpolitik nur von begrenztem Erfolg, weil die Abschreckungs- und Umsetzungsmöglichkeiten fehlen.

Tatsächlich beschäftigen sich die Europäer schon lange mit der Idee, eine europäische Armee aufzustellen. Erste Versuche gab es bereits unter Karl dem Großen, unter Napoleon und Hitler, von der Fremdenlegion einmal abgesehen. Ernsthafte Pläne im 20. Jahrhundert gehen auf den gescheiterten Pleven-Plan in den 1950er-Jahren zurück. Der damalige französische Ministerpräsident René Pleven hatte vorgeschlagen, eine Europaarmee aufzubauen und sie unter das Kommando eines europäischen Verteidigungsministers zu stellen. Auch deutsche Soldaten sollten der Europaarmee angehören. Der Pleven-Plan scheiterte unter anderem genau daran. Denn die französische Nationalversammlung lehnte es ab, mit Deutschland einen ehemaligen Feind an der europäischen Verteidigungsgemeinschaft zu beteiligen.

Danach gab es zahlreiche weitere, ehrgeizige Initiativen der Europäer, sich der Vision einer europäischen Verteidigungsunion und Armee anzunähern. Da wäre zum Beispiel die 1954 gegründete Westeuropäische Union (WEU) mit ihrer – zumindest auf dem Papier – starken Beistandsverpflichtung. Von ihr blieben in den 1990er-Jahren jedoch nur noch die »Petersberg-Aufgaben« der EU übrig, vorwiegend im militärischen Soft-Power-Bereich.

Ein anderes Beispiel ist die (gescheiterte) Idee, eine europäische Eingreiftruppe mit bis zu sechzigtausend Soldaten ins Leben zu rufen, wie es 1999 auf dem Treffen des Europäischen Rates in Helsinki vorgeschlagen wurde. Auch die Aufstellung von EU-Battle-Groups im Jahre 2004 hat keine Durchschlagskraft bewiesen. Diese kleinen militärischen Formationen der Europäischen Union kamen ebenso wie das Eurokorps oder die deutsch-französische Brigade nie geschlossen zum Einsatz.

Ähnlich ernüchternd hat sich die PESCO-Initiative von 2017 erwiesen (kurz für: Permanent Structured Cooperation; deutsch auch: Ständige Strukturierte Zusammenarbeit). Die EU-Mitgliedsstaaten, die bei der Sicherheit und Verteidigung enger zusammenarbeiten wollen, haben sich mit PESCO auf eine Reihe verpflichtender Vereinbarungen geeinigt, zum Beispiel darauf, jährlich die Verteidigungsausgaben zu erhöhen. Auf dieser Basis sollen Projekte umgesetzt werden, mit denen die Länder eine gemeinsame Verteidigungsfähigkeit aufbauen wollen. Tatsächlich dominieren zwar ehrgeizige, aber vielseitig interpretierbare, widersprüchliche und nicht klar definierte Zielvorstellungen – allesamt weit davon entfernt, einer europäischen Armee näher zu kommen.

Insgesamt wirken die militärischen Formationen der Europäischen Union wie kostspielige Papiertiger von und für Militärbürokraten. Wie will man aber auch angesichts des offenen, politischen Rahmens und der nicht absehbaren Finalität der europäischen Integration ernsthaft eine europäische Armee aufstellen? Das Ziel ist nicht realistisch, weil die Mittel und Möglichkeiten nicht gegeben sind. Bei der Frage, ob die Aufstellung einer EU-Armee sinnvoll ist, sollte man sich daher weniger an Symbolpolitik und gutklingender Rhetorik orientieren, sondern an den Realitäten der europäischen Sicherheitspolitik.

Fünf Realitäten europäischer Sicherheitspolitik

Realität Nummer eins: Alle EU-Staaten zusammen kommen auf knapp ein Drittel des amerikanischen Verteidigungsetats. Ihre militärische und operative Effizienz liegt jedoch deutlich darunter, bei etwa zwanzig bis dreißig Prozent im Vergleich zur amerikanischen. Das liegt unter anderem an der fehlenden Interoperabilität und Verlegbarkeit der verschiedenen nationalen Truppen auf europäischer Seite.

Die EU-Mitgliedsstaaten verfügen gemeinsam über gut anderthalb Millionen Soldatinnen und Soldaten, die bei den meisten militärischen Out-of-Area-Missionen jedoch nur bedingt einsetzbar sind, unter anderem, weil die erwähnte strategische Verlegbarkeit fehlt. Selbst bei kleineren Militäreinsätzen wie den Luftoperationen einer europäischen Koalition gegen Libyen im Jahr 2011 ging ohne die Amerikaner nichts. Bei allen größeren Militäreinsätzen und

Operationen der NATO stellen die USA in der Regel das mit Abstand größte Kontingent, oft in dem schon von den Römern praktizierten Verhältnis 80 zu 20. Insofern sind die Amerikaner unerlässlicher Back-up für die anderen Truppensteller.

Zweite Realität: Die Streitkräfte der europäischen Mitgliedsstaaten sind überwiegend in einem schlechten Zustand, ich habe es am Beispiel der Bundeswehr aufgezeigt – die im europäischen Vergleich im Übrigen keineswegs allein dasteht. Wenn man versuchen würde, Europa eigenständig militärisch, also losgelöst von den USA, aufzubauen, dann würde das mindestens eine Verdoppelung oder gar Verdreifachung des Wehretats bedeuten. Das NATO-Ziel, zwei Prozent des Bruttoinlandprodukts für die Verteidigung auszugeben, würde bei Weitem nicht ausreichen. Ich sehe den politischen Willen dazu nicht, wenn allen Europäern klar wird, was das bedeutet. Folglich sind wir militärisch von den USA abhängig und werden es auch noch eine Weile bleiben.

Punkt drei habe ich bereits an anderer Stelle angesprochen: Gemeinsam kommen die EU-Staaten auf ein Verteidigungsbudget von über zweihundertfünfzig Milliarden Euro. Das kann sich sehen lassen. Aber die Europäer verschwenden im Verteidigungsbereich sehr viel Geld. Zum einen unterhält jeder Mitgliedsstaat seine eigene Armee, Marine, Luftwaffe, er hat eigene Beschaffungs-, Prüfungs- und Zulassungsverfahren, eigene Waffensysteme, gebaut und entwickelt von eigenen Rüstungsbetrieben, die jeweils von der eigenen Politik protegiert werden. Daraus ergeben sich unzählige Duplizierungen. Synergien fehlen.

Es gibt zum Beispiel mehr als ein Dutzend verschiedene Produktionslinien für Panzer und Schützenpanzer in den europäischen Staaten; die USA haben zwei. Bei den Europäern sind mehr als ein Dutzend verschiedene Typen von Fregatten im Einsatz, im Vergleich zu einer einzigen Klasse bei den USA. Die Europäer unterhalten neunzig verschiedene Waffenprogramme im Vergleich zu den siebenundzwanzig der Amerikaner. Da verwundert es nicht, dass nationale Zertifizierungen in Europa zwanzig Prozent der Entwicklungskosten neuer Waffensysteme verschlingen.

Kurz gesagt: Die Europäer haben unzählige parallel laufende, nationale Programme für gepanzerte Fahrzeuge, Kampfflugzeuge, U-Boote und Raketen. Von einer einheitlichen Ausrüstung, einer gemeinsamen Logistik und einer kohärenten Rüstungskooperation ist die Europäische Union folglich weit entfernt – genau das wären jedoch die Mindestvoraussetzungen für eine europäische Armee. Stattdessen konkurrieren die Europäer bei der Rüstung untereinander auf dem Weltmarkt. Dass die europäische Verteidigungspolitik trotz beträchtlicher Gesamtausgaben ein so geringes militärisches Fähigkeitsprofil vorweisen kann, liegt folglich an den ineffizienten Strukturen. Zusätzlich hinkt EU-Europa bei der Digitalisierung, bei der militärischen Nutzung des Weltraums, im Bereich von Kommunikation und Aufklärung sowie im strategischen Lufttransport weit hinter den USA her.

Diese militärischen Gegebenheiten lassen sich nicht im Handumdrehen ändern. Sie werden daher auch in den kommenden Jahren nicht eklatant anders aussehen als heute, selbst wenn die Europäer sich bereits an die Verbesserung gemacht haben. Auch wird Europa nicht mit sofortiger Wirkung zu einem unabhängigen strategischen Akteur, selbst wenn die Politik dieses Ziel unmittelbar und schlagkräftig verfolgen würde. Gleichzeitig machen die geopolitischen Entwicklungen nicht halt – niemand wartet darauf, dass Europa, salopp gesagt, in die Pötte kommt.

Daraus ergibt sich Realität Nummer vier: Es ist sicherheitspolitisch völlig klar, dass Europa und die USA die neuen globalen Machtverhältnisse mit Blick auf Russland und China nur gemeinsam ausbalancieren können; die NATO ist das derzeit einzige geeignete Instrumentarium dafür. Die Europäische Union wird allein nicht einmal mit dem anspruchsvollen Partner Türkei fertig. Gleiches gilt für Russland, auch hier funktioniert ohne die USA nichts. Ob Europa es möchte oder nicht (und selbst bei dieser Grundsatzentscheidung für die Weiterentwicklung Europas scheinen die Europäer unentschlossen zu sein): Die USA bleiben in der nahen Zukunft unerlässlich für die europäische Sicherheit.

Die fünfte Realität hat mit mangelnder Führungsstärke und den vielen unterschiedlichen Einzelinteressen der EU-Länder zu tun. Um Europa zu einem unabhängigen strategischen Akteur zu machen, müsste mindestens ein Staat die Initiative ergreifen und eine solche Transformation anstoßen. Die Deutschen könnten mehr Führung für Europa zeigen, wollen aber nicht. Die Franzosen wollen, können aber nicht. Eine Alternative wäre das angesprochene Weimarer Dreieck – aber auch das müsste zunächst einmal aktiv werden.

Die übrigen EU-Staaten werden sich einer anderen, wie auch immer gearteten europäischen Dominanz nicht einfach unterordnen. Das hat auch mit der angesprochenen unterschiedlichen Bedrohungswahrnehmung zu tun. Während östliche NATO-Mitglieder wie Polen oder die baltischen Staaten mit Sorge vor allem nach Russland blicken, schauen die südlichen Länder eher nach Nordafrika und auf die Südflanke im Mittelmeerraum. Das schließt eine europäische Zusammenarbeit in der Verteidigungspolitik nicht aus. Falsch wäre es aber, Funktionen zu duplizieren, statt Ergänzungen zu schaffen, und zu versuchen, eine militärische Parallelorganisation zur NATO im Sinne einer EU-Armee aufzustellen. Diese Bedrohungen mögen geografisch betrachtet einzelne EU-Staaten mehr betreffen als andere; es sind jedoch Probleme, die über kurz oder lang die Sicherheit in Gesamteuropa beeinflussen werden. Insofern muss NATO-Europa sie gemeinsam gesamt angehen.

Aus diesen Realitäten lassen sich eindeutige Schlussfolgerungen ziehen: Europa hat derzeit kaum die politische Kraft und nicht die nötige militärische »hardware«, Amerika kurz- bis mittelfristig zu ersetzen: Europa braucht die USA und das geht derzeit nur über die NATO, allerdings nicht in ihrer jetzigen Ausgestaltung. Stattdessen sollte Europa eine eigenständigere strategische Rolle weltweit einnehmen und dafür in einem ersten Schritt mehr für die Verteidigung und Lastenteilung im NATO-Bündnis tun. Das würde die NATO zum einen für die USA wieder attraktiver machen und NATO-Europa zum anderen mehr Unabhängigkeit verleihen – man könnte die eine oder andere Aufgabe auch ohne einen überproportional großen Beitrag der Amerikaner stemmen.

Anstatt die unrealistische Idee einer europäischen Armee zu verfolgen, sollten die europäischen Staaten ihre Streitkräfte wieder »state of the art« machen. Sie müssen (wieder) moderne Verteidigungsfähigkeiten zu Lande, zur See und in der Luft entwickeln und dabei Synergien schaffen, sprich: die nationalen Truppen und Waffensysteme in gewissem Maße europaweit harmonisieren. Die kostenintensiven Überschneidungen bei den Verteidigungsprogrammen in Europa müssen massiv reduziert werden, wenn Europa – mit und ohne NATO – sicherheits- und verteidigungspolitisch effizienter zusammenarbeiten will.

Ende April 2024 gab es in dieser Hinsicht eine kleine Erfolgsmeldung. Ich nenne sie »klein«, weil sie mit Deutschland und Frankreich zunächst nur zwei EU-Staaten betrifft. Doch immerhin haben sich die beiden Länder auf den Bau eines gemeinsamen Kampfpanzersystems verständigt, wohlgemerkt nach jahrelangen Verhandlungen. In Zukunft will man weitere Partner wie Polen mit an Bord holen. Die Erwartungen sind hoch, der französische Verteidigungsminister Sébastian Lecornu kommentierte: »Es geht nicht so sehr um den Panzer der Zukunft, sondern um die Zukunft des Panzers.« Der gemeinsame Panzer mache Sinn, »denn wir haben im Großen und Ganzen die gleichen Gegner und müssen gemeinsam trainieren«. Von deutscher Seite betonte Verteidigungsminister Boris Pistorius, dass man angesichts der globalen Entwicklungen »die besten Lösungen am besten aus Europa« brauche.[3] In diesem Zusammenhang muss auch FCAS, kurz für »Future Combat Air System«, als ein weiteres Beispiel für Leuchtturmprojekte europäischer Rüstungskooperation genannt werden. An dem neuen, gemeinsamen Kampfflugzeugsystem sind ebenfalls Deutschland und Frankreich sowie Spanien beteiligt.

Zusätzlich zu den Verpflichtungen aus dem NATO-Bündnis sollten die EU-Staaten die europäischen Außengrenzen gemeinsam besser schützen und sichern, auch mit zivilen, polizeilichen und militärischen Maßnahmen. Wenn die Europäer diese Aufgabe nicht gemeinsam angehen, wird die Renationalisierung der Sicherheit und des Grenzregimes unaufhaltsam weitergehen.

Bei all dem darf man von Deutschland erwarten, dass es Initiativen ergreift. Wenn Deutschland den Anfang macht, können wir nach dem »Anlehnungsprinzip« weitere Partnernationen in die Sicherheit Europas einbinden. Damit wäre Europa viel geholfen.

Militärische Zukunftsmusik

Die Tatsache, dass eine europäische Armee derzeit illusorisch ist, bedeutet nicht, dass es niemals eine solche Streitmacht geben kann – der Aufbau wird jedoch dauern. Frontex, die Europäische Agentur für die Grenz- und Küstenwache, ist schon heute am Schutz der Außengrenzen des Schengen-Raums beteiligt. Sie könnte möglicherweise den Kern für eine spätere europäische Armee bilden.

Ein erster, wichtigerer Schritt wäre zunächst aber der Ausbau von Frontex zu einer multinationalen europäischen Grenzschutztruppe. Schließlich ist die weitgehend unkontrollierte Migration ein massives Sicherheitsproblem für Europa. Der Aus- und Aufbau einer solchen Grenzschutztruppe würde ein politisches Signal an alle Länder in der Europäischen Union senden. Es könnte sie dazu bringen, nach gemeinsamen, europäischen Lösungswegen zu suchen, statt die Sicherheit an den Grenzen in die eigene Hand zu nehmen, was zu einem Durcheinander an Zuständigkeiten, Regeln und Vorgehensweisen führt. Es mangelt an Effizienz, an Abstimmung und teilweise auch an der Bereitschaft oder Möglichkeit der EU-Länder, Verantwortung zu übernehmen. Das könnte sich mit einer europäischen Grenzschutztruppe ändern.

Eine solche gemeinsame Grenzschutztruppe müsste zu Lande, zu Wasser und in der Luft einsetzbar sein, um flexibel an den Hotspots der EU-Außengrenzen, darunter die europäische Südflanke, zum Einsatz kommen zu können. Wenn man bei ihrem Aufbau im Blick behält, dass sie sich eines Tages zu einer gemeinsamen, europäischen Streitmacht weiterentwickeln könnte, ließen sich die entsprechenden Strukturen bereits heute anlegen.

Die erwähnten Papiertiger sind als Basis für eine Europaarmee hingegen politisch nicht praktikabel und militärisch unbrauchbar. Sie ähneln mehr einem sicherheitspolitischen Feigenblatt, unter dem sich nur wenig verbirgt. Stattdessen bräuchten die Europäer für solche und ähnliche Aufgaben spezielle, kampf- und durchsetzungsfähige Verbände, über die sie bislang nur bedingt verfügen.

Insofern wäre vielleicht auch die in der SPD-Bundestagsfraktion vor einigen Jahren ausgearbeitete Idee einer »28. Armee« ein nach wie vor bedenkenswerter Vorschlag, um eine schnelle, militärische Handlungsfähigkeit Europas zu etablieren. Angedacht ist ein militärischer Schnelleingreifverband mit bis zu acht- bis zehntausend Soldatinnen und Soldaten, bestehend aus Freiwilligen aus allen EU-Staaten unter direktem Oberbefehl der EU-Kommission. In diesen Zusammenhang gehört auch die Idee, die der polnische Außenminister Sikorski als früherer Abgeordneter des Europäischen Parlaments einbrachte, nämlich die Aufstellung einer »European Legion« mit geeigneten Freiwilligen aus den EU-Staaten nach dem Vorbild der französischen Fremdenlegion.

Solche Vorschläge könnten sinnvolle Ausgangspunkte sein, um schnell mehr Sicherheit für Europa aufzubauen. An einer umfassenden europäischen Streitmacht würden die Europäer sich derzeit noch überheben – materiell, finanziell und organisatorisch, doch vor allem würde ihr Aufbau viel zu lange dauern. In jedem Fall muss jedoch jetzt eine Grundsatzentscheidung für eine gemeinsame, militärische Sicherheit getroffen werden, egal, wie die Umsetzung im Detail aussehen wird.

Nuklearwaffen für Europa?

Als Russland 2014 die Krim annektierte, sagte die damalige Bundeskanzlerin Angela Merkel, das Vorgehen Russlands könne Auswirkungen auf das Streben anderer Staaten nach Atomwaffen haben. »Es ist mit Sicherheit ein sehr schlechtes Beispiel«, erklärte sie unter Verweis darauf, dass Russland der Ukraine in den 1990er-Jahren im Gegenzug für den Verzicht auf Kernwaffen den Schutz ihrer territorialen Integrität zugesagt hatte – eine Zusage, die Putin 2014 mit dem Einmarsch auf die Krim brach.[4]

Zehn Jahre später zeigt sich erneut, wie treffsicher Angela Merkel in ihrer Vorhersage war: Obwohl inzwischen ganz andere, nichtnukleare wie nukleare Waffensysteme verfügbar sind, scheint der Schutz vor einer Atommacht wie der russischen im Aufbau einer eigenen, gegengerichteten nuklearen Bewaffnung zu liegen. Folglich hat die Debatte um eine gemeinsame Nuklearstrategie für Europa angesichts des russischen Vorgehens und Putins Atomarsenal neues Feuer bekommen.

Das Thema ist nicht neu, scheint inzwischen jedoch drängender, weil sich das Engagement der Amerikaner in der NATO möglicherweise verändern wird. Ich erinnere an die offene Frage, inwiefern der nukleare Schutzschirm der USA für NATO-Europa in Zukunft zur Verfügung stehen wird und unter welchen Umständen die Amerikaner gewillt sein werden, ihn aufzuspannen, falls es im weit entfernten Europa zu einer atomaren Bedrohung käme. Diese Fragen lassen sich derzeit nicht mit der gewünschten Eindeutigkeit beantworten.

Gleichzeitig ist klar: Es gibt in Europa nur zwei Staaten mit eigenen Atomwaffen, Frankreich und Großbritannien, wobei die Briten seit dem Brexit nicht länger der Europäischen Union angehören. Europa bleibt daher kurz- bis mittelfristig auf den nuklearen Schutzschirm der USA angewiesen. Die strategischen Atombomben der Amerikaner schützen seit Jahrzehnten auch Nicht-Atommächte in Europa, darunter Deutschland. In absehbarer Zeit wird der amerikanische Atomschirm nicht »mal eben« durch eine europäische Variante ersetzbar sein.

Der amtierende US-Präsident Biden beabsichtigt zudem, die nukleare Abschreckung auf ausschließlich atomare Bedrohungen zu begrenzen. Angesichts dieser »Sole Purpose«-Strategie der USA müssen die europäischen NATO-Länder so oder so ihre eigene Abschreckungsstrategie gegenüber nichtnuklearen Bedrohungen grundlegend überdenken.

Deutschland könnte parallel mit Frankreich eine gemeinsame Strategie nuklearer Abschreckung für Europa entwickeln. Paris wäre durchaus bereit, seinen atomaren Schutz in eine europäische Gesamtstrategie einzubringen, wohlgemerkt nur als Teil eines europäischen Pfeilers innerhalb der NATO. Die Errichtung eines solchen Pfeilers sollte jedoch ohnehin das Ziel der Europäer sein; wenn er zusätzlich nukleare Sicherheitselemente enthielte, wäre das von Vorteil.

Aus deutscher Sicht wäre die Teilhabe an der »Force de frappe«, wie die Atomstreitmacht der französischen Streitkräfte genannt wird, vielleicht sogar effektiver als die derzeitige Situation: Bisher sieht die nukleare Teilhabe vor, dass Kampfjets taktische Nuklearwaffen der USA an Ort und Stelle transportieren und abwerfen. Die französischen Stand-off-Systeme, mit denen Nuklearwaffen aus der Entfernung auf ein Ziel abgeschossen werden, machen die Abschreckung glaubwürdiger als die derzeitigen amerikanischen Freifallbomben.

Bei allen nuklearen Überlegungen muss man, wie bereits angesprochen, berücksichtigen, dass die Situation heute fundamental anders ist als im Kalten Krieg, als die atomare Aufrüstung das Grundprinzip gegenseitiger Abschreckung war. Damals standen sich zwei klare Gegner gegenüber: der Westen in Form der USA nebst Verbündeten sowie der Osten mit der Sowjetunion und ihrer Peripherie. Die Fronten waren eindeutig. Statt der alten Bipolarität haben wir heute jedoch eine multipolare Welt mit neuen – teilweise auch nichtstaatlichen – Akteuren, darunter die BRICS-Staaten und insgesamt der Globale Süden, der die bisherige westliche Dominanz unter Führung der USA in absehbarer Zeit herausfordern wird.

Die eindeutigen Fronten des Kalten Krieges gibt es so nicht mehr. Auch die Monopolstellung, die die beiden großen Kontrahenten, die USA und die Sowjetunion, in wichtigen Technologiebereichen innehatten, ist Geschichte. Heute finden sich ballistische Raketen, Marschflugkörper, Satelliten und andere, weit verbreitete und bezahlbare Technologien wie unter anderem KI, Roboter oder Drohnen in den Händen vieler anderer Akteure der Weltpolitik. Das heißt, viele unterschiedliche Akteure verfügen über schlagkräftige Waffen und Technologien. Vor allem sind die ehemaligen alleinigen Akteure des Kalten Krieges nicht mehr automatisch die Technologieführer.

Der Eckpfeiler der nuklearen Abschreckung im Kalten Krieg war die gegenseitige gesicherte Zerstörung durch Atomwaffen: Wer zuerst einen Nuklearschlag ausführte, würde trotzdem sterben, nur eben als Zweiter – weil postwendend eine Atombombe auf ihn zurückgefeuert würde. Wie du mir, so ich dir. Im Krieg in der Ukraine haben wir jedoch den massiven Einsatz eines ganzen Arsenals von nichtnuklearen Abstandswaffen verschiedener Typen erlebt. Es sind nicht so sehr die verbesserten konventionellen Sprengköpfe, sondern die erhöhte Präzision der Abstandswaffen durch moderne Navigationsgeräte, die es möglich machen, nukleare Sprengköpfe durch konventionelle zu ersetzen. Zudem muss man bedenken, was passiert, wenn die Gegner in einem Schlagabtausch bewusst die Navigationssysteme der jeweils anderen Seite angreifen. Dazu muss nicht unbedingt der Abschuss von Navigationssatelliten im Weltall gehören; es gibt auch andere Möglichkeiten wie etwa entsprechende Cyberangriffe.

Im Klartext heißt das: Der russische Angriff auf die Ukraine hat gezeigt, dass ein Krieg in Europa mit konventionellen – also nichtnuklearen – Mitteln wieder möglich geworden ist. Von den Gefahren durch die neuen, präzisen Nuklearschläge, bei denen am Ende nicht zwangsläufig die totale gegenseitige Vernichtung steht, ganz zu schweigen.

Für eine europäische Strategie der Abschreckung bedeutet das: Nuklearwaffen sind heute nicht mehr die einzige Waffenkategorie, die eine strategisch bedeutsame Wirkung haben kann. Insofern müssten die Europäer verstärkt auch über nichtnukleare strategische Waffen nachdenken wie zum Beispiel Hyperschall- und Laserwaffensysteme, die das Potenzial haben, die frühere Zweitschlagfähigkeit als Fundament der nuklearen Abschreckung zu unterlaufen.

Neue Souveränität im Cyberraum

Die Europäer werden, trotz eigenen Engagements, auf die digitale, technologische und maritime Führerschaft der USA sowie auf deren Befähigung im Cyberspace und im Weltraum angewiesen sein. Es ist eine Sache der Realitäten, und diese zeigen, dass die Vereinigten Staaten in wirtschaftlicher, militärischer, wissenschaftlicher, technologischer, demografischer, geografischer und kultureller Hinsicht weiterhin die Weltführungsmacht bleiben werden, auch wenn sie sich derzeit mit China darüber auseinandersetzen müssen.

Sie sind neben ihrem Führungsanspruch im Weltraum auch im digitalen und virtuellen Raum die dominierende Macht: Netflix und

Amazon sowie ihre weltweit und weitgehend konkurrenzlos agierenden Internetfirmen wie Amazon, Alphabet (Google), Microsoft, Apple und Meta (Facebook) stellen diese digitale Führerschaft unter Beweis. Sie wird ernsthaft nur von China herausgefordert. Weltweit agierende US-Konzerne bilden unschlagbare Monopole. Sie dehnen ihre Aktivitäten ohne namhafte Konkurrenz auf zahlreiche andere Geschäftsfelder aus wie autonome Fahrzeuge, Raumfahrt, Drohnen und Künstliche Intelligenz. »The winner takes it all« scheint das Geschäftsprinzip und Kennzeichen des disruptiven Wandels im Zeitalter der Digitalisierung zu sein.[5]

Bei den großen Strategen der klassischen Geopolitik, Alfred Thayer Mahan, Nicholas Spykman, Halford Mackinder oder Zbigniew Brzeziński, spielte die Vormachtstellung in Eurasien, das Beherrschen von Gegenküsten, des Nahen und Mittleren Ostens oder die Kontrolle weltweiter Seeverbindungswege sowie die schnelle Verfügbarkeit einer starken Flotte eine große Rolle. Aber dieser ungehinderte Zugang zu Ressourcen, der früher und auch heute noch entscheidendes Kennzeichen einer Weltmacht ist, muss inzwischen ergänzt werden. Geopolitisch geht es heute primär um den ungehinderten Zugang zu Wissen, Daten und Informationen. Disruptive, digitale Technologien wie KI und Biotechnik sind heute und in Zukunft strategische Ressourcen. Strategisch wichtige Räume und Regionen wurden früher durch see- und kriegstüchtige Flotten, durch Seeleute und Soldaten, mitfahrende Kaufleute und Missionare erobert und in Besitz genommen. Inzwischen übernehmen obige Internetgiganten mit ihren digitalen Plattformen diese Besatzungsfunktion der »hearts and minds« sowie der Kommunikation und des Handels.[6]

Die Giganten verbinden Menschen. Das ist wünschenswert. Sie sichern sich aber auch die Informationsdominanz weltweit und kontrollieren in ihrer Monopolstellung den weltweiten Zugang zu Daten. Insofern erfahren die klassischen Methoden globaler Macht- und Einflusspolitik eine nicht zu unterschätzende Ergänzung: Reichtum und Wohlstand werden in immer stärkerem Maße auf den strategischen Ressourcen Wissen, Information und Kommunikation beruhen. Das Beherrschen bestimmter Territorien durch militärische Stützpunkte und Besatzungstruppen steht in Geopolitik und Strategie nicht mehr allein im Vordergrund. Es geht zusätzlich und verstärkt um die Kontrolle und das ständige Beeinflussen des ungehinderten Flusses von Wissen, Daten und Informationen.

Das alte, eher »analoge« Territorialprinzip in der Geopolitik wird teilweise abgelöst. Weltweite »Flows« wie die Weiterverbreitung von Informationen, Energie, Finanzen, des Handels, der Gewalt, der Waffen und schließlich von Menschen, die sich freiwillig oder unfreiwillig weltweit in Bewegung befinden, verändern und ergänzen klassische geopolitische Begebenheiten. Die laufenden digitalen Transformationsprozesse werden die internationale Sicherheitspolitik verändern (müssen). In den USA wie in China wird eine gigantische digitale Verteidigungsindustrie aufgebaut. Diese soll vor allem die digitalisierten kritischen Infrastrukturen wie zum Beispiel die Energie- und Wasserversorgung, staatliche Regierungsstellen und im Grunde alle industriellen Produktionsbereiche sichern.

Im digitalen Bereich verwehrt sich China dem unkontrollierten Zugriff durch amerikanische Softwarefirmen und Plattformen durch eine »Great Firewall« und eigene digitale Unternehmen wie Huawei oder Xiaomi. Die USA machen es umgekehrt genauso. Im Kern geht es dabei um das Erhalten und Verteidigen politischer Souveränität. Insofern sollte das chinesische und amerikanische Vorgehen in gewisser Hinsicht ein Vorbild für Europa sein, wenn es digital souverän sein will. Mit Blick auf die Möglichkeiten und Risiken der Digitalisierung kann man in Anlehnung an Carl Schmitt vielleicht sagen: Souverän ist heute, wer die digitale Informationshoheit hat und Kommunikation und Datenflüsse kontrolliert.[7] Schmitt ist nicht unumstritten, doch als einer der wichtigsten deutschen Staats- und Völkerrechtler des 20. Jahrhunderts ist sein Werk grundlegend. Er beschrieb eine »Gebrauchsanleitung« für die Anwendung jeder Art von staatlicher Macht und hat im Zusammenhang mit der Erarbeitung des Grundgesetzes – an der er im Übrigen nicht beteiligt war und es auch nicht sein durfte – den wichtigen Begriff der »wehrhaften Demokratie« erfunden.[8]

Ich habe angesprochen, welche Bedrohungsformen von Cyberattacken ausgehen. Angriffe sind häufig nicht oder zu spät zu erkennen. Grenzen verschwimmen, etwa zwischen Militär und Geheimdiensten, nichtstaatlichen oder Third-Party-Attacken, und eine eindeutige Zuordnung ist oft kaum möglich. Gerade im Hinblick auf hybride Kriegsformen sind einzelne Aktionen schwer zuzuordnen. Cybersicherheit ist somit längst zu einer gesamtgesellschaftlichen, gesamtstaatlichen – und im besten Fall: gesamteuropäischen – Aufgabe geworden. Europa wird es in Zukunft neben den klassischen Aufgaben der Landes- und Bündnisverteidigung mit hybriden Konflikten und Kriegen zu tun haben, also mit »low intensity conflicts« in Verbindung mit externen Akteuren, konventionellen und irregulären Elementen, mit Cyber- und Geheimdienstoperationen, mit Desinformationskampagnen im Vorfeld und während laufender Konflikte. Es ist nicht unwahrscheinlich, dass neue, disruptive Technologien sogar bekannte klassische militärische Fähigkeiten neutralisieren könnten.

Es wird letztlich mitentscheidend sein, wer die technologische Führerschaft in der vernetzten Digitalisierung innehat. Hier muss Europa auf eine starke Partnerschaft mit den USA setzen und einen entsprechenden Beitrag liefern.

Spezialfall Deutschland

Als stärkste Handelsnation der Europäischen Union und drittgrößte Volkswirtschaft der Welt ist Deutschland international verflochten. Es muss deshalb umso mehr Interesse an Frieden und Stabilität haben. Lange wurde beides von außen über die NATO, über die transatlantischen Beziehung zur Schutzmacht USA und über eine scheinbar festgelegte Weltordnung gesichert. Die Deutschen konnten es sich erlauben, auf Wandel durch Handel und eine wertebasierte Außenpolitik zu setzen. Schutz durch andere entsprach zudem dem deutschen Grundbedürfnis, Sicherheitsfragen an multilaterale Organisationen wie die Europäische Union oder die NATO abzugeben. Die anderen werden das »schon machen«, während es Deutschland erspart blieb, sich in der Sicherheitspolitik eigenständig zu positionieren.

In vielen Bundestagswahlkämpfen, die ich erlebt habe, sowie bei den anschließenden Koalitionsverhandlungen spielten sicherheitspolitische Überlegungen nur eine marginale Rolle. Themen wie Mindestlohn, Arbeitsplatzsicherheit, Gleichstellung von Lebenspartnerschaften, Betreuungsgeld und Rente erhitzten dagegen die Gemüter. Noch vor gut zehn Jahren wurde das Thema Verteidigung im außen- und sicherheitspolitischen Teil des Koalitionsvertrages erst nach der Afrika-, Lateinamerika- sowie nach der Kultur- und Bildungspolitik thematisiert. Zu allem Überfluss ging es dabei inhaltlich primär um eine attraktivere Bundeswehr, um Berechenbarkeit und Planungssicherheit, Wirtschaftlichkeit, Funktionalität, Präsenz in der Fläche, Familienfreundlichkeit und heimatnahe Verwendungen. Im Rückschluss zeigt das: Deutschland definierte sich vorrangig als pazifistische Zivilmacht. Innerdeutsche Befindlichkeiten wie diese führten dazu, dass die deutsche Sicherheitspolitik auch auf internationalem Parkett bei Krisen des Öfteren handlungsunfähig war.

Als Russland 2014 die Krim überfiel, schloss die deutsche Regierungspolitik militärische Optionen wie eine Stationierung von NATO-Truppen in den osteuropäischen Mitgliedsstaaten zunächst aus, was teilweise als Schwächung der westlichen, europäischen Verhandlungsposition gegenüber Putin empfunden wurde. Als die damalige Verteidigungsministerin Ursula von der Leyen entsprechende Überlegungen ins Spiel brachte, wurde sie von Kabinettsmitgliedern massiv kritisiert und ihr Kriegsrhetorik unterstellt. Aus sicherheitspolitischer Sicht ist das vielleicht vergleichbar mit einer Situation, in der man nachts in der U-Bahn einem bedrängten Fahrgast zu Hilfe eilen will und den Randalierern gleichzeitig zusichert, nicht die Polizei zu rufen.

Andererseits warb die damalige Bundeskanzlerin Angela Merkel dafür, befreundete Länder, die in unserem Sinne politisch agierten oder agieren wollten, zu deren eigener Sicherheit mit Waffen, Ausrüstungsgütern und Ausbildungshilfe auszustatten. Immerhin müsste Deutschland durch den Einsatz dieser Länder nicht selbst militärisch weltweit aktiv werden. Diese sogenannte »Merkel-Doktrin« sollte damals ein Befreiungsschlag für Deutschland sein, führte stattdessen jedoch zu heftigen Angriffen auf die Kanzlerin in den Medien, in Teilen der Regierung und des Parlaments. Als *Der Spiegel* Angela Merkel im olivgrünen Kampfanzug auf der Titelseite abbildete, war das nicht als Kompliment gemeint.

Man kann es nicht anders sagen: Mit Militäreinsätzen oder überhaupt deren Thematisierung, von einem In-Erwägung-Ziehen ganz zu schweigen, geriet man in Deutschland noch vor kurzer Zeit in schwieriges, innenpolitisches Fahrwasser – ein Armutszeugnis für eine Weltwirtschaftsmacht mit internationaler Verantwortung wie Deutschland. Dabei hatte Angela Merkel 2017 erklärt: »Die Zeiten, in denen wir uns auf andere völlig verlassen konnten, die sind ein Stück vorbei.« Die Deutschen und Europäer müssten ihr Schicksal »wirklich in [die] eigene Hand nehmen«.[9]

Die Aufgabe eines Staates, der Verantwortung für seine Bürgerinnen und Bürger sowie für seine Verbündeten hat, ist es, unter anderem seine Streitkräfte einsatzbereit zu halten. Deutschland hat es bewusst verschlafen, diese Aufgabe zu erfüllen. Überhaupt kann man bei der deutschen Sicherheitspolitik nicht davon sprechen, dass sie stets in Alarmbereitschaft gewesen wäre – wenn, war man höchstens dann alarmiert, wenn es galt, sich gerade *nicht* sicherheitspolitisch aufzustellen.

Ausgelöst durch die Zeitenwende hat die Regierung inzwischen immerhin eine dringend benötigte »Nationale Sicherheitsstrategie« erstellt. Es war zu erwarten, dass sie in vielen Punkten eher vage und allgemein bleiben muss wie das Weißbuch, wie die europäische Sicherheitsstrategie oder die NATO-Strategie auch. Dass das Papier wenig Konkretes und stattdessen viele bekannte sicherheitspolitische Allgemeinplätze enthält, dürfte auch daran liegen, dass sich drei Koalitionsparteien darin wiederfinden müssen. Man kann sich zudem bei Sicherheitsfragen, die das Bund-Länder-Verhältnis betreffen, schon aus verfassungsrechtlichen Gründen nicht zu weit aus dem Fenster lehnen, obwohl faktisch innere, die Länder betreffende sowie äußere, den Bund betreffende Sicherheit untrennbar zusammengehören.

»Wir sind im Bündnis [...] jederzeit bereit und fähig, unsere Souveränität und Freiheit und die unserer Verbündeten zu verteidigen«, heißt es zum Beispiel in der Nationalen Sicherheitsstrategie. Und: »Die Bundesregierung wird sich entschlossen gegen jede militärische Aggression oder Einschüchterungsversuche gegen uns oder unsere Verbündeten zur Wehr setzen. Die Bundeswehr bleibt der Garant für die Abschreckungs- und Verteidigungsfähigkeit Deutschlands.«[10] Die formulierten Ziele klingen vielversprechend, der Zustand der Bundeswehr ist es (noch) nicht. Starke Worte beruhigen, aber ohne die notwendige Kraft im Rücken schützen sie uns nicht. Und auch mit Blick auf den Krieg in der Ukraine ist die politische Rhetorik in Deutschland unverändert werte- statt interessengeleitet, obwohl die Nationale Sicherheitsstrategie explizit beides verspricht. Eine wirklich strategische Positionierung Deutschlands, die sich eindeutig an den Interessen unseres Landes und Kontinents orientiert, erkenne ich im Auftreten und Handeln der Politik noch nicht – wohlgemerkt im tatsächlichen Auftreten und Handeln, nicht im bloßen Wortlaut der Nationalen Sicherheitsstrategie.

Wäre eine solche strategische Positionierung und die Orientierung daran in kurzer Zeit zu viel verlangt? Ich denke nicht. Der Krieg in der Ukraine tobt seit Anfang 2022. Es ist erklärlich, dass Waffensysteme, neue Soldatinnen und Soldaten, schlanke Strukturen und moderne Kasernen, eine nukleare Teilhabe auf europäischer Ebene oder die Harmonisierung und Interoperabilität der nationalen Streitkräfte in Europa mit Kriegsbeginn nicht unmittelbar zur Verfügung standen oder sofort umsetzbar waren. Es ist jedoch unerklärlich, dass Deutschland weiterhin auftritt, als habe es verschiedene kurzfristige Pläne, aber keine nachhaltige sicherheitspolitische Gesamtstrategie.

Der genuine politische Ort für die praktische Umsetzung der Nationalen Sicherheitsstrategie in Regierungspolitik, also die politisch gesteuerte Strategiebildung, ist der Bundessicherheitsrat. Man sollte ihn viel stärker nutzen, nicht nur für Rüstungsexportentscheidungen, die seit dem Krieg gegen die Ukraine politisch nicht mehr so aufgeladen sind wie zuvor, sondern für alle die nationale Sicherheit betreffenden Kernthemen. Diese Themen reichen vom »strategic decoupling« und seiner Bedeutung für die deutsche Interessenlage über unseren Umgang mit den BRICS-Staaten bis hin zu der Frage, welche NATO und welche EU im Sinne Deutschlands sind. Wie, wann und in welcher Stärke kann die Bundeswehr ihre NATO-Verpflichtungen erfüllen? Ist die haushälterische, finanzielle Unterfütterung der Wiederherstellung der Einsatzbereitschaft der Bundeswehr nachhaltig sichergestellt? Was bedeutet »De-Risking« gegenüber China konkret? Was bedeutet es für die Sicherheit Deutschlands, wenn der Krieg in der Ukraine in einen begrenzten Nuklearkrieg umschlägt und die NATO zur Kriegspartei wird? Solche Themen bedürfen der gesamtstaatlichen Analyse und dem rechtzeitigen Entwerfen von Strategien, um nicht überrascht zu werden. Die drängenden sicherheitspolitischen Fragen unseres Landes gehören daher in Gänze auf die Tagesordnung des Bundessicherheitsrates. Vielleicht würden die strategischen Ziele und deutschen Interessen dann auch in der Realpolitik ankommen. Die Nationale Sicherheitsstrategie selbst hilft hier nur bedingt weiter, obgleich es gut ist, dass endlich eine solche vorliegt. Gleichwohl kann sie gesamtstrategisches Regierungshandeln auf Grundlage der nationalen Interessenlage nicht ersetzen – und nur so können zielführende Impulse zur inhaltlichen Ausgestaltung der europäischen Sicherheitspolitik gegeben werden.

Eine deutsche Aufgabe

Natürlich sind deutsche Interessen eng mit denen unserer Partner in der Welt verbunden. Interessengeleitet strategisch zu handeln, heißt daher nicht, automatisch gegen andere zu handeln. Wir bleiben angewiesen auf Bündnisse und internationale politische Partnerschaften. Deutschland kann wie jedes andere Land in einer eng vernetzten Welt Konflikte nicht allein lösen oder sich allein verteidigen.

Unsere Stellung als Weltwirtschaftsmacht und Schwergewicht auf dem internationalen Parkett gibt Deutschland die Möglichkeit, im Rahmen der Zeitenwende mehr Sicherheit und Stabilität für ganz Europa anzustoßen, nicht nur für unser Land. Deutschland ist politisch und wirtschaftlich stark, nutzen wir diese Stärke also für uns, für Europa und für unsere Verbündeten. Wertegeleitet kann man es unsere Verantwortung nennen; interessengeleitet ist es unsere zwingende Aufgabe. Ein gangbarer Weg könnte wie erwähnt über das Weimarer Dreieck führen.

Parallel und in militärischer Hinsicht – die nicht ausgeklammert werden darf, wenn Sicherheits- und Abschreckungspolitik funktionieren soll – muss Deutschland im nationalen und europäischen Sinne die Bundeswehr zu einer starken Streitmacht Europas ausbauen. Damit könnten wir uns als Anlehnungsmacht für eventuelle spätere europäische Streitkräfte definieren, wie auch immer diese aussehen werden.

Durch beides, das Engagement für die Entwicklung einer europäischen Sicherheitsstrategie und den Aufbau einer glaubwürdigen militärischen Verteidigung, verhindern wir außerdem, dass Deutschlands Rolle in der Welt infrage gestellt werden könnte – ausgelöst durch deutsche Zauderhaftigkeit und den jahrelangen sicherheitspolitischen Schlingerkurs. Die Tatsache allein, dass sich die deutsche Politik auf rhetorischer Ebene militärisch stark gibt und Waffen in die Ukraine liefert, macht uns nämlich noch nicht zu einem attraktiven Partner, auf den man sich im Falle des Falles verlassen kann. »Europa schaut auf Deutschland, aber nicht wegen seines moralischen Anspruchs in der Sicherheitspolitik, sondern trotzdem«, schrieb die Fachzeitschrift *Internationale Politik* im Februar 2022.[11] Diesen Vertrauensvorschuss, den Deutschland sich in den vergangenen Jahrzehnten erarbeitet hat, dürfen wir nicht aufs Spiel setzen, sondern wir müssen ihn nutzen. Berlin kann und muss der strategische Trendsetter für die Sicherheit Europas sein.

Die NATO braucht ein führungsstarkes Deutschland, um Russland und China strategisch ausbalancieren zu können. Die USA brauchen ein starkes NATO-Europa – in Form des viel zitierten europäischen Pfeilers –, um den von ihnen gewünschten westlichen Führungsanspruch im Indo-Pazifik sichern zu können. Deutschland braucht eine starke Bundeswehr, um diese Erwartungen erfüllen zu können. Im Gegenzug ist die NATO in Europa auf die Vereinigten Staaten und ihre Kampfkraft angewiesen. Für die Europäische Union ist ein starkes NATO-Europa derweil unerlässlich, um ihre Südflanke zu stabilisieren, aber auch um gemeinsam mit den USA unsere Handelswege zu schützen. Die Abhängigkeiten und Ponderabilitäten sind vielfältig und zeigen, dass der deutsche Führungsanspruch innerhalb Europas über eine zukunftsorientierte Weiterentwicklung und Aufstockung der Streitkräfte führt.

Er steht und fällt mit unseren militärischen Möglichkeiten. Welt-Akteure wie die USA, China und Russland oder NATO-Partner wie die Türkei werden sich nicht allein von der EU-Kommission oder sicherheitspolitischen Floskeln beindrucken lassen.

Zudem ist auch aus speziell deutscher – und nicht nur aus europäischer – Sicht nur die strategische Einheit Europas mit Nordamerika zielführend für unsere nationale Sicherheit, etwa mit Blick Richtung Russland. Und nur die NATO und damit auch der nordatlantische Wirtschaftsraum verbinden Deutschland als stärkste Wirtschafts- und Finanzmacht des Kontinents mit den USA als Weltmacht.

Auch deshalb ist es wichtig, dass die Bundeswehr oder eine potenzielle europäische militärische Zusammenarbeit nicht in Konkurrenz zur NATO (oder gar den amerikanischen Streitmächten) aufgebaut werden. Ansonsten stünden wir schlussendlich wieder so da, wie wir es heute bei den verschiedenen Armeen in Europa sehen: ohne Synergien, mit endlosen, kostenintensiven Duplizierungen. Wir hätten auf der einen Seite eine NATO, die militärisch zwangsläufig schwächeln würde, weil ihre Ressourcen in ein europäisches Bündnis flössen, und auf der anderen Seite eine EU-Armee, der die Unterstützung der USA, wie die NATO sie hat, fehlt.

Bei allen Forderungen nach dem Aufbau von militärischer Stärke erinnere ich zugleich an das Primat der Politik: Diplomatie, Kompromissfähigkeit, ausgleichende und abfedernde politische Lösungen sollten immer Vorrang vor einer militärischen Auseinandersetzung haben. Mit einer überzeugenden Streitmacht im Rücken kann die Politik jedoch dafür sorgen, dass die deutschen Interessen von anderen Mächten ernst genommen und politische Lösungsvorschläge in Betracht gezogen werden. Es ist eine Mischung aus »soft power«, also der politisch-diplomatischen Herangehensweise an ein Problem, verbunden mit der dahinterstehenden »hard power«, nämlich der Befähigung, eigene Interessen im Notfall auch militärisch durchzusetzen und zu verteidigen, wenn die politische

Gesprächsebene versagt. Mit den Worten von Theodore Roosevelt: »Speak softly and carry a big stick; you will go far.«

Fazit

Der Artikel 42 Abs. 7 des EU-Vertrags verpflichtet Mitgliedsstaaten, alles in ihrer Macht stehende zu tun, um ein angegriffenes EU-Land zu unterstützen. Rechtsexperten sagen, das sei sogar verbindlicher als die Beistandspflicht der NATO-Staaten. In der europäischen Öffentlichkeit scheint die Existenz dieses Artikels so gut wie unbekannt zu sein, für neutrale Staaten wie Österreich ist der Artikel kaum akzeptabel und auch mit Blick auf einen möglichen Beitritt der Ukraine zur Europäischen Union dürfte er alles andere als unproblematisch sein. Und doch haben wir Europäer diesen Paragrafen formuliert. Er ist die vertragliche Basis eines Europas, das sich selbst und seine Bürgerinnen und Bürger schützt.

Der EU-Vertrag sagt es uns, die NATO-Vereinbarung sagt es uns, die geopolitische Situation sagt es uns: Europa muss mehr für seinen Schutz tun und zu einer echten Sicherheits- und Verteidigungsunion zusammenwachsen. Derzeit ist Europa lediglich Objekt der Geschehnisse, kein gestaltender Akteur. Umso dringender ist die Politik sowohl auf nationaler wie europäischer Ebene heute mehr denn je dazu aufgefordert, die Sicherheit Europas nachhaltig zu gewährleisten. Dabei gilt es, *europäische* Interessen zu vertreten und *europäische* Lösungswege zu suchen, jedoch in der Partnerschaft mit unseren Verbündeten. Es geht derzeit nicht ohne die USA und es geht nicht in Konkurrenz zur NATO. Das mittel- bis langfristige Ziel muss Ebenbürtigkeit beziehungsweise eine Partnerschaft auf Augenhöhe mit unseren Verbündeten und eine strategische Autonomie Europas sein.

Denn Sicherheit für Europa entsteht durch strategische Autonomie, zwar in Verbindung mit militärischer Stärke, aber nicht zwangsläufig dadurch, dass die Europäische Union eine europäische Armee aufbaut oder eine eigene Nuklearstrategie entwickelt. Beides, insbesondere eine Nuklearstrategie, sind allerdings Optionen für die Zukunft.

Ich erinnere daran: Jede Strategie setzt eine klare Interessendefinition und den politischen Willen und die Mittel, die eigenen Interessen durchsetzen zu können, voraus.

Mit Blick auf die Vereinigten Staaten muss Europa aufhören, im Tausch gegen Sicherheit – und auch aufgrund einer gewissen Bequemlichkeit – den Amerikanern alle Entscheidungen zu überlassen, die auch Europa betreffen. Europa muss sich entschließen, sich zu einem eigenständigen strategischen Akteur entwickeln zu wollen. Der Wille muss gefunden werden, da sein, ausgelebt werden. Die Umsetzung wird nicht von heute auf morgen geschehen, aber sie kann geschehen, wenn die Europäer es wollen. Die Voraussetzungen sind da, solange man sich an den europäischen Realitäten orientiert.

Deutschland kommt hier eine Schlüsselstellung zu. Die diesbezügliche Aufgabe ist schwierig und verlangt Führungsstärke in und für Europa – aber sie ist lösbar. Vor allem ist sie nicht aufschiebbar. Die Europäer dürfen jetzt, wo sich die Weltordnung im Umbruch befindet, die damit einhergehenden Herausforderung nicht ignorieren und ihre Chance, sich zu einem »Global Player« zu entwickeln, nicht verschlafen. Niemand in Europa wünscht sich einen weiteren Weckruf Putins oder gar Chinas; auch an der europäischen Südflanke herrscht nicht die Ruhe, die zu einem Schläfchen verleiten sollte.

Deutschland muss in der jahrelang vernachlässigten Sicherheits- und Verteidigungspolitik mit gutem Beispiel vorangehen. Es braucht einen viel stärkeren europäischen Pfeiler in der NATO und im Schulterschluss mit den USA, die von den Europäern eine militärische Lastenteilung zur Verteidigung von NATO-Europa fordern – zu Recht. Insofern muss die deutsche Politik den weiteren Ausbau der militärischen Zusammenarbeit innerhalb der Europäischen Union und die Bündelung der militärischen Fähigkeiten der Europäer vorantreiben.

Im Zusammenschluss mit anderen Staaten wie Frankreich und Polen muss Deutschland ein strategisches Konzept entwickeln, wie wir die Sicherheit Europas zwischen den großen Mächten China und USA sowie im Hinblick auf den Unsicherheitsfaktor Russland fortentwickeln und ausgestalten, wie wir die europäischen Außengrenzen besser schützen und sichern.

Konkret heißt das: Als Erstes ist Deutschland mit seinen eventuellen engen Partnern gefordert, strategische, realistische Ideen für Europa zu entwickeln, die Sogwirkung auf die übrigen EU-Mitgliedsstaaten haben. Eine verbindende Idee – ein europäisches Narrativ – muss wieder neu geschaffen werden, die über Europa als Wertegemeinschaft hinausgeht. Langfristige Ziele im deutschen beziehungsweise europäischen Interesse müssen im Vordergrund stehen. Dafür müssen Deutschland und Europa rational und pragmatisch vom Ende her denken, sie müssen das gewünschte Ergebnis bei allen Überlegungen im Blick behalten. Interessengeleitet zu handeln bedeutet nicht, unsere Werte außer Acht zu lassen. Es heißt lediglich, diesen Werten keinen Stellenwert einzuräumen, der unseren Interessen zuwiderläuft. Außen- und sicherheitspolitisch rein wertegeleitete Entscheidungen treffen zu wollen, ist unter den faktischen Gegebenheiten leider eine Wunschvorstellung – zumindest dann, wenn mehr Sicherheit für Deutschland und Europa geschaffen werden soll.

Zum Zweiten hat der Aufbau der Bundeswehr Priorität. Eine gemeinsame, einsatzfähige EU-Armee ist im Moment illusorisch. Stattdessen könnten die EU-Mitgliedsstaaten eine multinationale europäische Grenzschutztruppe aufbauen, idealerweise auf der Basis von Frontex. Vielleicht lässt sie sich in Zukunft zu einer europäischen Streitmacht weiterentwickeln. Auf jeden Fall ließe sich mit ihr die Renationalisierung der Sicherheit an den EU-Außengrenzen stoppen. Die unkontrollierte Migration nach Europa ist ein gesamteuropäisches Sicherheitsproblem, das sich nur gemeinsam lösen lässt, nicht mit vielen unterschiedlichen, nationalen Herangehensweisen, die nicht miteinander kompatibel sind.

Hier spielen drittens auch die Südflanke und die nordafrikanische Küstenlinie eine Rolle. Europa muss die Bedrohung, die aus dieser Richtung in die Europäische Union kommt, als gesamteuropäische Aufgabe ernst nehmen und entsprechend handeln – so, wie im Osten die Bedrohung durch Russland ernst genommen wird.

Zum Vierten muss ein Europa, das ein globaler geopolitischer Akteur sein will, Freunde und Partner – in der EU-Peripherie und darüber hinaus – unterstützen und so die Verbindung stärken. Neue, engere Bündnisse werden nötig sein, die nicht allein auf einer Handelspartnerschaft beruhen. Diese Unterstützung kann von »Good Governance« bis hin zur Lieferung von technischer Ausrüstung und Waffen reichen, die unsere Freunde und Partner zur eigenen Verteidigung brauchen.

Fünftens muss Europa auf strategische Augenhöhe mit den USA, aber auch mit China kommen. Die Europäer müssen sich sicherheitspolitisch so aufstellen, dass sie als geopolitischer Akteur akzeptiert und respektiert werden – von den USA genauso wie von China, Russland und mit Blick auf die Zukunft auch vom Globalen Süden. Das heißt auch, nicht als Trittbrettfahrer zwangsläufig alles mitzumachen, was die USA als westliche Führungsmacht vorgeben, wenn es den deutschen und europäischen Interessen entgegensteht. Im Gegenteil: Europa muss Themen, die es unmittelbar betreffen, selbst angehen können, ohne auf die Initiative der USA zu warten oder auf deren Hilfe angewiesen zu sein. Mehr noch: Europa sollte umgekehrt das Potenzial haben, auch die USA zu unterstützen, möglicherweise im Rahmen der NATO im Indo-Pazifik, wobei wie gesagt abgewägt werden muss, wie weit man sich von den Ursprungsaufgaben des Bündnisses entfernen will.

Die Europäer brauchen also eine starke amerikanisch-europäische Achse, in der die europäische Seite eine stärkere Rolle spielt.

Punkt sechs: Nur wenn sich die Europäer stärker in der NATO engagieren, wird die NATO bestehen bleiben. Kein Engagement, keine NATO – und das würde bedeuten, keine Unterstützung Europas durch die USA. Deshalb darf eine europäische Verteidigungsunion sicherheitspolitisch und militärisch nicht in Konkurrenz zur NATO aufgebaut werden, sondern muss komplementär entwickelt werden. Sie muss sich als wesentlicher Eckpfeiler der NATO verstehen. Die USA haben es im Prinzip vorgemacht: Sie dominieren die NATO inhaltlich und militärisch und nutzen sie auch als Instrument amerikanischer Außen- und Sicherheitspolitik. Letzteres ist aus europäischer Sicht durchaus kritisch zu sehen und verlangt, dass die Europäer auf eine Balance achten, die verhindert, dass die NATO zweckentfremdet wird.

Europa wird nicht an den Umfang des amerikanischen Verteidigungshaushalts und der militärischen Stärke der Vereinigten Staaten heranreichen, auch deshalb wäre eine Konkurrenz zur NATO sinnlos. Eine größere Rolle mit mehr Verantwortung in der NATO und mit einer gerechteren Lastenverteilung müssen die Europäer hingegen übernehmen wollen. Dafür müssen die europäischen Länder zunächst gemeinsam definieren, wie der europäische Pfeiler der NATO in Zukunft aussehen soll – auch mit Blick zum Beispiel auf die nukleare Teilhabe an der französischen »Force de frappe«.

Siebtens muss sich eine europäische Sicherheitsstrategie auch gegen neue, digitale, elektronische und hybride Arten der Kriegführung wappnen. Die Europäische Union, ihre Mitglieder und deren Streitkräfte – darunter die Bundeswehr – sowie die NATO müssen darauf vorbereitet sein und die technologische Entwicklung aktiv in Zusammenarbeit mit den USA vorantreiben.

Achtens funktioniert eine strategische, sicherheitspolitische Autonomie Europas nur im Zusammenspiel mit politischer Einheit und dem politischen Willen aller EU-Länder, den Wirtschafts- und Währungsraum der Europäischen Union zu stärken und zu einem zentralen Akteur im globalen geoökonomischen Wettbewerb zu machen. Es wäre aussichtslos, eine Sicherheits- und Verteidigungsunion aufzubauen, deren Mitgliedsländer in Wirtschafts- und Handelsfragen im ständigen Streit liegen. Das heißt, Europa müsste sich zum Beispiel auf eine grundsätzliche China-Politik einigen.

Die derzeitige Schwäche Europas ist selbst verursacht; unsere Sicherheit ist ungenügend. Auch, wenn sich das persönliche Sicherheitsempfinden der Deutschen zuletzt wieder etwas verbessert hat und die Angst vor einem Krieg in Europa zurückgegangen ist,[12] befindet sich die Welt im Umbruch. Es darf nicht alles beim Alten bleiben, nur weil die Bedrohung, die wir bei dem russischen Überfall auf die Ukraine empfunden haben, mit der Zeit etwas von ihrem Schrecken verloren zu haben scheint. Weil wir uns an die furchtbaren Bilder und Nachrichten aus dem Kriegsgebiet, an die politische Rhetorik und die ökonomischen Folgen für Deutschland und Europa gewöhnt haben könnten.

Mit dem Sondervermögen für die Bundeswehr ist es nicht getan, mit Waffenlieferungen an die Ukraine ist es nicht getan, mit einer Brigade für Litauen ist es nicht getan. Mit einem etwas vorsichtigeren Umgang mit China ist es nicht getan, mit der Verachtung für alles Russische ist es nicht getan, mit dem beruhigenden Gefühl, sich weit weg von den Konflikten im Nahen Osten zu befinden, ist es nicht getan. Mit einer diffusen Sorge vor Flüchtlingsströmen ist es nicht getan, mit der bloßen Zurkenntnisnahme der steigenden Anzahl an Gefallenen, Toten und Vertriebenen ist es nicht getan. Mit halbherzigem Handeln ist es nicht getan.

Es ist nur mit mehr Sicherheit für Europa getan.

In einer Ära der Multipolarität und konkurrierenden Großmächte muss Europa seine eigene Widerstandsfähigkeit politisch und militärisch stärken und sich wirtschaftlich emanzipieren. Der Ausbau der Europäischen Union zu einer globalen Gestaltungsmacht im Rahmen eines starken transatlantischen Bündnisses ist notwendiger denn je. Abwarten und nicht zu handeln, ist keine Option. Wenn Europa eine freie, friedliche und selbstbestimmte Zukunft haben soll, muss Deutschland als Zentralmacht in der Mitte Europas eine Führungsrolle einnehmen und den Prozess aktiv vorantreiben. Deutschland und Europa sind zu dieser Veränderung fähig, die uns schützen und vorwärtsbringen wird.

Mehr Sicherheit für Europa ist keine Frage des Könnens, sondern des Wollens.

Anmerkungen

1 Carl von Clausewitz, *Vom Kriege*. Achtes Buch, Sechstes Kapitel B, 18. Auflage, Bonn, 1972, S. 991.

Verlust der Unwahrscheinlichkeit

1 Panajotis Kondylis: *Theorie des Krieges: Clausewitz – Marx – Engels – Lenin*, Stuttgart, 1988.
2 Jehuda L. Wallach: *Das Dogma der Vernichtungsschlacht: Die Lehren von Clausewitz und Schlieffen und ihre Wirkungen in zwei Weltkriegen*, Frankfurt am Main, 1967.
3 Martin van Creveld: *The Culture of War*, New York, 2008.
4 Ein grundlegender Text zu diesem Thema ist Carl Schmitts Schrift *Der Begriff des Politischen* (1932), ein Buch, das in zuweilen erschreckender Klarheit das Politische und seine Konsequenzen zu begreifen versucht und das brandaktuell bleibt mit Blick auf die rasanten und gefährlichen Entwicklungen der internationalen Sicherheitslage.
5 Carl Schmitt hat in seiner Schrift *Die Wendung zum diskriminierenden Kriegsbegriff* (1938) früh auf die fatalen Konsequenzen bei der Durchsetzung angeblich universaler Prinzipien durch Krieg hingewiesen.
6 Martin van Creveld: *Pussycats: Why the Rest Keeps Beating the West and What can be done about it*, Mevasseret Zion, 2016.
7 Lesenswert ist in diesem Zusammenhang auch: Carl Schmitt: *Theorie des Partisanen: Zwischenbemerkung zum Begriff des Politischen*, Berlin, 1963.
8 https://de.statista.com/statistik/daten/studie/36485/umfrage/top-10-kampfflugzeuge-nach-kosten-in-millionen-euro/#:~:text=Es%20gibt%20drei%20Varianten%20oder,USD), Stand: 8. Mai 2024.

Spielverderber Putin

1 Krieg ist, wie erwähnt, ein Chamäleon, er hat wie Wasser keine feste Form, hält sich nicht an Pläne und Analysen und folgt keinem Drehbuch. Zur Schwierigkeit von Prognosen und Vorhersagen empfehle ich das sehr lesenswerte Buch: Martin van Creveld: *Seeing into the Future. A Short History of Prediction*, London, 2020.

2 https://www.zeit.de/news/2024-01/02/nur-noch-sehr-geringe-zahl-leopard-panzer-im-kampfeinsatz, Stand: 8. Mai 2024.
3 https://www.politico.eu/article/nato-chief-sees-real-risk-of-putin-attacking-other-countries-after-ukraine/, Stand: 8. Mai 2024.
4 Zum Hintergrund der Aussagen des Papstes: https://www.katholisch.de/artikel/51811-aeusserungen-des-papstes-wie-vatikan-weisse-flagge-ins-gespraech-brachte, Stand: 8. Mai 2024.
5 https://www.zdf.de/nachrichten/politik/ausland/ukraine-papst-weisse-fahne-kritik-selenskyj-100.html, Stand: 8. Mai 2024.
6 Das Zitat wird sehr oft Dajan zugeschrieben, mir selbst hat er dies einmal sinngemäß gesagt. Zwei sehr empfehlenswerte Biografien zur Person von Moshe Dajan: Martin van Creveld: *Moshe Dajan*, London, 2004 und Mordechai Bar-On: *Moshe Dajan. Israel's Controversial Hero*, New Haven, 2012.
7 Zum Weiterlesen empfiehlt sich folgender wichtiger Basistext der Außenpolitik und internationalen Diplomatie, der aufzeigt, wie schwierig sich die Suche nach Stabilität, Gleichgewicht und Frieden gestaltet: Henry Kissinger, *Großmachtdiplomatie: Von der Staatskunst Castlereaghs und Metternichs*, Frankfurt, 1975.

Weiße Weste, graue Welt

1 Ein sehr lesenswertes Buch, das sich mit der zentralen, nicht zu unterschätzenden, oft verheimlichten, geleugneten und kaschierten Bedeutung handfester Interessen in der Sicherheitspolitik beschäftigt: Klaus von Dohnanyi: *Nationale Interessen: Orientierung für deutsche und europäische Politiker in Zeiten globaler Umbrüche*, München, 2020.
2 https://www.deutschlandfunk.de/lust-an-der-empoerung-moralismus-mit-totalitaeren-zuegen-100.html, Stand: 8. Mai 2024.

Selbstbehauptung oder Untergang?

1 Ludwig Dehio: *Gleichgewicht oder Hegemonie: Betrachtungen über ein Grundproblem der neueren Staatengeschichte*, Krefeld, 1948.
2 https://www.tagesspiegel.de/politik/putin-konfrontieren-um-peking-zu-beeindrucken-7957945.html, Stand: 8. Mai 2024.
3 https://www.bmvg.de/de/themen/dossiers/engagement-im-indopazifik, Stand: 8. Mai 2024.
4 https://koerber-stiftung.de/presse/mitteilungen/deutsche-sehen-usa-wieder-als-partner/, Stand: 8. Mai 2024.
5 Carl Schmitt liefert mit seinem Werk *Land und Meer: Eine weltgeschichtliche Betrachtung*, Leipzig, 1942, die grundlegende geopolitische Analyse zu den Kriegen von Seemächten gegen Landmächte. Mit Blick auf die systemische Rivalität zwischen den USA und China sind Schmitts Erkenntnisse hochaktuell.
6 https://www.consilium.europa.eu/de/policies/global-gateway/, Stand: 8. Mai 2024.
7 Theo Sommer: *China first: Die Welt auf dem Weg ins chinesische Jahrhundert*, München, 2019 liefert in diesem Zusammenhang einen umfassenden Über-

blick über Chinas Ambitionen und seine Positionierung im globalen Systemwettbewerb mit dem Westen.

8 https://www.tagesschau.de/ausland/afrika/brics-gipfel-treffen-100.html, Stand: 8. Mai 2024.

9 https://de.statista.com/statistik/daten/studie/19330/umfrage/gesamtbevoelkerung-in-russland/, Stand: 8. Mai 2024.

10 Zum Beispiel hier: Joschka Fischer: *Willkommen im 21. Jahrhundert: Europas Aufbruch und die deutsche Verantwortung*, Köln, 2020.

11 Für eine realitätsnahe Philosophie der Macht, ihrer Ansprüche sowie ihrer ethischen Fundierung durch konkurrierende Weltbilder empfiehlt sich zum Weiterlesen: Panajotis Kondylis, *Macht und Entscheidung: Die Herausbildung der Weltbilder und die Wertfrage*, Stuttgart, 1984 und Panajotis Kondylis, *Planetarische Politik nach dem Kalten Krieg*, Berlin, 1992.

Lebensversicherung, Kriegsrisiko oder Overstretch

1 https://www.nato.int/cps/en/natohq/declassified_137930.htm, Stand: 8. Mai 2024.

2 https://www.deutschlandfunk.de/jahresrueckblick-2014-ein-einschneidendes-jahr-fuer-die-nato-100.html, Stand: 8. Mai 2024.

3 https://www.deutschlandfunk.de/jahresrueckblick-2014-ein-einschneidendes-jahr-fuer-die-nato-100.html, Stand: 8. Mai 2024.

Dienstuntauglich?

1 Martin van Creveld: *More on War*, Oxford, 2017.

2 https://www.iwkoeln.de/studien/klaus-heiner-roehl-gerade-so-genug-fuer-die-nato.html, Stand: 8. Mai 2024.

3 https://www.deutschlandfunk.de/bundeswehr-deutsche-kasernen-in-schlechtem-zustand-100.html, Stand: 8. Mai 2024.

4 https://www.mdr.de/nachrichten/deutschland/politik/wehrbeauftragte-hoegl-bericht-bundeswehr-zustand-personalmangel-100.html, Stand: 8. Mai 2024.

5 https://www.tagesspiegel.de/politik/wie-pistorius-das-beschaffungswesen-revolutioniert-die-bundeswehr-soll-mehr-von-der-stange-kaufen-9727187.html, Stand 8. Mai 2024.

6 https://www.nzz.ch/meinung/europaeische-ruestungsindustrie-zusammenarbeit-braucht-vertrauen-ld.1684886, Stand: 8. Mai 2024, auch wenn bisweilen über die genauen Zahlen diskutiert wird. Siehe dazu auch: https://esut.de/2019/12/meldungen/ruestung2/17331/das-maerchen-der-17-eu-kampfpanzer/, Stand: 8. Mai 2024.

7 https://www.spiegel.de/spiegel/kunduz-bombardement-ein-deutsches-verbrechen-a-1115445.html, Stand: 8. Mai 2024.

8 https://zms.bundeswehr.de/de/aktuelles/zmsbw-kanal-aktuelles-meldungen/bevoelkerunsgbefragung-zeitenwende-in-den-koepfen-5730686, Stand: 8. Mai 2024.

9 https://www.bundespraesident.de/SharedDocs/Reden/DE/Horst-Koehler/Reden/2005/10/20051010_Rede.html, Stand: 8. Mai 2024.

Wie Europa sicher werden kann

1 Thukydides: *Der Peloponnesische Krieg.*

2 Sunzi: *Über die Kunst des Krieges.*

3 https://www.tagesschau.de/ausland/europa/kampfpanzer-deutschland-frankreich-100.html, Stand: 8. Mai 2024.

4 https://www.faz.net/aktuell/politik/rede-in-den-haag-obama-verspottet-russland-als-regionalmacht-12863534.html, Stand: 8. Mai 2024.

5 Vgl. Ranga Yogeshwar: *Nächste Ausfahrt Zukunft. Geschichten aus einer Welt im Wandel*, Köln, 2017, S. 350.

6 Vgl. Ranga Yogeshwar, S. 264; Kevin Townsend: https://www.securityweek.com/increasing-effect-geopolitics-cybersecurity, Stand: 8. Mai 2024.

7 Das Zitat lautet im Original: »Souverän ist, wer über den Ausnahmezustand entscheidet.« Carl Schmitt, *Politische Theologie*, Berlin, 1985 (1922), 4. Auflage, S. 11.

8 Hierzu ein profunder Artikel von Michael Reich: https://www.deutschlandfunk.de/macht-und-recht-versuch-ueber-das-denken-carl-schmitts-100.html, Stand: 8. Mai 2024.

9 https://www.zeit.de/2017/23/angela-merkel-rhetorik-deutschland-usa, Stand: 8. Mai 2024.

10 https://www.bmvg.de/resource/blob/5636374/38287252c5442b786ac5d0036ebb237b/nationale-sicherheitsstrategie-data.pdf, S. 22, 30, Stand: 8. Mai 2024.

11 https://internationalepolitik.de/de/endlich-eine-strategie-aber-welche-und-wie, Stand: 8. Mai 2024.

12 https://zms.bundeswehr.de/resource/blob/5744428/f4c19a3180e6a1e0b403d2cc5e8349e8/zmsbw-forschungsbericht-136-bevbefragung-2023-data.pdf, Stand: 8. Mai 2024.